넥스트 그린 레볼루션

넥스트 그린 레볼루션

조원경 지음

page2

탄소제로를 꿈꾸는
니콜라 테슬라의 후예들

온실가스 510억 톤과 탄소중립

겨울이 오면 새벽에 떼까마귀 군무(群舞)를 보러 태화강변을 산책한
다. 떼까마귀들은 울산 국가정원 대나무숲에 머물면서 낮 동안 들과
산으로 먹이 활동을 나갔다가 저녁이면 다시 돌아와 안식을 취한다.
머리가 어지러울 때 강변을 거닐며 시원한 바람을 마주하면 기분이
좋아진다. 아침에 떼까마귀 군무를 보고 저녁노을이 질 때쯤 또다시
군무를 감상하는데, 수만 마리의 떼까마귀가 하늘을 덮는 특별한 장
관이 매력적이기 때문이다. 어떤 이들은 흉조인 떼까마귀를 왜 보느
냐고 묻곤 한다. 우리나라는 까치를 길조로, 까마귀를 흉조로 여기
는데, 이는 서양이나 일본의 시각과 반대된다. 다르게 보는 데는 여

러 이유가 있겠지만 그중 하나는 에너지 관점의 차이다. 국가별로 좋아하는 대상에 대한 에너지를 측정해보면 우리나라는 양기가 나오는 것을 서양, 중국, 일본은 음기가 나오는 것을 숭배한다. 까치는 양기를 까마귀는 음기를 상징한다.

어느 일요일, 충만한 에너지를 생각하며 활기찬 하루를 보내기 위해 태화강변을 거닐며 태양을 마주한다. 노벨 문학상을 받은 소설가 알베르 카뮈(Albert Camus)의 작품 속 주인공은 태양 때문에 살인을 했다지만, 태양은 늘 우울함을 유쾌함으로 바꾸는 재주가 있다. 게다가 에너지 차원에서는 정말 매력적인 존재다. 태양을 구성하는 물질은 대부분 수소이고, 태양은 아주 오랜 시간 핵융합을 일으키며 에너지를 방출한다. 인공태양 기술이 개발된다면 정말 탄소제로인 전기를 얻을 수 있을까.

모든 생명의 에너지원은 태양이라 해도 과언이 아니다. 쭉쭉 뻗은 대나무 모습에서 태양과 비의 조화가 연상된다. 우리는 태양 에너지로 움직이는 행성에 살고 있다. 태양이 없다면 지구상의 생명체는 존재하지 않을 것이다. 물론 태양으로부터 발생하는 자외선은 사람의 피부에서 비타민 D의 합성을 유도해 칼슘의 대사에 일조하는 긍정적 역할을 하나, 과도한 자외선 노출은 피부암의 원인이 되니 카뮈의 주장이 어느 측면에서는 틀린 것이 아닐 수도 있겠다.

지구 대기의 한 부분인 오존(O_3)은 태양으로부터 들어오는 위험한 자외선의 대부분을 흡수한다. 오존은 세 개의 산소 원자로 구성된 분자인데 대류권 위 5킬로미터까지에 존재하는 성층권에서는 선크림 같은 역할을 한다. 피부암이나 백내장처럼 인간에게 해로운 영향을 끼치는 지나친 자외선을 막아준다. 이 고마운 오존층을 파괴하는 대표적인 물질은 무엇일까? 다양한 인간 활동으로 인한 온실가스, 그중에서도 이산화탄소(CO_2)가 지목된다. 이산화탄소 농도의 증가가 지구 온난화로 이어지며 기후변화의 재앙을 초래한다는 것은 널리 알려진 사실이다.

온실가스란 지구를 둘러싸고 있는 기체로 지표면에서 우주로 발산하는 적외선 복사열을 흡수하거나 반사할 수 있는 기체를 말한다. 6대 온실가스로는 이산화탄소, 메탄, 아산화질소, 수소불화탄소, 과불화탄소, 육불화황이 있다. 개별 온실가스가 온실효과에 미치는 기여도를 숫자로 표현한 게 지구 온난화지수(GWP, Global Warming Potential)다. 이산화탄소의 기여도는 1이다. 다른 온실가스의 기여도와 배출량을 곱한 양을 산출한 후 이산화탄소 배출 총량을 합하면 이산화탄소를 기준으로 환산한 온실가스 배출 총량을 알 수 있다. 미국환경보호청(EPA, Environmental Protection Agency)에 따르면 2019년 기준 미국 온실가스 배출량 중 이산화탄소가 80퍼센트를 차지한다.

우리가 화석연료를 너무도 빨리 꺼내어 쓴 탓인지, 지구는 기후변화로 몸살을 앓으며 심각한 상황으로 치닫고 있다. 지금으로부터 50년 전 환경운동의 어머니로 불리는 이가 있었다. 레이철 카슨(Rachel Carson)은 개발도상국 녹색 혁명의 선도자로 베스트셀러『침묵의 봄(Silent Spring)』의 저자다.『침묵의 봄』은 인류의 난개발과 환경 파괴 문제를 최초로 경고한 작품이다. 미국 어느 마을에 철새들이 사라져가고, 화창한 봄날 새 소리조차 들리지 않는 적막한 아침이 찾아온다. 레이철은 제초제, 살충제 같은 화학 물질의 남용이 새 소리를 사라지게 한 원인임을 밝혀낸다. 이 책에서 주장한 '인간의 이기심이 환경을 파괴하고 그 피해가 인간에게 돌아온다는 사실'은 큰 반향을 불러일으켰다. 이 책은 환경운동의 도화선 역할을 하며 세계 각국에 영향을 미쳤다. 1970년 '지구의 날'이 제정되고 1992년 환경과 개발에 관한 기본 원칙을 담은 '리우데자네이루 선언'이 나왔다. 한국의 시민단체 '환경재단'은 '레이첼카슨홀'을 만들어 그녀의 업적을 기리고 있다.

최근 몇 년 동안 유난히 태풍과 홍수가 잦았다. 그래서일까? 이상기후처럼 전 지구적 문제를 해결하기 위해 이산화탄소 발생량을 줄이자는 친환경 흐름이 대세다. 에너지 도시로 부상하는 울산에서 영국 출신 미국 역사학자 이언 모리스(Ian Morris)의 주장을 음미해본다. 그는 인류 역사는 에너지를 획득하고 사용하는 효율성에 의해 결정되었다고 주장한다. 내 손에는 레이철 카슨의 정신을 이어받은 빌 게이츠(Bill Gates)가 쓴 책『기후재앙을 피하는 법(How to Avoid a Climate

Disaster)』이 쥐어 있다. 빌 게이츠에 의하면 지구는 매년 510억 톤의 온실가스를 대기권에 배출하는데, 우리는 기후재앙을 피하기 위해 온실가스 배출을 제로 수준으로 멈춰야 한다.

울산 곳곳을 보면 재생에너지의 시대가 왔다고 해도 과언이 아니다. 호주에서 그린 수소 생산 사업에 참여하고 있는 고려아연은 그린 아연 제련소를 지향한다. 고려아연의 100% 자회사인 호주 썬메탈은 2020년 12월 한국 기업으로는 처음으로 'RE100'에 가입했다. 울산 기업에서 '재생에너지 100퍼센트'인 RE100을 추구하는 기업 사례가 늘고 있다. 기업이 사용하는 전력량의 100퍼센트를 2050년까지 풍력, 태양광 같은 재생에너지와 수소 같은 신에너지로 조달하겠다는 야심 찬 포부가 우리 앞에 있다. 2014년 영국 런던에 위치한 다국적 비영리기구 '더 클라이미트 그룹(The Climate Group)'이 RE100 목표를 최초로 제시했다. 구글과 애플, GM, 이케아 같은 전 세계 유수 기업이 RE100에 가입해 있다. 해안 도시부터 시골 농장, 도시 중심지까지 기후변화가 우리 환경뿐만 아니라 건강, 지역 사회, 국가 안보, 경제, 행복에 실존적 위협을 가하자, 세계 각국이 '2050년 탄소중립'을 외치고 나섰다. 친환경 에너지 개발과 함께, 전기차와 수소차 생산이 시급한 해결 과제로 등장했다. 하지만 여기에 들어갈 막대한 전기 에너지가 신재생에너지로 충분히 공급될 수 있을까 생각해보면 아직은 그 목표가 아득해 보인다.

1900년대에 이미 지속가능성의 개념을 고안하고 지열, 풍력, 태양광 같은 친환경 에너지를 생각한 교류 전기 발명가인 니콜라 테슬라(Nikola Tesla)의 명언을 떠올리며 지속가능한 삶의 방식을 다시 한번 생각해본다.

> "인생은 해결이 불가능한 방정식으로 남아 있을 것이며 앞으로도 그럴 것이다. 그 방정식에는 어떤 알려진 요소가 포함되어 있다(Life is and will ever remain an equation incapable of solution, but it contains certain known factors)."

철학적인 그의 말을 생각하니 인류는 항상 알려진 것과 알 수 없는 세계에 대한 것들이 조합을 이루어 발전에 발전을 거듭해 왔음을 깨닫게 된다.

니콜라 테슬라의 후예들

미국으로 이민 간 크로아티아 출신의 한 남자가 1943년 1월 쓸쓸히 호텔 방에서 사망했다. 그가 사망하자 미국 연방수사국(FBI)은 그의 노트를 비롯한 유품을 압수해갔다. 그를 특별히 생각하는 것은 그가 환경친화적 인물(environmentalist)이어서다. 그는 누구든, 어디서든 필요할 때 무제한의 전기를 아주 싼 값에 얻는 것을 인생의 목표로 삼고 전기에 대해 연구한 인물이다. 그는 이와 같은 전기를 발명하면 사람들이 고된 육체노동의 사슬에서 풀려나 평화와 번영을 즐길 수 있을 것이라 기대했다. 그의 철학이야말로 과학과 기술의 존재 이유가 아닐까. 평생을 고독하게 살아온 끝에 쓸쓸히 숨진 진짜 '발명왕', 그의 이름은 니콜라 테슬라다. 요즘 익숙한 전기차와 수소차가 연상된다.

기원전 600년경 그리스의 철학자 탈레스 이후 전기는 다양한 형태로 우리 곁을 스쳐갔다. 토머스 에디슨(Thomas Edison)이 '에디슨 전구'를 발명하고 전기 회사를 차려 전기를 공급하면서 전기는 가정에서 쉽게 사용할 수 있는 에너지가 되었다. 니콜라 테슬라는 토머스 에디슨이 과대평가된 인물이라 생각했다. 에디슨이 전기를 발명했다는 것은 오해라고 평가절하했다. 전기는 과거부터 존재해온 에너지이고, 에디슨은 단지 이를 좀 더 편하게 활용할 수단을 발명했을 뿐이란 것이다. 그럼에도 불구하고 다른 이의 지적 재산을 가로채며 거대한 부를 축적한 에디슨을 테슬라의 일론 머스크(Elon Musk)는 니콜라 테슬라보다 존경한다니 쓸쓸한 생각이 들기도 한다.

수소차 회사 니콜라와 자기장의 단위와 이름이 같은 테슬라를 생각하며 환경친화적인 발명을 하는 모든 이들을 나는 니콜라 테슬라

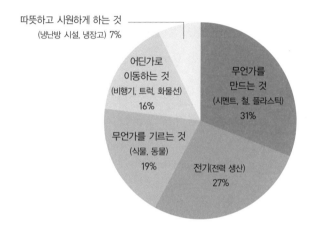

도표 0-1 온실가스 배출량 중 각각의 인간 행위의 비중

따뜻하고 시원하게 하는 것
(냉난방 시설, 냉장고) 7%

어딘가로
이동하는 것
(비행기, 트럭, 화물선)
16%

무언가를
만드는 것
(시멘트, 철, 플라스틱)
31%

무언가를 기르는 것
(식물, 동물)
19%

전기(전력 생산)
27%

출처: 김영사, 『기후재앙을 피하는 법』

의 후예라고 말하고 싶다. 보통 우리는 전기의 아버지를 에디슨이라고 알고 있다. 하지만 에디슨은 직류 전기에 주력했고, 현재 우리가 쓰는 교류 전기는 니콜라 테슬라의 발명품이다. 니콜라 테슬라는 272개의 특허를 낸 세기의 발명가였다. 에디슨이 성실과 노력의 위대한 발명가였다면, 테슬라는 천재적인 발명가였다.

연간 온실가스 배출량의 27퍼센트가 전기를 생산하는 데서 발생한다는 빌 게이츠의 진단을 떠올리며 환경친화적으로 탄소를 배출하지 않으면서 니콜라 테슬라의 후예들이 만들어낼 이상적인 전기를 기대해본다.

빌 게이츠의 주장처럼 언제나 사용이 가능하며 저렴한 에너지라는 전기의 장점을 포기하지 않고, 무엇보다 탄소를 배출하지 않으면서도 더 많은 사람이 혜택을 누리는 방법을 울산이 주도해서 만들어가야 한다. 우리는 니콜라 테슬라의 후예로 그런 생태계 속에서 번성하는 기업들을 만들 의무가 있다. 이 책에서는 자동차, 석유화학, 조선, 비철금속이 발달한 울산 제조업이 어떻게 빌 게이츠의 조언에 맞춰 온실가스를 줄여나갈 수 있을까를 제시할 것이다. 또한 탄소제로라는 목표 달성을 위해 울산의 기업들이 그린 혁명 속에서 어떻게 제조업 르네상스를 맞이할지를 고민하는 모습을 자세히 설명할 것이다. 제조업 비중이 전국에서 가장 높은 70퍼센트 수준인 울산이 그린 혁명의 파고를 기회로 삼아 제조업 르네상스를 일으킨다면 대한민국 제조업의 역사를 다시 쓸 수 있으리라 믿는다.

조 바이든이 열어가는 청정 에너지 정책과 넥스트 그린 혁명

조 바이든(Joseph Biden) 미국 대통령은 '기후변화만큼 세계가 직면한 더 큰 도전은 없다'고 생각한다. 그는 19세기 말 근대 경제학을 확립한 앨프리드 마셜(Alfred Marshall)의 기후 개념을 완전히 이해한 듯하다. 마셜은 인간의 수명과 식량 생산을 결정하는 가장 중요한 요소

중 하나가 기후라고 말했다. 당시 기후변화 이슈가 본격적이지는 않았으나 마셜은 기후를 국가나 지역의 경제적 상태를 결정짓는 중요 요인으로 보았다. 무더운 날씨가 지속되면 조혼과 출산율, 사망률 증가로 이어져 이들 지역은 오랫동안 빈곤에 머물게 된다. 조 바이든은 마셜의 이론을 넘어 기후 비상사태를 해결하기 위한 청정 에너지 혁명의 틀을 제시했다. 바이든은 그린 뉴딜이 우리가 직면하고 있는 기후 문제를 해결하기 위한 중요한 플랫폼이라고 믿는다. 그린 뉴딜은 '그린(Green)'과 '뉴딜(New Deal, 미국 루스벨트 대통령이 1930년대 대공황을 극복하기 위해 추진한 일련의 경제 정책)'의 합성어로, 화석 에너지 중심의 에너지 정책을 신재생에너지로 전환하는 과정을 통해 경기 부양과 고용 촉진을 유도해내는 정책을 의미한다. 바이든은 미국이 기후변화의 도전을 충족시키기 위해 더 많은 영역에서 전례 없는 규모로 이 문제를 야심차게 접근해야 하며, 환경과 경제는 완전히 연결되어 있다고 믿고 있다.

그린 뉴딜을 생각하며 지금까지 유일하게 구속력을 갖춘 최초의 기후변화협약인 '교토의정서'의 의미를 새겨보자. 이 협약을 통해 전세계 온실가스 배출량의 55퍼센트를 차지하는 선진 38개국이 온실가스 감축 목표를 정했다. 이들 국가들은 2008년에서 2012년까지 1990년 배출 수준을 기준으로 평균 5.2퍼센트 이상을 줄이기로 했다. 그러나 미국은 약속과 달리 기후변화협약 의정서를 비준하지 않앉고, 중국은 개발도상국에 포함돼 감축 의무가 없었다. 2012년에 교토의정서를 2020년까지 연장하는 데는 합의했지만, 일본, 러시아, 캐나다, 뉴질랜드가 2013년부터 감축 의무에 동참하지 않기로 했다. 교토의정서는 '속 빈 강정' 신세로 전락했다.

교토의정서를 대체하기 위해 2015년에 파리협정이 탄생했다. 제21차 기후변화협정 당사국총회(COP21, Conference of Parties 21)가 극적으로 마무리된 현장에서 총회 의장인 프랑스 외무장관이 "파리 기후협정이 채택됐다"고 선언했다. 파리협정 체결로 기후변화 대응이 세계 각국의 핵심 과제로 부상했다. 2019년 10월 우리나라는 2030년까지 온실가스 감축 목표로 2017년 대비 24.4퍼센트 감축이자, 배출 전망치(BAU, Business As Usual) 대비 37퍼센트 감축인 1억 7,310만 톤을 감축 목표로 설정했다. 전력, 산업, 건물, 수송, 폐기물 처리, 탄소 포집 활용 저장, 국내외 조림이라는 감축 활동에 동그라미를 쳐본다. 자동차 대신 자전거를 타고 육류를 덜 먹는 인간의 행위도 중요하나, 나무를 많이 심거나 친환경 빌딩을 만들거나 산업 활동에서 탄소 감축을 위한 구체적인 기술이 상용화되지 않는다면 감축 목표 달성은 불가능해 보인다.

돌이켜보면 파리협정의 현장은 힘찬 박수와 환호성으로 휩싸였지만, 실제 지구는 계속해서 몸살을 앓았다. 인류의 화석 시대가 파리협정 체결로 점진적 종언을 고했다는 보도는 휴지통에 들어갔다. 도

널드 트럼프(Donald Trump) 전 미국 대통령은 미국이 파리 기후변화 협정에서 탈퇴했고, 각종 국제회의에서 기후변화 합의는 없던 일처럼 되었다. 2020년 미국 대선 후 대통령에 당선된 조 바이든은 트럼프 정부의 공식적인 파리협정 탈퇴 의사를 번복했다. 조 바이든이 당시 당선을 눈앞에 두고 발표한 첫 메시지 역시 '환경'이었다. 기업의 비재무적 요소인 ESG, 즉 환경(Environment)·사회(Social)·지배구조(Governance) 중에서 '환경'을 강조하는 것이 요즈음의 대세다. 바이든은 이러한 추세를 반영해 이렇게 말했다.

"만약 우리가 우리의 에너지와 재능, 그리고 견줄 수 없는 미국의 혁신을 모두 활용할 수 있다면, 우리는 기후변화 위협을 미국의 에너지 산업 부문이 활력을 되찾는 계기로, 경제 전반에 걸쳐 성장을 촉진하는 기회로 바꿀 수 있을 것이다."

제조업에 활력을 불어넣고, 새로운 산업을 창출하고, 미국 전역의 도시와 마을에서 양질의 중산층 일자리를 창출할 수 있다는 그의 포부는 울산의 미래와 맞닿아 있다. 글로벌 그린 산업 주도권을 확보하려는 바이든의 야심을 보면 신재생에너지는 전 세계적인 인류의 패러다임 변화로 보인다.

나는 울산의 대표 기업들을 방문하며 경제부시장으로서 보고 느낀 이야기를 독자들과 공유하는 것이 나름의 의미가 있다고 생각했다. 이에 울산에서 벌어지는 '넥스트 그린 혁명' 이야기를 이 책에 담았다. 이 책은 울산의 보배 같은 일류 기업들의 그린 혁명 활동을 소개하고 평가하며 그린 산업에 투자하는 이들의 이야기다. 이 책에서는 친환경이 투자의 중심에 선 시대에 울산 기업과 세계 기업을 함께 이야기하며 분명한 투자 가치를 제시하고자 한다. 울산은 우리나라 최대의 공업 지역으로 조선, 자동차, 석유화학 같은 에너지를 다량으로 소비하는 중화학공업이 밀집해 있다. 우리나라 전체 산업에서의 온실가스 배출량 중 12.8퍼센트(한국에너지공단, 2020 산업부문 기준)가 울산에서 발생한다. 이것은 역으로 말하면 온실가스를 감축할 수 있는 양도 그만큼 크다는 것을 의미한다. 환경을 오염시키면서 산업을 발전시키는 것은 과거의 유물이다. 이제는 환경을 보존하고 삶의 질을 높이면서 성장을 꾀하는 새로운 전략이 필요하다. 미래를 앞서가는 울산을 바라보며 그러한 목표를 달성하기 위한 방안에 대해 절실한 심정으로 고민했다.

아울러 각 장에서는 《MIT 테크놀로지 리뷰》가 매년 선정해온 '그해 가장 주목할 만한 10대 미래 기술' 가운데 투자자에게 도움이 될 10가지 그린 기술을 살펴볼 것이다. 2019년 발표한 국가 온실가스 감축 목표(NDC, Nationally Determined Contribution)'는 추가적으로 상향 조정될 것이다. 2021년 제26차 기후변화협정 당사국총회(COP 26)

에서 2018년 대비 감축 목표를 40%로 상향 조정했다. 이 책이 그린 혁명에 관심이 있는 정책 당국자, 산업계 관계자, 온실가스 감축에 실질적인 조언을 필요로 하는 이들에게 도움이 되길 바란다. 기후변화의 공공재적 성격과 국제 협력의 정신을 생각하며 탄소 이야기부터 시작해보자.

제3장

에코 모빌리티가
세상을 지배하다

제4장

무엇으로 전기를
얻을 것인가?

제5장

핵융합과 핵분열:
인공태양과 소형 원자로

제1장

탄소 시대의 종말과
그린 프리미엄

실제 환경 비용을 정확하게 반영하면서도 예측이 가능한
탄소 가격을 설정하는 것이 온실가스 배출을 줄일 수 있는 핵심이다.

_김용, 세계은행 총재

탄소 순환과
기후변화

이산화탄소에 붙은 오명

과유불급(過猶不及)이라는 단어를 떠올리며 첫 이야기를 시작한다. 지나친 것은 부족함과 다를 바가 없다. 지나치지도 부족하지도 않은 상태, 즉 중용(中庸)이 중요하다. 이 글을 계기로 이산화탄소에 씌운 과도한 멍에는 풀어주고, 과한 수준의 이산화탄소를 만든 인간의 행동에 경고를 주며, 탄소 순환이라는 원래 의도한 지구의 신비를 회복하기 위한 전반적 대안을 모색하고자 한다.

눈을 감고 시간여행을 떠나본다. 아득한 옛날 태초의 점이 보인다. 빅뱅의 순간이 있었고 수소와 헬륨이 보이더니 먼지들과 뭉쳐 별들이 탄생했다. 우주에 별들이 나타나면서 일련의 사건들이 펼쳐지고 있었다. 별의 중심부 온도가 높아진다. 헬륨 핵이 융합해 새로운 원소를 생성했고 훗날 사람들은 그 원소를 탄소라 이름 지었다. 별에서 탄생한 탄소가 이산화탄소 형태로 지구에 도달하고 생물을 구성하는 원소로 우리 몸의 중요 부분이 되었다. 이후 꽃이 폈고 꽃들은 탄소를 통해 살아갔다. 식물들은 햇빛과 이산화탄소, 물을 흡수하고 포도당과 산소를 내보낸다. 식물이 탄소를 통해 호흡하며 살아가는 것이다. 흔히 과학자들은 이를 1단계 탄소 순환이라고 한다. 초식동물이 나뭇잎을 먹거나 미생물이 나무에 붙어 식물의 탄소를 흡수한다. 2단계 탄소 순환이 이렇게 일어난다. 탄소를 섭취한 동물이 죽고 썩어 흙으로 돌아가면 탄소 영양소가 다시 식물들에 되돌아가서 탄소 순환이 거듭된다. 우리 몸의 단백질 분자들은 탄소를 통해 연결된다. 탄소는 수소, 산소, 질소와 쉽게 결합할 수 있다. 그 결과 탄소는 생체 분자의 기본 요소인 단백질처럼 분자를 이루는 요소로 사용된다.

탄소 순환의 저 끝에 우주 탄생의 비화가 있었다. 지금의 이산화탄소에 붙은 오명은 탄소 순환이 제대로 안 되도록 만든 외부적 환경의 소산이고 그 한가운데 인간이 있다. 내 몸을 이루는 탄소와 인류를 위협하는 이산화탄소 과잉 배출을 보면서 우리는 탄소 순환의 중요성을 다시 새겨보아야 한다.

회식 자리에서 누군가 나서서 놀라운 방식으로 폭탄주를 제조한다고 상상해보자. 소주와 맥주를 섞은 폭탄주를 탄 후에 젓가락으로 맥주잔의 바닥을 치면 거품이 확 일어난다. 가늘고 긴 젓가락이 다량의 거품을 만든 것이다.

맥주를 따를 때 거품이 생기는 것은 맥주 속에 포함된 이산화탄소 때문이다. 맥주의 거품은 맥주의 주재료인 맥아와 홉이 소량의 이산화탄소와 결합할 때 만들어진다. 이산화탄소는 맥주를 잔에 따를 때 공기 중으로 배출된다. 공기 중으로 빠져나가려는 이산화탄소를 보호하는 것이 바로 거품이다.

거품이 만들어지기 위해서는 조건이 필요하다. 충격 지점에 핵이 있어야 한다. 맥주잔 속의 한 지점에 충격을 주면 그 지점에 핵이 만들어지고, 기체 분자들이 핵으로 점점 모여들게 되면서 거품이 발생하며, 거품의 규모가 커지면서 표면으로 올라가는 것이다. 폭탄주 잔을 흔들었을 때 거품이 더 많이 생기는 것은 이산화탄소가 맥주 속에서 빠져나가려는 힘이 더 강해져서 그렇다. 흔들면 충격을 더 크게 받기 때문이다.

와인 제조에는 다른 유형의 이산화탄소가 사용된다. 응축된 이산화탄소인 드라이아이스로 포도의 뭉치를 식혀 자연 발효를 방지한다.

거품 없는 맥주는 앙꼬 없는 찐빵이다. 우리 몸을 이루고 일상의 재미를 보여주는 이산화탄소를 생각하니 이산화탄소가 나쁘기만 한 존재는 아니라는 생각이 든다. 이산화탄소는 우리가 숨 쉬는 공기에서부터 맥주, 건설 산업에 이르기까지 모든 면에서 매우 중요하다.

대기 중의 이산화탄소는 냄새도 없고 맛도 없다. 이것은 농도가 낮고, 삶에서 익숙해졌기 때문이다. 하지만 만약 공기 중에 있는 이산화탄소의 양이 증가한다면, 코를 찌를 듯한 냄새와 자극을 느낄 수 있을 것이다.

이산화탄소는 온실가스의 주된 요인으로 추방해야 할 대상인 것처럼 오도되지만 분명히 양면성이 있다. 이산화탄소 농도의 증가는 우리 삶에 '덫'을 놓고, 지구의 온도를 상승시킨다. 만약 지구의 전체 대기가 이산화탄소로 이루어져 있다면, 지구의 환경은 금성과 흡사할 것이다. 금성의 대기는 대략 96~97퍼센트의 이산화탄소로 이루어져 태양계에서 가장 뜨거운 행성이 되었다.

산소나 질소와 달리, 이산화탄소는 대기 중에 극소량만 있는 미량가스다. 지구상에 이산화탄소의 양이 많지는 않지만, 그 분포의 균형은 매우 중요하다. 온실가스에 갇힌 지구가 금성처럼 되는 것을 피하기 위해 이산화탄소의 생산을 줄이려고 노력해야 한다. 이산화탄소는 금속을 절단하는 레이저의 보호 가스로, 용접 공정에도 사용된다.

이산화탄소에 햇빛과 약간의 수소를 첨가하는 것만으로도 연료나 다른 유용한 화학 물질을 만들 수 있다. 이산화탄소는 콘크리트, 플라스틱, 연료, 보드카를 만드는 자원으로 사용할 수 있다. 메탄올 역시 이산화탄소와 수소로 만들 수 있다. 만약 우리가 이산화탄소로 메탄올을 지속가능하게 생산한다면, 수많은 화학 물질을 이산화탄소로 만들 수 있지 않을까? 생각을 전환해서 이산화탄소를 오염원이 아닌 자원으로서 받아들여 기후변화에 대응할 수 있다니 이산화탄소의 정체를 더 밝혀나가고 싶다.

탄소가 뭐길래 NASA 과학자까지 동원될까?

과학자들은 숲에서 탄소 변동을 측정하는 새로운 방법을 고안했다. 이는 전 세계 탄소 측정의 정확성을 향상시킬 것으로 기대된다. 미국 항공우주국(NASA, National Aeronautics and Space Administration)의 과학자들을 포함한 다양한 국제 연구팀이 지난 20년간 숲의 변화가 대기 중 탄소 농도에 어떤 영향을 미쳤는지를 평가하기 위한 새로운 방법을 발굴했다. 그 결과 전 지구 탄소 순환에서 삼림의 전반적인 역할을 더 잘 이해할 수 있게 되었다. 과학자들은 다양한 삼림의 기여도를 구별할 수 있었고, 열대 삼림이 전 지구 탄소 수치를 변화시키는 가장 큰 요인이라는 사실을 확인했다. 열대 삼림은 다른 삼림보다 탄소를 더 많이 흡수하기 때문에 열대 삼림이 파괴되거나 황폐화되면 대기 중에 더 많은 탄소가 쌓인다. 농업을 위해 땅을 개간하는 것도 대기 중의 이산화탄소를 증가시키지만, 지난 세기 동안 전 세계 이산화탄소의 주요 증가 요인은 석탄, 석유와 같은 화석연료를 태우는 인간 활동에서 기인했다.

웹 애플리케이션인 글로벌 포레스트 워치(Global Forest Watch)의 '숲으로의 탄소 유입 지도'와 네이처 클라이미트 체인지(Nature Climate Change)에서 발표한 연구는 '숲이 탄소 변동에 어떤 영향을 끼치는지'를 여실히 보여준다. 미국이 파리 기후협정에 재가입한 지 하루 만에 발표된 이 자료는 삼림 벌채와 파괴로 인한 이산화탄소 감소 배출 증가를 경고하고 있다. 숲은 산소를 생산하기 위해 대기 중의 이산화탄소를 흡수함으로써 지구상의 다른 생명체의 집단적 호흡에 도움을 준다. 연구진에 따르면 산림은 2001년부터 2019년 사이 매년 약 156억 톤의 이산화탄소를 대기에서 흡수했고, 산림 파괴, 화재 등으로 연간 평균 81억 톤의 이산화탄소가 배출됐다. 숲은 기후 시스템에서 2차선으로 된 고속도로 역할을 한다. 무성한 산림이 주는 감사한 역할과 산림 파괴와 황폐화로 인한 악영향을 자세히 살펴보면 산림 관련 기후 정책을 제대로 관찰할 수 있고 정책 입안 자료로 사용할 수 있다. 이렇게 보고서나 항공 데이터, 위성 관측을 포함한 수많은 출처의 데이터셋을 통합해 산림에 대한 탄소 유량을 추정하기 위한 최초의 일관된 글로벌 프레임워크가 만들어지고 있다. 모든 탄소 관련 추정치는 불확실성을 동반하며, 데이터셋이 향상될수록 불확실성은 점점 작아질 것이다. NASA의 탄소 모니터링 시스템을 보면서 우리나라도 하루 빨리 위성이 정확하게 탄소를 측정하는 제도적 기반을 마련해야 하지 않을까 생각한다. 탄소 배출 저감 노력은 정확한 탄소 측정과 탄소 가격을 매기는 데서 출발해야 한다.

2018년 출간한 경제개발협력기구(OECD, Organization for Economic Cooperation and Development) 보고서(Effective Carbon Rates 2018 Pricing Carbon Emissions Through Taxes and Emissions Trading)에 따르면 탄소 가격 격차는 2018년에 76.5퍼센트를 보였다. 이는 실제 탄소 가격과 실제 기후변화에 따른 비용을 비교한 것이다. 이 격차는 2012년 83퍼센트, 2015년에 79.5퍼센트의 격차에 비해 개선됐지만 여전히 미흡하다.

기후변화 귀속 기술(climate change attribution technology)

2020년 MIT는 기후변화의 귀속(climate change attribution) 문제를 다루는 기술을 '세계가 주목해야 할 10대 기술'에 포함했다. 이 기술은 특정 기후 사건의 원인을 규명하면서 인간과 자연이 기후에 어떻게 영향을 미치고 있는지를 이해하는 데 도움을 준다. 위성에서 관찰한 세밀한 데이터의 장기간 기록은 빅데이터가 되어 기후변화 추이를 관찰할 수 있게 한다. 컴퓨팅 파워의 성능 개선과 인공지능 활용으로 과학자들이 고해상도 시뮬레이션 환경을 구축하고 더 많은 가상 실험을 수행할 수 있게 되었다. 기후변화에 영향을 미치는 여러 요인들을 분석하고, 우리가 홍수, 폭설, 가뭄 등의 위험에 어떻게 대처해야 하는지를 알 수 있도록 돕는다.

기후변화를 순전히 인간만이, 혹은 자연만이 초래한 것으로 일방적으로 몰고 가는 것은 위험하다. 잘못된 사고는 잘못된 기후변화 정책으로 이어질 수 있다. 이 기술은 실제로 일어난 사건과 사람의 행위가 개입되지 않은 가상 세계를 비교한 후 인간의 행위가 없다면 세상이 어떻게 될지를 기후 모델로 예측한다. 인간이 기후에 미치는 영향 유무와 기후 모델 시뮬레이션 결과를 비교해 폭염, 홍수, 가뭄과 같은 특정 사건의 확률이 어떻게 변화했는지를 확인하는 기술이다. NASA, 미국 해양대기청(NOAA, National Oceanic and Atmospheric Administration), 유럽우주국(European Space Agency) 같은 기관은 위성 데이터를 사용해 대기 중의 온실가스 농도, 날씨 패턴, 식물의 건강 상태, 빙하와 극빙의 녹아내림, 산호초의 표백, 해양 산성화, 야생동물과 철새의 행동 유형 변화, 많은 다른 환경 지표를 관찰하고 있다. 이러한 관찰은 기후변화 귀속 기술의 기초를 구성한다. 열대 지역 산림 황폐가 전 지구적인 이산화탄소 증가의 원인이라면 어떤 활동을 해야 할까?

탄소 모니터링 기업 '파차마(Pachama)'는 인공위성, 드론, 인공지능 등을 활용해 전 세계 조림 사업이 흡수하는 탄소 양을 정확하게 측정하는 기술력을 자랑한다. 산림을 관찰하고, 나무가 흡수한 탄소의 양과 데이터를 수집·분석한 후, 고객에게 정보를 제공한다. 이 기업은 마이크로소프트(MS), 소피파이(Shopify), '베이조스 지구 펀드', 빌 게이츠의 '브레이크스루 에너지 벤처스(BEV)', '아르노 그룹', '아글레 벤처스' 등을 협력 파트너로 두고 있다. 이 기업은 탄소 배출권을 필요로 하는 사업체에 적합한 산림 개발 프로젝트를 제시하면서 수수료를 받는 사업 모델을 운영 중이다.

탄소 가격 격차가 현재 속도대로 줄어든다면 탄소 가격은 2095년에야 실제 비용을 충족할 수 있다. 기업들이 혁신과 경쟁을 유도해 저탄소 경제를 이루고, 가계가 저탄소 생활방식을 채택하도록 유도하기 위해서는 훨씬 획기적인 조치가 필요하다. 앙헬 구리아(Angel Gurria) 전 OECD 사무총장은 "정확하게 탄소 가격을 매기는 것은 기후변화 해결을 위한 구체적이고 비용 효율적인 방법이다. 인류는 저탄소 성장 경로를 따라 경제를 이끌 기회를 낭비하고 있으며 하루하루가 지나면서 귀중한 시간을 잃고 있다"고 말했다. 탄소 배출권 거래제는 그런 격차를 줄이기 위한 방편 중 하나다.

탄소는 우주에서 수소, 헬륨, 산소 다음으로 질량이 크다. 생명체를 구성하는 데 필수 요소는 탄소, 수소, 산소, 질소, 인, 황 여섯 가지다. 탄소는 우리 인체의 무게를 분석했을 때 산소 다음으로 많은 약 18퍼센트의 질량을 차지한다. 탄소는 대기 중에 이산화탄소 형태로 존재해 우리 주변과 삶을 구성하는 기본 원소라 할 수 있다.

앞에서 이야기한 것처럼 대기 중 이산화탄소는 광합성으로 식물에 흡수되어 생태계가 유지되는 데 꼭 필요한 영양분이 되며, 일부 이산화탄소는 바다에 녹아서 해양 생태계가 유지되는 원천이 된다. 생태계의 먹이사슬에 들어와서 생명체의 구성 성분이 된 탄소는 물질대사를 통해 다시 대기 중 이산화탄소로 돌아가기도 한다. 기후변화 시대를 살아가며 우리는 탄소의 흐름이 정상적으로 이루어지고 있는지를 주목하고 있다. 탄소는 생명체에서 수중으로, 광물에서 대기 중으로 끊임없이 지구를 순환하고 있다. 이 과정에서 산소와 반응하면서 이산화탄소가 되는데, 이는 곧 지구의 온도를 높이는 온실가스의 주요인이 된다.

유기물과 무기물은 탄소의 유무로 구분한다. 흔히 유기물을 탄소화합물로 정의하는 반면, 무기물은 탄소를 포함하고 있지 않다. 탄소를 포함하는 유기물은 불을 지피면 타게 되고, 그 과정에서 나온 탄소는 산소와 결합해 이산화탄소를 방출한다. 화석연료 가운데 이산화탄소를 가장 많이 배출하는 것은 석탄이며 석유, 가스가 그다음이다. 지구의 역사 동안 대기 중 이산화탄소 농도가 증가할 때마다 지구의 온도는 어김없이 상승했다.

온실가스가 대기 중에 많으면 태양의 복사에너지는 지구 내부로 잘 흡수되지만, 지구의 복사에너지는 지구 외부로 빠져나가지 못해 기온이 상승하게 된다. 이러한 효과를 '온실효과'라고 부른다.

인류는 땅을 개발하고 화석연료를 소비하면서 지구의 탄소 순환 과정에 큰 영향을 끼치고 있다. 땅 속의 탄소 자원을 태우면서 지구 표면을 둘러싼 지각에 갇혀 있던 탄소가 대기 중으로 방출된다. 대기 중 이산화탄소가 지각이나 생태계에 흡수되는 양이 발생한 탄소의 양을 따라잡지 못해 대기 중 이산화탄소 농도가 빠르게 올라가면 탄소 순환에 문제가 생기게 된다. 이에 따라 급속하게 진행되는 기후변화를 두고 볼 수만은 없다는 세계적 공감대가 형성되었다.

독일의 시장조사 기업 스타티스타(Statista)는 1750년 이후부터 지금까지 인류가 대기로 방출한 탄소의 양에 대한 정보를 제공한다. 나라별 통계를 보면 미국이 당당히 1위를 차지하니 조 바이든 대통령의 각별한 고려가 필요하다 하겠다. 1750년 이후 인류가 배출한 이산화탄소의 양은 공룡을 멸종으로 이끈 소행성 충돌 직후 발생했던 탄소 배출량보다 많다. 6,600만 년 전 지구를 강타한 소행성은 공룡을 포함한 지구 생명체의 75퍼센트를 멸종시켰다. 당시 지진, 화산 폭발, 산불이 일어나 대기 중으로 엄청난 양의 이산화탄소가 배출되었는데, 이때 방출된 이산화탄소의 양이 1,400억 톤으로 추정된다. 이로 인한 온실효과는 지구를 덮혀 수백 년간 해양을 산성화시키며

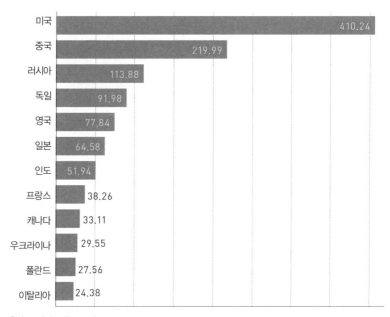

도표 1-1 **주요국의 이산화탄소 배출 규모**(단위: 10억 미터 톤)

미국	410.24
중국	219.99
러시아	113.88
독일	91.98
영국	77.84
일본	64.58
인도	51.94
프랑스	38.26
캐나다	33.11
우크라이나	29.55
폴란드	27.56
이탈리아	24.38

출처 : 스타티스타(Statista) 2021, 1750~2019

생물 대멸종에 기여했다. 물론 온실효과는 자연 현상으로 발생하기도 하지만 요즘 문제가 되고 있는 온실효과는 인간의 행위에 의해 이루어지는 부분이 크다는 점을 인식해야 한다. 산업혁명 이후 급증한 화석연료 탓에 대기 중 이산화탄소의 농도가 급증했는데 이것이 온실효과를 일으키는 주된 요인으로 지목되고 있다.

환경을 비용 지불 없이 누구나 사용하는 자유재로 생각해서는 안 된다. 지구가 멸망하기까지는 먼 이야기라며 땅속에 있는 화석연료를 마구 뽑아내고 핵연료를 분별없이 소비한다면 미래 세대의 운명은 어떻게 될까? 기후변화는 사상 최악의 '시장 실패'이자 불확실성

덩어리다. 과학과 기술을 넘어 형평성, 정의, 윤리 문제와 관련이 있다. 기후변화의 최대 피해자는 가난한 국가, 가난한 계층이다. 기후 재앙을 미리 막지 않는다면 인류는 1930년대 대공황과 신종코로나바이러스 감염증(코로나19)으로 인한 경제위기를 능가하는 경제 파탄에 직면할 수 있다. 2021년 4월 유럽연합(EU, European Union)은 2030년까지 온실가스를 최소 55퍼센트 감축한다는 유럽기후법에 잠정합의했다.

탄소중립으로 수렴하는 기후변화 대응

과거의 사건에서 발생한 탄소 배출량보다 1970년대 이후부터 인류가 대기 중으로 배출한 이산화탄소의 양이 더 많다면 이 지구는 어떻게 될까? 과거 탄소 순환을 깨뜨린 사건 때 발생했던 모든 특징이 현재에 다시 나타나기 시작했다면 우리는 무엇을 해야 할까? 지표면의 온도가 상승하고, 해양 저산소화와 산성화가 진행되고 있다. 인류가 이미 생명의 대규모 멸종 단계에 들어서고 있는지도 모르겠다. 영국의 공학자 캘런더(Guy Stewart Callendar)는 1939년에 발표한 논문에서 화석연료를 태울 때 나오는 이산화탄소가 기후변화에 많은 영향을 미치고 있다는 의문을 처음으로 제기한 인물이다. 이산화탄소의 경우 한 번 방출되면 약 100년 정도 대기 중에 체류한다. 그런 점에서 볼 때 대기 중에서 금방 빠져나가는 아황산가스나 이산화질소와 다르다는 점을 유념해야 한다. 기후변화가 과학적 논쟁과 국가 간 시각의 차이 속에서 진화해왔지만 이제는 모두의 어젠다가 됐다. 세계경제포럼은 머지않은 미래에 인류와 지구를 심각하게 위협할 글로벌 위험 요인 20가지를 선정했으며 「2020 글로벌 위험 보고서」에서 상위 다섯 개의 리스크 중 하나로 기후변화 대응 실패를 제시했다.

기후변화 대응을 위한 '탄소중립'은 이산화탄소를 배출한 만큼 이산화탄소를 흡수하는 대책을 세워 이산화탄소의 실질적인 배출량을 제로로 만드는 것을 의미한다. 반면에 기후중립이란 6대 온실가스 모두의 순배출을 제로로 만드는 활동을 의미한다. 탄소중립보다 기후중립을 달성하기가 훨씬 어렵다. 넷제로(net-zero)란 용어는 이산화탄소를 포함한 모든 온실가스의 순배출을 제로화하는 개념인 기후중립과 동일한 개념으로 보는 것이 정확하나, 혼란스럽지만 탄소중립과 같은 의미로 사용되기도 한다.

2018년 10월 인천 송도에서 개최된 제48차 UN 기후변화에 관한 정부 간 협의체(IPCC, Intergovernmental Panel on Climate Change) 총회는 「지구 온난화 1.5도 특별보고서」를 채택했다. 당초 파리협정의 약속인 2도에서 1.5도로 목표를 재결의한 것은 더 이상 기후변화 대응이 '미래 세대'의 몫이 아닌 '현세대'의 당면 과제라는 의미다. 유럽은 '그린딜'로 탄소중립 이슈를 선점했다. 2019년 새로 출범한 EU 집행위원회는 탄소중립을 최우선 정책 과제로 '유로 그린딜(European Green Deal)'을 제시했고 이를 통해 넷제로에 대한 전 세계 정부와 민간의 정책적 노력을 이끌어내고 있다.

미국은 바이든 정부 출범과 함께 파리협정 재가입과 청정 에너지 개발에 연방 예산 투자를 발표했고, 2050년 탄소 배출 넷제로 달성 목표를 포함한 '그린 뉴딜'을 발표했다. 미국, EU, 일본, 캐나다 등 120여 개국은 2050년까지 넷제로를 실현하기로 했다. 중국은 2060년을 목표 시점으로 삼았다. 이에 따라 기후변화 대응의 최대 관심사가 탄소중립으로 수렴됐다. 전 세계 40여 명의 정상이 2021년 4월 22일 글로벌 기후변화 위기에 대처하기 위해 화상으로 한자리에 모였다. 세대 간 불평등을 낳는 국경을 초월한 이 문제에 모처럼 국가 간의 힘겨루기는 없었다. 중국도 러시아도 참석해 '지구의 날'에 맞춘 행사가 진행되었다. 탄소중립의 방법은 다르다 하더라도 회의의 중심은 탄소중립으로 수렴되었다.

이 시점에서 유럽의 그린딜을 잠시 살펴보자. 유럽의 그린딜 투자 계획(EGDIP, European Green Deal Investment Plan)은 EU 자체 기후·환경 예산(5,030억 유로)과 공공·민간 부문 투자를 통해 향후 10년간 약 1조 유로 규모의 재원을 조성한다. 또한 공정 전환 메커니즘(JTM, Just Transition Mechanism)을 통해 녹색 경제로의 전환 과정에서 영향을 받는 지역과 부문을 지원하는 기금으로 2027년까지 약 1,000억 유로 이상을 마련한다. 그린딜의 주요 내용은 [도표 1-2]와 같다.

2020년 맥킨지(McKinsey&Company) 보고서 「넷제로 유럽(Net-Zero Europe)」은 유럽의 탄소중립 시나리오를 분석하고 있다. 특이 사항은 탄소중립을 실천하기 위한 감축 수단이다. 재생에너지 비중 확대와 전기화(44%), 수소(13%), 에너지효율(11%), 바이오 연료·원료

분야	주요 내용
기후변화 대응	• 2030년 1990년 대비 최소 55% 감축과 2050년 탄소중립 달성 • 유럽기후변화법을 통해 법적 구속력 확보 추진
청청 에너지	• 재생에너지 비중 대폭 확대, 수소 활용과 에너지 효율 개선 • EU 에너지시스템통합과 수소 전략, 해상풍력 전략 등 발표
지속가능한 산업	• 청정 순환경제디지털 중심의 EU 산업전략을 통해 다배출산업의 탈탄소화, 핵심소재배터리AI 등 신산업 육성과 글로벌 경쟁력 확보 • 순환경제 액션 플랜 발표, 탄소국경조정 조치 검토 중
에너지 자원· 효율적 건축물	• 건축물 에너지 성능 기준 강화, 디지털 기술 활용 확대, 자원순환형 건물 설계 등을 통해 공공민간 건축물 리모델링 규모 두 배 이상 확대 • 리노베이션 웨이브 전략 발표
지속가능한 스마트 수송	• 자율주행, 스마트 교통 관리 시스템, 철도운송 확대, 해운항공 부문 탄소가격 강화, 전기차 충전소 확충(2025년 100만 대)과 친환경차 보급 확대(2025년 1,300만 대)
기타	• 저렴하고 지속가능한 식품 확대, 탄소중립 달성 및 건강한 환경 조성을 위한 삼림 자원 양과 질 개선

(9%), 자원순환(7%), 이산화탄소 포집 활용 저장(6%), 조림 등 토지 이용 변화(7%), 기타 기술혁신(3%) 등으로 이산화탄소 배출 10위권 내에 있는 우리나라에 시사점이 크다.

맥킨지는 이러한 기술의 변화에 추가해 플라스틱 재사용 비율 증가 같은 생활 습관 변화가 따라준다면 15퍼센트의 추가적인 탄소 감축이 가능하다고 주장한다.

탄소세와
그린 프리미엄

2021년 신기후체제, 탄소 가격제 그리고 그린 프리미엄

2019년 세계경제포럼(WEF)은 「글로벌 리스크(Global Risks) 2019」 보고서에서 세계를 위협할 가능성이 가장 높은 세 가지 요인으로 기상이변, 기후변화에 대한 대응 실패, 자연재해를 지목했다. 환율, 금리 등 경제적 요인보다 이제 기후 행동 실패에 따른 자연재해가 더 위험한 요인으로 지목되고 있다. 기업은 사업장 중심의 환경 관리 체계를 전환해 제품, 공급망, 비즈니스 전략 수립, 정보 공개 등 전사적 과정에 기후변화 리스크와 미래 기회 요인을 고려해야 한다. 환경 규제를 넘어 전 세계적인 흐름이 기업의 기후변화 위기 대응을 압박하고 있다. 2021년 가동된 신(新)기후체제는 국내 기업 경쟁력에 직접적 영

향을 주고 있다. 다자간 협약인 파리협정은 전 세계 60개국이 참여해 온실가스 저감에 대한 일치된 지향점을 보여주었다. 또한 배출권 거래제나 탄소세 등 이산화탄소 배출량에 따라 비용을 부담하게 하는 '카본 프라이싱 이니셔티브(Carbon Rricing Initiative)'가 가동되고 있다. 조 바이든 미국 대통령은 카본 프라이싱의 입법화를 주목하고 있다.

인류의 생존을 위협하는 이산화탄소를 비롯한 온실가스를 줄이기 위해서는 비용을 제대로 부담시켜야 한다. 2021년 조 바이든 행정부가 탄소의 사회적 비용을 톤당 51달러로 인상했다. 트럼프 대통령 시절 오바마가 책정한 50달러에서 1달러 이하로 떨어졌던 탄소의 가격을 다시 끌어올리는 조치다. 트럼프 행정부 당시 추정 기준이 이처럼 낮게 산정된 이유는 트럼프 정부가 '탄소가 국제적으로 미치는 영향을 의도적으로 고려하지 않았기 때문'이다.

조 바이든은 탄소 가치에 대한 종합적인 검토를 마친 후 탄소 가격을 더 높일 것이다. 백악관 경제자문위원회(Economic Advisor Council of Economic Advisors)는 백악관 블로그에 현재의 51달러와 향후에 제시할 가격 수치가 기후변화 영향을 제대로 반영하는 과정이 될 것이라면서 탄소가 미치는 사회적 비용을 제대로 평가해야 한다고 주장했다. 앞으로 지구 온난화를 해결하기 위한 더 과중한 부담은 규제 비용 증가로 나타날 것이다. 빌 게이츠의 저서 『기후재앙을 피하는 법』은 이를 '그린 프리미엄'이라 한다.

우리가 탄소를 배출하는 기존의 기술에서 벗어나 탄소를 배출하지 않는 깨끗한 에너지 경제로 전환하려면 많은 비용이 든다. 깨끗한 그린 에너지 기술에 붙는 가격 프리미엄을 그린 프리미엄이라 할 수 있다. 예를 들어 미국에서 휘발유 1갤런당 평균 가격이 3달러고 탄소제로인 첨단 바이오 연료가 5달러라면 그린 프리미엄은 2달러다. 우리는 탄소중립을 위해 그린 프리미엄을 낮추는 기술이나 에너지를 지속 발굴해야 한다.

그린 프리미엄이 높다면 바로 그런 곳이 새로운 에너지 기술을 도입하는 데 필요한 비용 때문에 탈탄소를 하지 못하는 영역이다. 이러한 분야에서 기술을 제대로 개발하면 비용을 획기적으로 줄일 수 있다. 이러한 기술을 도입해 제품을 저렴하게 수출하거나 다른 나라에 보급할 수 있다. 기업은 이를 위해 혁명적인 행동을 취해야 할 것으로 보인다.

51달러는 오바마 행정부 마지막 해인 2016년 탄소 가격 수치에서 인플레이션을 제외하고는 어떠한 변화도 가하지 않은 숫자다. 탄소의 사회적 비용은 1톤의 이산화탄소가 발생시키는 환경적 영향을 복구하는 데 들어가는 비용이다. 온실가스를 감축할 수 있는 기술의 표준 단가이기도 하다. 메탄과 아산화질소는 각각 1톤당 1,500달러와 1만 8,000달러로 비용을 산정했는데, 지구 온난화로 인한 피해가 증가할 것으로 예상됨에 따라 2050년에는 1톤당 이산화탄소 85달러, 메탄 3,100달러, 아산화질소 3만 3,000달러까지 상승할 것으로 경제자문위원회는 전망한다. 이러한 사회적 비용 수치는 트럼프 행정부의 톤당 이산화탄소 가치(1달러)와 메탄 가치(55달러)를 대체했다.

앞으로 각 연방 기관은 '새로운 사회적 비용 기준'을 토대로 규제의 편익과 배출을 추정하게 된다.

조 바이든 대통령은 대선에서 탄소중립을 대표 공약으로 내걸고 2035년까지 탄소 배출 발전 시설을 중단하고 친환경 재생에너지를 도입해 2050년까지 완전한 탄소중립을 달성한다는 계획을 발표한 바 있다. 게다가 이제 세계는 탄소국경세 도입 논의에도 주목해야 한다. 환경오염에 가격을 매기는 것은 민간 부문에 큰 충격을 줄 수 있다. 기업은 사내 탄소 가격제를 설정해 자사 비즈니스의 어떤 부분이 최대의 리스크가 될지를 특정해야 한다. 이에 따라서 경영 전략이나 투자를 조정할 수 있다. 지금까지는 주로 거래되는 재화를 대상으로 가치를 부여해왔는데, 이제는 비시장 재화들에 대해 가치를 부여하기 시작했다. 기업은 이윤이 작아도 사회적 가치를 내는 사업에 지원을 하고 투자해 중장기 이익을 추구하는 방향으로 변화해야 한다. 금융도 마찬가지다. 다만 미래에 대한 불확실성이 있어 정부의 지원이 필요하다. 기후변화 조치는 선진국이든 개도국이든 빈곤국이든 모두 실시해야 한다. 경제적 부담 등을 고려해 선진국이 더 많이 부담해야 하고, '에너지 푸어'에 대한 배려도 있어야 한다.

탄소국경세 도입 논의

탄소국경세는 탄소 배출이 많은 국가나 기업에 부과하는 관세다.

EU는 2023년, 미국은 2025년 탄소국경세를 도입하겠다고 밝혔다. 유럽의 탄소 국경 조정 매커니즘(CBAM, Carbon Border Adjustment Mechanism)이 발효되면 철강 1톤을 생산할 때 발생하는 이산화탄소가 유럽 평균보다 높으면 그 차이만큼 탄소세를 내야 한다. 온실가스를 줄이지 않으면 미국이나 유럽에서 사업을 할 때 문제가 있을 수 있다. 미국, EU 등 선진국들이 탄소국경세를 도입하려는 가장 큰 이유는 자국 산업을 보호하기 위해서다. 탄소세를 통해 형평성 문제를 해결하고 전 세계 탄소 배출을 줄이고자 하나, 환경 규제가 강화될 경우 기업 입장에서는 생산 비용이 상승할 수밖에 없다.

그런데 이게 과연 공정하다고 할 수 있을까? 그간 탄소 배출량의 50퍼센트를 세계에서 가장 부유한 10퍼센트 나라가 발생시켰고, 하위 50퍼센트 국가는 탄소 배출량의 10퍼센트만 발생시켰다면 누가 기후재앙에 기여했고, 누가 진정으로 그 위험을 부담하고 있는지 되묻지 않을 수 없다. 2021년 4월 기후정상회의에 참여한 중국 국가주석 시진핑의 태도를 보자. 미국의 최대 경쟁자인 중국은 기후변화 협력을 다짐하면서도 각국 실정에 따른 차별화된 목표를 강조했다. 그는 기후 문제 해결을 위해 '공동으로 책임을 지되 차별화된 책임을 지는 원칙'이 대전제가 돼야 한다면서 선진국이 개도국의 녹색·저탄소 전환을 도와야 한다고 했다.

상황이 이렇다 보니 탄소국경세에도 힘의 논리가 적용되고 있다. 부유한 나라들이 기후 위기의 영향을 더 많이 받는 가난한 나라보다 훨씬 많은 탄소를 배출한다는 사실을 인정하고, 보상하는 공정한 제도가 개발되어야 한다. 중국과 같은 신흥 국가들에 대한 통상 압력 수단으로도 탄소국경세를 추진하려는 움직임이 진행되고 있다. 새로운 산업에서 수요 창출이 부족한 선진국 입장에서는 탄소국경세를 도입해 자국뿐 아니라 신흥국 경제에 에너지 전환을 위한 새로운 산업 설비 수요를 유도할 수도 있다. 제철을 예로 든다면 용광로 굴뚝에서 나오는 탄소를 절감하는 수준을 넘어서야 한다. 용광로 연료를 석탄에서 수소로 바꿔야 한다. 철강, 석유화학은 물론 자동차, 조선, 해운, 섬유, 제지 등 모든 산업이 이를 인식하고 대응해나가야 한다.

탄소는 이제 경제를 움직이는 하나의 거대 요인으로 인식되고 있다. 탄소중립과 같은 에너지 패러다임이 전환되고 있으며, ESG에 대한 관심이 더욱 높아지고 있다. 이제 탄소는 비즈니스 운영의 게임 체인저가 되었다. 시장은 배출권 거래제 등을 활용해 발 빠르게 움직이고 있다. 재무적 요소인 수익성뿐만 아니라 비재무적 요소인 ESG를 경영에 반영하는 경향이 급물살을 타고 있다. '친환경·저탄소 시대'로 가는 길목에서 각국은 탄소중립이라는 그린 혁명이 제조업 패러다임 전환에 핵심임을 간파하고 있다.

EU의 탄소국경세가 미치는 영향을 좀 더 현실적으로 들여다보자. EU에서 역내 소비되는 제품의 약 4분의 1 수준이 수입 제품인 만큼 탄소국경세 도입이 현실화되는 경우 역내외 파장이 상당할 것으로 전망되지만, 실질적으로 관세를 부과하기까지 난항이 예상된다. 정치적으로는 러시아, 중국 등 다른 국가들의 거센 반대로 글로벌 무역

분쟁 발생이 우려되고 있으며, 기술적으로는 불명확한 탄소세 부과 기준과 정확한 탄소량 측정의 난관도 넘어야 한다. 하지만 탄소국경세는 곧 현실이 될 것으로 보인다.

탄소중립은 유엔 기후변화협의체(IPCC)의 「지구 온난화 1.5도 특별 보고서」에서 중요하게 등장한 단어다. 이 보고서는 현 속도로 지구 온난화가 지속되면 2030~2052년 사이 지구 평균 기온 상승이 1.5도를 넘을 것이라고 전망했다. 전 지구 기온이 1.5도 상승하면 대부분의 지역에서 평균 온도가 상승하며, 거주 지역 대부분에서 극한 고온 현상이 발생하고, 일부 지역에서 호우와 가뭄이 증가할 것이다.

온실가스는 배출된 후 지구 전체를 오랜 기간 돌아다닌다. 배출을 줄이는 지역이 어디든 그 효과는 전 지구적으로 나타난다. 지역 간 배출권 이전을 막을 이유가 없다. 문제는 감축의 효과가 전 지구적으로 동일하게 나타나기에 서로 감축을 미루려고 할 수 있다. 이러한 무임승차를 없애고 구속력 있는 합의를 전 지구적으로 도출하는 것이 중요하다. 국경 간 이외에도 국가별 탄소세는 현재 EU, 캐나다, 일본, 우크라이나, 아르헨티나를 포함해 많은 국가에서 시행되고 있다. 가장 효율적인 국가는 스웨덴이다. 스웨덴의 탄소세는 톤당 127달러이며 1995년 이후 배출량은 크게 줄었고, 경제도 크게 성장했다. 국제통화기금(IMF, International Monetary Fund)에 의하면 전 세계적으로 평균 탄소 가격은 톤당 2달러 정도다. IMF 총재는 톤당 75달러를 적정 탄소 가격으로 제시했다.

탄소 배출권
거래 제도란?

탄소 배출의 경제학

기후가 은행이라면 벌써 구제대상이 되었을 것이라는 우스갯말이 생
각난다. 말보다 행동이 앞서야 한다. 탄소 배출권은 지구 온난화 유
발이나 이를 가중시키는 온실가스를 배출할 수 있는 권리로, 배출권
을 할당받은 업체들은 의무적으로 할당 범위 내에서만 온실가스를
사용해야 하며, 남거나 부족한 배출권은 시장에서 거래할 수 있다.
탄소 배출권은 유엔기후변화협약(UNFCCC, United Nations Framework
Convention on Climate Change)에서 발급한다.

　2021년 3월 SK증권이 금융업계에서 처음으로 탄소 배출권(외부사
업인증실적)을 획득했다. 국내 기업이 외국에서 추진한 온실가스 감축

실적을 국내에 도입할 수 있는 제도로, 이를 시행한 이래 첫 사례이며 배출권 할당 대상이 아닌 기업이 온실가스 감축 사업에 참여하고 배출권을 확보했다는 점에서 의미가 크다. SK증권은 2021년 금융업계에서 처음으로 ESG 부문을 신설했다.

정부는 일정 규모 이상의 기업을 대상으로 배출권을 할당하고 있다. 온실가스 배출 같은 환경 문제는 대표적인 시장 실패 사례다. 이 문제를 시장이 해결하도록 하는 대표적인 제도가 배출권 거래제다. 김용 전 세계은행 총재는 실제 환경 비용을 정확하게 반영하면서도 예측이 가능한 탄소 가격을 달성하는 것이 온실가스 배출을 줄이는 핵심 열쇠라고 했다. 우리나라는 2015년에 탄소 배출권 제도를 도입했다. 3년에 한 번씩 계획을 세워 개별 기업마다 배출할 수 있는 온실가스 허용량을 나눠주고 있다. 1차 계획 기간(2015~2017)과 달리 2018년부터는 업종과 관계없이 모든 산업 부문에 동일한 온실가스 목표가 부가되었다.

이전에는 업종에 따라 탄소 배출권을 나눠주다 보니 업종 간 형평성 문제가 불거졌다. 모든 업종에 무상할당 되던 배출권 중 일부는 업종에 따라 유상 경매로 구입해야 한다. 유상 할당에 따른 정부의 경매 수입은 신재생에너지나 에너지 효율을 높이는 투자에 활용할 수 있다. 부수적으로 중소기업이나 저소득층의 에너지 이용을 지원하는 용도로도 활용한다. EU는 배출권 경매를 통해 거둔 수익의 80퍼센트 이상을 신재생에너지나 친환경 투자에 사용한다. 미래에 배출권의 여유 물량이 축소될 가능성이 높아 기업은 환경 투자를 통

도표 1-3 **탄소배출권 거래제 타임테이블**

분야	제1기(2015~2017)	제2기(2018~2020)	제3기(2021~2023)
주요 목표	• 경험 축적 및 거래제 안착	• 상당 수준의 온실가스 감축	• 적극적인 온실가스 감축
제도 운영	• 상쇄인정범위 등 제도의 유연성 제고 • 정확한 모니터링 보고, 검증, 집행을 위한 인프라 구축	• 거래제 범위 확대 및 목표 상향 조정 • 배출량 보고검증 등 각종 기준 고도화	• 신기후 체제 대비 자발적 감축 유도 • 제3자 거래제 참여 등 유동성 공급 확대
할당	• 전량 무상할당 • 목표관리제 경험 활용	• 유상할당 개시 　무상: 97%, 유상: 3% • 벤치마크 할당 등 할당 방식 선진화	• 유상할당 비율 확대 　무상: 90%, 유상:10% • 선진적 할당 방식 정착
기타	• 592개 업체,16억 8,600만 톤	• 609개 업체, 16억 4,300만 톤	

해 온실가스 배출을 줄이는 전략을 취하는 것이 유리하다. 배출권에도 빈티지(Vintage, 배출권의 사용 연도)가 있어 해당년도에 온실가스를 배출할 수 있다. 현재의 배출권 가격보다 미래의 배출권 가격이 높을 것 같으면 배출권을 이월해 보관할 수 있다. 배출권은 선물 외에도 이월 옵션을 선택할 수 있다는 장점이 있다. 환경 투자를 통해 남게 되는 잉여 배출권은 미래로 이월시켜 사용할 수 있다.

　주식이 있으면 배당금을 받는 것처럼 배출권 거래제를 시행할 경우에도 배당을 기대할 수 있다. 환경을 깨끗하게 한다는 이점에 더해 조세 왜곡의 부담을 줄여줌으로써 경제적인 효율성을 높여준다. 환경적 이득과 경제적 이득이라는 두 종류의 배당을 기대할 수 있다. 이 효과가 제대로 나타나기 위해서는 배출권 거래제 시행과 함께 기업이나 개인이 부담하는 세금이나 비용을 완화해주는 조치를 실시해야 한다.

기업이 친환경 투자를 하거나 일반 가정에서 에너지 효율을 높이기 위해 투자하면 배출권 경매 수입에 의한 지원, 소득세나 법인세 경감, 기후변화 관련 연구개발 세액 공제 등을 실시해주면 배출권 거래제에 대한 대중의 수용성이 증가할 것으로 보인다.

탄소 배출권 거래제가 처음 시행된 2015년 탄소 배출권 가격은 톤당 1만 1013원 수준이었지만 매년 빠르게 오르고 있다. 2기 거래제가 시행된 2018년엔 2만 원을 넘었고, 2019년 하반기엔 4만 원까지 치솟았다. 2020년과 2021년은 코로나19 영향으로 2만 원대와 1만 원대로 크게 떨어졌지만 3기 거래제가 시행되는 2022년 이후, 코로나19 사태가 종료되면 4~5만 원 수준으로 오를 것이라는 전망이다.

테슬라는 어떻게 수익을 창출하는가?

전기차 1등 기업이라는 위치와 미래 교통 산업을 선도하는 기업 이미지, '현실판 아이언맨' 소리를 듣는 일론 머스크의 카리스마에 끌려 테슬라에 투자한 사람이 많다. 테슬라 주식은 급등락을 반복하는 높은 변동성을 보이며 투자자들의 편안한 수면을 방해하기로 악명이 높다. 2021년 초엔 일주일 만에 주가가 25퍼센트 뛰더니, 이후 내림세가 이어지며 주가가 상당히 빠졌다. 주가가 곧 1000달러까지 간다며 '천(千)슬라'를 외쳤던 증시 분석가들이 머쓱해졌으나 2021년 10월 '천슬라'를 훌쩍 뛰어넘었다.

테슬라는 2020년 7억 2,100만 달러의 순이익을 기록했다. 일론 머스크의 전기차가 처음으로 순이익을 낼 수 있게 한 일등공신은 무엇일까? 바로 탄소 배출권이다. 테슬라가 받은 16억 달러의 규제 크레딧(신용)이 없었다면 테슬라는 2020년에도 순손실을 기록했을 것이다. 테슬라가 판매하는 전기차는 온실가스 배출이 없기 때문에 여기서 생기는 크레딧을 내연기관차 업체들에게 판매할 수가 있다. 지금까지 본업인 자동차 판매 부문에서는 적자를 기록해도 부업에서 흑자를 기록해 수입을 얻는 구조가 상당히 지속되어왔다.

테슬라의 탄소 배출권 거래는 자동차의 탄소 배출 규제가 강력한 유럽이나 미국의 캘리포니아를 비롯한 여러 주에서 주로 이루어진다. 미국 상당수의 주는 자동차 회사들이 2025년까지 배기가스 배출이 제로인 차량을 일정 비율 판매할 것을 요구한다. 만약 그렇게 할 수 없다면, 자동차 회사들은 전기차를 독점적으로 판매하는 테슬라 같은 다른 자동차 회사로부터 규제 크레딧을 구입해야 한다. 장기적으로 볼 때 이산화탄소 규제에 따른 테슬라의 크레딧 판매는 비즈니스의 중요한 부분이 아니며, 이를 중심으로 사업을 계획해서는 안 될 것이다. 기존 완성차 업체가 전기차 생산을 늘릴수록 테슬라의 탄소 배출권 수익은 감소할 가능성이 크다.

테슬라의 장기적 성장은 테슬라가 내놓을 '자율주행'의 성패와 전통 내연기관 자동차 회사들의 전기차 분야 성장 속도, 우주 산업에서 의미 있는 성과 등에 달려 있다. 단기간에 전기차 비중이 압도적으로 늘지 않을 것이란 분석이 많지만, 기술의 초격차를 유지할 확실한 한 방이 없다면, 경쟁자들의 추격을 따돌리기 어려울 것이다.

중국은 안보상의 이유로 테슬라에 족쇄를 채웠다. 중국 정부는 군과 국영 회사 임직원들에게 테슬라 자동차 사용 금지령을 내렸다. 테슬라가 전기차 카메라와 센서를 통해 수집하는 각종 데이터가 국가 안보에 위협이 될 수 있다고 생각하기 때문이다. 2021년부터 중국에서는 중국 저가 전기차가 테슬라를 위협하고 있다. 게다가 테슬라를 무섭게 추격하며 중국의 '니오'가 전기차 산업의 대표 주자로 질주하고 있다. '푸른 하늘이 온다'는 의미에서 '미래에서 온 자동차'가 중국의 하늘 색을 바꿀 청사진이 느껴진다. 배터리를 빌리는 서비스인 BaaS(Battery as a Service)로 전기차 가격의 진입 장벽을 확 낮춘 니오의 순발력은 배터리 교체에 3분이 소요된다는 부분에서 감지된다.

세계 최대 자동차 시장이며, 테슬라 수익의 상당 부분을 차지하고 있는 중국은 환경 문제를 해결하기 위해 전기차 판촉을 강화하고 있다. 10년을 내다본다면 전통 글로벌 자동차 강자들의 거센 도전을 무시할 수 없다. 세계 1위 자동차 업체 폭스바겐은 2030년까지 유럽 내 자동차 판매의 70퍼센트를 전기차로 채우고, 10년 안에 70종의 전기차를 출시할 것이라고 계획을 발표했다. 투자은행 UBS에 따르면 2020년 폭스바겐의 전기차 판매량은 23만 1600대로 테슬라의 약 50만 대의 절반 수준에 미쳤지만, 2019년 대비 증가율은 214퍼센트로 눈부신 성장을 보였다. 이밖에 GM, 르노닛산, 현대차, 기아차 등 글로벌 5위권 완성차 업체들은 대부분 전기차에 배수진을 치고 테슬라를 압박하고 있다. 테슬라 주가 거품론이 계속되는 가운데 미국 교통 당국(NHTSA, National Highway Traffic Safety Administration)은 자율주행 기능의 오작동으로 의심되는 빈번한 충돌사고에 대한 조사에 나서기도 했다. 테슬라는 자사 전기차의 자율주행 기능을 차별화된 수준으로 여겨왔다. 문제가 있다는 조사 결과가 나오면 한순간에 최대의 장점이 결정적 흠결로 바뀔지도 모르는 상황이 언제든지 발생할 수 있게 되었지만, 2021년 실적의 새 역사를 써나갔다.

포스코의 미래는 수소에 있다

우리나라는 산업 부문에서 온실가스 배출이 높은 국가다. 에너지 다소비 산업과 온실가스 배출 공정이 많은 산업의 비중이 다른 나라보다 높다. 울산에서 만드는 전기차, 수소차, 스마트 선박에 들어가는 철강은 주로 인접한 도시 포항의 포스코(POSCO)에서 생산된다. 포스코는 우리나라를 대표하는 제철 기업이다. 광산에서 채굴한 철광석은 산소와 결합한 산화철의 형태인데 그 결합이 대단히 강해서 코크스를 이용한다. 코크스는 석탄을 가공한 순수 탄소 덩어리라고 말할 수 있다. 이 코크스가 산소와 결합하면 철은 환원된다. 산화는 물질이 산소를 얻는 반응이며 환원은 물질이 산소를 잃는 반응이다. 산화

반응과 환원 반응은 항상 동시에 일어난다. 탄소인 코크스가 산화철로부터 산소를 얻으니 그 자체로 이산화탄소가 된다.

　철광석이 녹을 정도의 고온으로 가열하는데 연료로는 주로 석탄을 사용한다. 이때 발생하는 이산화탄소의 양이 엄청나다. 맥킨지가 2020년 3월 발간한 「철강 산업의 탈탄소 도전(Decarbonization challenge for steel)」 보고서에 의하면 2018년 세계 전체 산업 부문에서 이산화탄소 배출량의 8퍼센트가 제철 산업에서 나오며, 앞으로 철강이 미치는 환경 영향을 등한시할 경우 철강 회사의 잠재적 가치의 14퍼센트가 훼손될 것으로 보고 있다. 철강 1톤을 생산하는 데 평균 이산화탄소 1.83톤이 배출된다고 세계철강협회는 밝히고 있다. 제철 산업의 이산화탄소 절감 대책은 코크스 대신 수소 같은 다른 물질을 사용하거나, 폐고철(Scrap)을 재활용하는 비율을 높이거나, 이산화탄소를 포집해 저장하는 것을 생각할 수 있다.

　국내에서 온실가스를 가장 많이 배출하는 포스코(산업계 배출의 약 10퍼센트 차지)는 '탄소중립'을 선언했다. 2050년 '넷제로'를 목표로 2030년까지 온실가스 배출량을 20퍼센트 줄이고, 2040년까지 50퍼센트를 감축할 계획이다. 1단계로 에너지 효율을 향상하고, 2단계로 폐고철 활용을 고도화한다. 3단계에서는 수소환원 제철 기술을 개발해 '수소 제철소'로 전환한다. 포스코의 이러한 행보는 탄소 배출 거래제, 환경부담금, 탄소세 이슈와 연관되어 있고 원료를 가공해 중간재 또는 완제품을 생산하는 제조 업체들의 고민과 궤를 같이한다.

정부의 2050년 탄소중립 선언으로 기업은 온실가스 배출로 지불해야 할 비용이 커졌다. 철광석과 철스크랩 등을 제련해 철강재를 생산하는 철강사와 원유를 정제해 정유를 생산하는 정유사, 발전 업체들의 고민이 심각하다.

포스코는 2020년 사상 처음으로 온실가스 초과 배출로 인해 '탄소 배출권 매입채무'를 쌓았다. 온실가스 초과 배출에 따라 2020년 온실가스 무상할당 배출권의 수량을 초과하는 온실가스를 배출해 충당 부채를 설정한 것이다. 탄소 배출권을 배출권 거래소를 통해 구입해 정산해야 한다는 의미다. 포스코는 2019년 9월 포스코에너지의 부생가스 복합발전소를 인수해 온실가스 배출량이 크게 증가했다. 포스코의 탄소 배출권 구매 비용은 앞으로도 늘어날 전망이다. 고로를 사용하는 철강사들은 주원료로 석탄을 쓰기 때문에 이산화탄소 배출량이 많을 수밖에 없다. 국내 온실가스 배출량 1~2위 기업은 포스코와 현대제철이다.

2040년 철강 산업에서 100퍼센트 수소환원제철공법(Top Gas Recyc

ling)을 사용할지에 대해서는 논란이 있다. 하지만 이미 스웨덴 철강 회사 SSAB(Svenskt Stål AB)와 유럽 최대 철강 회사인 독일 티센크루프(ThyssenKrupp AG) 같은 유럽 철강사들은 수소환원제철공법이 적용된 친환경 제철소를 짓고 있으니 국제 협력이 중요할 것이다.

지구상의 철은 대부분 산소와 반응한 산화철이며, 철광석 형태로 존재하기 때문에 순수한 철을 얻기 위해선 철광석을 녹이고 산화철에서 산소를 제거하는 과정이 필요하다. 그렇기 때문에 제철소를 가동하기 위해서는 원료인 철광석, 철광석을 녹일 막대한 열을 만드는데 필요한 연료, 액체 산화철에서 산소를 제거해 액체철로 만들어주는 환원제가 필요하다. 철이 녹기 시작하는 온도는 1,538도다. 이 엄청난 온도를 보며 왜 청동기보다 철기 시대가 위대한지 가늠할 수 있다. 수소환원제철공법은 기존에 산소와 결합된 산화물인 철광석에서 철을 만들기 위해 탄소 환원제를 이용함으로써 이산화탄소가 발생하던 것을 수소를 환원제로 이용해 철을 제조함으로써 이산화탄소를 전혀 발생시키지 않고 철을 생산할 수 있는 공법이다. 즉, 생산 과정에서 석탄을 쓰지 않고 수소를 통해 쇳물을 뽑아내는 것이다. 수소와 산소를 고로에 투입해 고온화한 뒤 쇳물을 뽑는 방식의 경우 탄소 사용량을 25퍼센트 줄일 수 있어 생산 과정에서 50퍼센트의 온실가스를 줄일 수 있다.

수소 환원 공정에서 수소가 50퍼센트 정도 사용되며, 나머지 수소는 물을 뿌리는 방식으로 이물질을 제거한 후 포집한다. 수소 일부는 제철 공정에 다시 공급돼 제철 공정의 온도를 조절하거나 철강 제품의 산화를 방지하는 데 사용하고, 나머지는 발전소의 원료로 활용할 수 있다.

포스코는 해외 그린 수소 생산 사업 활성화 차원에서 2021년 3월 호주 최대의 전력 가스 기업인 '오리진 에너지'와 업무 협약을 체결했다. 포스코는 제철 과정에서 발생하는 부생가스(제품 생산 공정에서 필요로 하는 화학 원료 외에 부산물로 발생하는 가스) 외에도 직접 수소를 생산해 수요 업체에 판매할 계획이다. 맥킨지에 따르면 2050년 국내 수소 수요는 약 1,690만 톤으로 예상된다. 포스코는 국내 수요의 약 29.5퍼센트를 책임진다는 원대한 목표를 제시했다. 발전, 운송, 산업, 건물, 산업용 에너지를 포스코가 공급하게 된다는 것을 생각하면 포스코야말로 글로벌 경쟁력에서 경제적 해자를 가진 성장 기업이라 할 수 있지 않을까? 친환경 제철소를 목표로 자원순환과 재활용을 적극 추진하고 수소 생산과 친환경 에너지 부문에 적극적으로 참여해 세계 최고의 친환경 제철소가 되도록 노력하려는 포스코의 미래가 더욱 궁금해진다.

포스코의 투자 포인트를 보자. 포스코는 우수한 품질의 철광석을 안정적으로 조달받기 위해서 로이힐 홀딩스(Roy Hill Holdings)에 지분을 투자했다. 여기에서 한 해 소요량의 25퍼센트 이상에 해당하는 철광석을 공급받고, 안정적인 배당금도 지급받고 있다. 포스코는 로이힐을 비롯해 브라질, 캐나다 등에서 철광석 투자 사업을 추진하고 있다. 안정적인 철광석 수급을 도모하면서 배당 수익과 구

도표 1-5 **포스코의 그린 사업 모델**

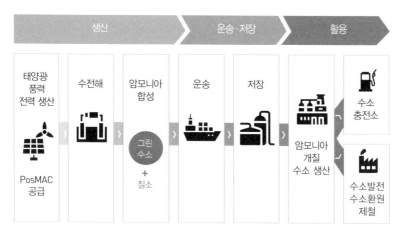

출처: 포스코

매 할인을 통해 원료비 부담을 일정 부분 방어하는 효과도 거두고 있다. 2018년 인수한 아르헨티나 옴브레 무에르트 리튬염호(소금호수, Hombre Muerto North Lithium Project)의 가치가 35조 원으로 추산된다는 홍보성 자료는 논란이 있었으나, 포스코가 리튬과 관련해 탄소 감축과 관련한 2차 전지 산업 전반에 참여한다는 점은 긍정적이다. 관련 자회사의 주가 상승이 돋보인다. 중국이 탄소중립과 수출 보조금을 낮추어 철광석의 과잉 생산을 해소함으로써 포스코 철강에 대한 수요를 늘릴 가능성이 높다. 무엇보다 포스코가 ESG 경영에 시동을 걸고 있는 점도 투자 심리 개선에 한몫하고 있다. 포스코 그룹은 2021년 5월 세계 최대 해상풍력발전 기업 덴마크 오르스테드(Orsted)와 해상풍력 및 그린 수소 사업에 관해 포괄적으로 협력하는 양해각서(MOU)를 체결했다.

탄소 배출권을 둘러싼
기업들의 고심

국내 탄소 배출권 시장 현황

2015년부터 2020년까지 국내 탄소 배출권 거래량은 누계 1억 7,320만
톤으로 매년 증가하는 추세다. 2020년 배출권의 연평균 가격은 톤당
2015년 1만 1,013원에서 2020년 약 3배 상승한 2만 9,604원이다.

도표 1-6 **국내 배출권 거래량 및 거래 가격 추이** (단위: 백만 톤, 원)

분야	2015	2016	2017	2018	2019	2020	합계
거래량	5.7	12.0	26.3	47.3	38.0	43.9	173.2
연 평균 가격	11,013	17,056	20,951	22,122	28,440	29,604	–

출처: 환경부 온실가스 종합정보센터 '배출권거래처 운영결과보고서(2015~2019년), KRX 배출권시장 정보플랫폼
(2020년)

도표 1-7 **상장법인**(할당량 상위 30개사) **배출권 자산 및 배출 부채 현황**(연결 기준)　　(단위: 억 원)

구분	2017	2018	2019	2020
배출권 자산	2,163	2,113	5,618	5,237
배출 부채	6,574	4,451	10,157	7,092
합계	8,737	6,564	15,775	12,329

출처: KRX 배출권 시장 정보 플랫폼

　배출권 자산과 부채 현황을 보면 2020년 말 현재 연결 기준 배출권 자산은 5,237억 원이고, 배출 부채는 7,092억 원으로 2017년 제1차 기간 마지막 해보다 각각 142.1퍼센트, 7.8퍼센트 증가했다. 2020년은 코로나19에 따라 전체적으로 공장 가동률에 감소가 생겨 배출권 자산과 부채가 함께 감소한 것으로 보인다. 2020년 기준으로 보면 기업의 배출권 보유량 대부분은 무상할당분(정부가액 0)으로 구성되어 있어 배출권 자산 규모가 작으나, 유상할당분이 2021년의 경우 3퍼센트에서 10퍼센트로 증가하기에 2021년부터는 배출권 자산 규모는 커질 수밖에 없고, 기업이 정부의 배출권 할당량 감축 계획을 충족하지 못할 경우 초과 사용에 따른 배출 부채도 증가할 전망이다.

　이러한 상황에서 탄소 배출권을 둘러싸고 기업들의 고심은 깊어질 수밖에 없다. 그동안의 관행을 보면 기업들이 탄소 배출권을 경매에서 낙찰받으려 해도 한국전력의 지원을 받는 일부 발전사가 높은 가격으로 모두 차지했다. 한전의 자회사들은 한전에서 배출권 구매 비용을 보전받는 만큼 든든한 자금력을 담보로 경매 낙찰 가격을 올렸다. 이로 인해 다른 기업은 입찰에 참여해도 낙찰받기가 쉽지 않은 상황이다. 시장에서 구입하려니 탄소 배출권을 보유한 기업이 더 비싼 값에 팔기 위해 손에 쥐고 내주지 않는 경우가 허다했다.

기업의 온실가스 감축 수단을 다양화하기 위해 일부 업종을 대상으로 유상할당 경매 제도를 시행하고 있다. 유상할당 경매 결과 최저 낙찰가가 시장 거래가격보다 높게 결정되면, 오히려 시장에서도 탄소 배출권 가격이 동반 상승하는 악순환으로 이어질 수 있다. 한국전력이 계속 발전사 탄소 배출권 비용 부담을 떠안으면 결국 소비자의 전기요금 인상으로 이어질 우려가 있다는 비난이 제기되는 이유다.

기업들도 배출권이 남으면 이를 시장에 내놓아야 하는데 내놓지 않고 버티는 점도 문제다. 온실가스 내부 감축도 시기가 오래 걸리는 데다 설비 문제로 당장 한계가 있어 경영을 계속해야 하는 기업 입장에서는 난감하다. 정부 예비분을 시장에 공급하거나 고효율·저배출 기업에 한해 배출량을 조정해주는 등 다양한 가격 안정화 정책이 그간 제기되어왔다. 2019년에는 배출권 거래 시장 조성자 제도가 마련되었는데 이는 매수·매도 호가를 제기함으로써 호가 공백을 해소하고 유동성을 공급해 배출권 거래 시장을 활성화하려는 제도다. 시장 조성자로 지정되면 온실가스 배출권의 매수와 매도 양방향 호가를 매일 제시하고 거래해야 하며, 매월 환경부에 시장조사 실적을 보고하고 평가받아야 한다. 환경부는 2021년 4월 시장 조성자로 기존의 산업은행과 기업은행 이외에 하나금융투자, 한국투자증권, SK 증권을 추가 지정했다.

2021년 1/4분기에는 코로나19 사태로 인해 탄소 배출권(KAU20)

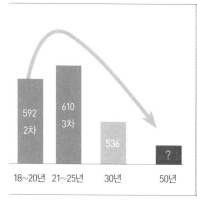

도표 1-8
정부의 연간 배출 허용 총량(단위: 백만 톤)

592
2차

610
3차

536

?

18~20년 21~25년   30년   50년

출처: 환경부

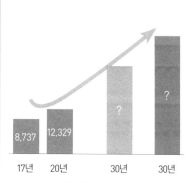

도표 1-9
배출권 관련 자산·부채 규모(단위: 억 원)

8,737 12,329   ?   ?

17년   20년   30년   30년

출처: 환경부

의 가격이 처음으로 개장 이후 하한 거래 가격 기준 아래로 떨어졌다. 정부가 탄소 배출권 가격에 개입해야 하는 하한 거래 가격 기준에 못 미치는 금액으로 떨어진 것이다. 개장 이후 처음으로 시장 안정화 조치 조건이 발동했다. 2020년과 2021년은 탄소 배출권이 시장에 남아돌아 이 같은 현상이 나타난 일시적인 현상으로 보인다. 반면 EU 탄소 배출권(EU ETS)의 가격은 이와 다른 흐름으로 상승세가 지속되었다. 영국의 브렉시트(Brexit, 영국의 유럽연합 탈퇴)와 탄소중립 계획이 지속적인 가격 상승 요인으로 작용했고 투자도 증가했다. 배출권 가격을 통해 전달되는 탄소 가격의 시그널 효과를 생각해보자. 신재생에너지와 에너지 저장 기술, 차세대 자동차 등의 기술은 탄소 가격과 배출권 거래제가 유도했다.

CCUS 기술,
이산화탄소 자원화

CCUS와 이산화탄소 감축

일론 머스크는 2021년 1월 21일 자신의 트위터를 통해 '최상의 이산화탄소 포집 기술 개발에 1억 달러 기부를 추진 중'이라고 밝혔다. 그는 진정 환경친화론자일까? 아이러니하게도 테슬라가 채굴하는 데 전기 소모가 많은 비트코인에 투자했으니 단정하기는 어렵다. 그가 후원하는 엑스프라이즈 재단(XPRIZE Foundation)은 '카본 엑스프라이즈(Carbon XPRIZE)' 경진대회를 운영해왔다. 이산화탄소를 자원화하려는 기술에 포상금을 건 것이다. 지구 온난화 현상을 해소할 '게임 체인저'로 불리는 탄소 포집 및 저장 기술은 탄소를 그저 감축의 대상으로만 바라본 관점에 변화를 야기했다. 이산화탄소 포집, 활용,

저장(Carbon Capture, Utilization and Storage)을 의미하는 CCUS 기술은 화석연료의 사용으로 대량의 이산화탄소가 생산되는 것을 방지하는 기술을 통합적으로 일컫는 말이다. CCUS를 통해 폐기물 에너지 산업(waste-to-energy industry)은 탄소중립을 이루어낼 수도 있고, 심지어 마이너스 탄소 배출의 꿈을 가능케 할 수도 있다.

조사 기관과 연도에 따라 CCUS의 온실가스 감축 기여도는 차이가 난다. 국제에너지기구(IEA, International Energy Agency)는 「CCUS를 통한 산업 전환(Transforming Industry through CCUS)」 보고서에서 이렇게 지적한다. 파리협정에 부합하는 에너지 시스템 경로를 정하는 청정 기술 시나리오에 따르면, 2060년까지 산업 시설에서 28기가 톤 이상의 이산화탄소를 포집한다. CCUS의 산업별 온실가스 감축 비중을 보면 화학 부문에서 38퍼센트를, 시멘트·철강 분야에서 15퍼센트를 감축한다. 2050년이 되면 세계는 매년 28억 톤의 철강을 생산한다. 2050년까지 친환경적인 새로운 방식을 개발하지 못한다면 철강을 만드는 과정에서만 매년 50억 톤의 이산화탄소가 배출된다.

우리나라는 2010년 '국가 CCS(Carbon Capture and Storage) 종합계획'을 발표해 기술 개발을 추진했다. 2019년 제3차 '녹색 성장 5개년 계획'을 통해 본격적인 실증 전략을 제시하고 CCUS 기술의 상용화에 착수했다. 한국에너지기술연구원은 2021년 5월 SK머티리얼즈에 CCUS 기술 이전 계약을 체결했다. 온실가스 감축에 대한 범세계적 논의가 그 어느 때보다 활발한 가운데 지구 온난화를 저지할 기술로 주목받고 있지만 사실 CCUS는 약 45년 동안 전 세계에서 다양한 방식으로 사용되며 온실가스 배출량 감소에 기여해왔다. IEA는 2020년 9월 발간된 「에너지 기술 전망 보고서」에서 CCUS 기술 없이는 온실가스 배출량 제로에 도달하는 것이 불가능하다고 예측했다.

IEA는 CCUS 기술을 '저감하기 어려운(hard-to-abate)' 탄소 배출량 분야에 대한 해결책이라고 일컬었다. 발전소와 중공업 분야에서는 화석연료를 대체하는 것이 너무 비싸고 비효율적이기 때문에 화석연료 사용을 당장 낮추기 어려운데 이 화석연료 사용으로 발생되는 이산화탄소를 CCUS 기술로 일정 부분 처리할 수 있다고 강조했다.

이제 각 기술에 대해 세부적으로 살펴보기로 하자. 우선 포집이다. 포집은 석탄과 천연가스 화력 발전소, 제철소, 시멘트 공장, 정유 공장과 같은 대규모 산업 공정 시설에서 생산된 다른 가스에서 이산화탄소를 분리하는 기술을 말한다. 정부는 철강·시멘트·석유화학·수소·LNG발전 등 주요 산업별 중규모 테스트베드를 구축하는 단계적 실증 사업을 추진해 2024년까지 주요 업종별로 상용화할 포집 기술을 확보하고자 한다. 다음으로 운송 기술이다. 분리된 이산화탄소를 압축해 파이프라인, 트럭, 선박이나 다른 수단을 통해 저장에 적합한 장소까지 운송하는 기술이다. 그다음은 저장 기술이다. 포집한 이산화탄소를 필요한 곳에 사용하거나 이산화탄소가 대기 중으로 빠져나가는 것을 막기 위해 1킬로미터 이상의 깊은 지하 암석층에 저장하는 기술을 말한다. 정부는 안전성이 확보된 동해가스전을 활용한 중규모 통합실증사업을 통해 2025년부터 이산화탄소 총

1,200만 톤(연간 40만 톤급)을 저장하고 포집·수송·저장 전주기 기술을 고도화하고자 한다. 마지막으로 활용 기술이다. 정부는 조기 실증·상용화 기술을 선정하고 연구개발에 집중 투자해 CCUS 기술이 조기에 상용화될 수 있도록 지원을 강화할 계획이다. 발전소나 산업 시설에서 포집된 이산화탄소는 지질층에 주입해 영구적으로 봉인할 수도 있지만 이산화탄소를 필요로 하는 정유시설 등에 판매할 수도 있다.

정유 기업은 포집한 이산화탄소를 원유 회수 증진(EOR, Enhanced Oil Recovery)이라는 공정에 사용하는데, 원유를 채굴할수록 압력이 낮아져 채굴이 어려워지는 문제를 지층에 이산화탄소를 주입해 압력을 높임으로써 해결하는 기술이다. 이산화탄소를 봉인하면서 석유 생산량도 증가시킬 수 있어 일석이조의 효과를 거둘 수 있다. 실제로 현재 가동되고 있는 많은 CCUS 시설은 이산화탄소를 정유 기업에 판매하는 것으로 매출을 내고 있다. 아쉽게도 우리나라의 경우 지질학적 특성으로 대규모 육상 저장소를 찾기 어렵다. 인구밀도가 높아 육상보다는 육지로부터 최소 60킬로미터 이상 떨어진 해양에서 추진하는 것이 바람직하다. 포집한 이산화탄소는 액화 상태로 수송한 다음 석유와 천연가스를 뽑아낸 지층의 빈 공간에 저장하는데, 적합한 장소를 찾기가 쉽지 않다. 다행히 이산화탄소의 지중 저장 안전성에 대한 연구가 발전해 유발 지진을 방지하고 제어할 수 있는 저장소 기술, 압력 제어 기술, 누출의 위험성을 최소화할 수 있는 시추공 완결 기술과 모니터링 기술이 발전하고 있다.

전 세계적으로 연간 최대 40메가 톤의 이산화탄소를 포집할 수 있는 대규모 상업용 CCUS 시설이 20여 개 이상 가동되고 있다. IEA에 따르면 이 중 미국의 CCUS 시설이 전 세계의 50퍼센트 비중을 차지하고 있다. 2000년대 이후부터는 대기업뿐만 아니라 스타트업도 이산화탄소 포집·저장·활용에 관한 독창적인 기술을 내세워 CCUS 시장에 진입하고 있다.

'글로벌 CCS 연구소'가 발표한 탄소 포집·저장 기술 준비 지수(CCS Readiness Index)에 따르면 미국과 캐나다가 최상위권이며 그다음으로 노르웨이, 영국, 호주, 중국 순이다. 이 지표는 해당 국가의 탄소 포집 저장 기술 적용을 강제하는 정도, 관련 규제와 정책, CCS 시설과 프로젝트의 수, 진행 정도를 종합 평가해 측정한다.

조 바이든 대통령은 CCUS를 광범위하게 사용 가능하고, 비용면에서 효율적이며, 빠르게 확장 가능한 솔루션으로 만들어 기후 문제를 해결할 것을 강조했다. 이를 위해서 연방 정부의 투자를 두 배로 늘리고, CCUS에 대한 세금 인센티브를 강화할 것이며, 새로운 탄소 포집 기술을 시장에 출시하기 위해 연구개발에 자금을 지원한다. 글로벌 CCS 연구소는 탄소 배출 제로에 도달하기 위해 얼마나 많은 이산화탄소를 포집하고 저장해야 하는지에 대해 여러 시나리오를 분석한 결과, 탄소 배출 제로를 달성하려면 2050년까지 전 세계 이산화탄소 포집·저장 용량이 연간 3.6기가 톤에 달해야 하는 것으로 밝혔다.

이산화탄소 포집기(Carbon dioxide catcher)

유엔 기후위원회는 21세기에 대기에서 1조 톤의 이산화탄소를 제거해야 한다고 한다. 꽃이나 나무보다 더 빠르게 이산화탄소를 흡입하는 방법에 대해 과학자들은 여러 기술을 생각해왔다. 그들은 대기에서 이산화탄소를 제거하는 여러 방법을 기후변화 해결에 중요한 역할로 인식하고 오랜 기간 연구했다. 한 예로 배터리의 충전과 방전을 통해 이산화탄소를 제거하는 방안을 들 수 있다. 특수 대형 배터리를 사용해 충전 시에는 공기를 흡입해 이 중에서 이산화탄소만 흡수하고, 방전 시에는 농축된 이산화탄소만 배출하는 구조다. 탄소를 포집할 때 화학물질이나 열, 압력의 차이를 이용하는 방식과 달리 이 기술은 전극물질로 이산화탄소를 분리해 포집하는 장점이 돋보인다. 대기에서 이산화탄소를 빼내는 것은 비용이 많이 들어 경제성을 확보하기 위한 연구가 지속되고 있다. 하버드 대학교 기후학자인 데이비드 키스(David Keith)는 100달러 수준의 저렴한 이산화탄소 포집기로 기후재앙 해결에 기여할 수 있다고 주장한다. MIT는 키스가 말한 수준까지 도달하려면 적어도 5~10년이 걸릴 것으로 전망했다.

세계적으로 유명한 기업의 두 가지 공기 포획 기술(Direct Air Capture technology) 사례를 이야기해보자. 캐나다에 있는 환경 기업 카본엔지니어링(Carbon Engineering)은 색다른 공기 포획 기술을 개발했다. 거대한 팬을 수십 개 돌려 이산화탄소를 모아 합성 연료 생산에 사용한다. 카본엔지니어링의 투자자인 빌 게이츠는 『MIT 테크놀로지 리뷰』에서 '이산화탄소 포집' 기술을

2019년 주목해야 할 10가지 혁신 기술에 포함했다.

스위스 취리히에 본사가 있는 클라임웍스(Climeworks) 역시 팬을 사용하는 공기 포획 기술로 유명하다. 클라임웍스는 아이슬란드 회사 카브픽스(Carbfix)와 이산화탄소를 돌로 만드는 프로젝트를 세계 최대 규모의 이산화탄소 포집·저장 공장 '오르카(Orca)'에서 진행 중이다. 오르카는 대형 흡입기로 공기를 흡수하고, 특수 소재 필터로 이산화탄소만 추출한다. 이후 이를 땅속 깊은 곳에 자리한 현무암 지층에 고압으로 주입하면 흰색의 광물이 된다. 이 모든 과정은 재생에너지인 지열 에너지로 진행된다. 오르카는 공기 중에 있는 이산화탄소를 없애는 '탄소 네거티브(Carbon Negative, 이산화탄소 순배출량을 마이너스로 만드는 것)' 공장으로, 독일 아우디와 미국 핀테크 데카콘 스트라이프(Stripe)가 자금을 제공하고 공장 가동을 요청했다. 클라임웍스의 공기 포획 기술은 이산화탄소를 10퍼센트 이하 수준으로 배출하는 것으로 알려져 있다. 공기 중에서 포획한 이산화탄소 100톤 중 최소 90톤은 땅속에 묻혀 영구히 제거되고 최대 10톤만 배출된다. 이산화탄소를 포집한 후 메탄, 탄소섬유, 중합체(polymer, 화학적 합성 고분자), 콘크리트 등의 생산에 이용할 수 있지만, 땅속에 묻는 게 이산화탄소를 줄이는 가장 이상적인 방안이다.

오늘날 전 세계적으로 설치된 CCUS 시설의 포집 용량은 약 40메가 톤에 그치고 있어 이산화탄소 포집·저장 역량이 약 100배 이상 늘어나야 탄소제로 목표를 실현할 수 있을 것으로 전망된다. 즉, CCUS 기술은 1970년대부터 사용돼왔지만 아직 시장 확장 가능성이 무궁무진하고 새로운 기술이 등장할 수 있는 분야라는 이야기다.

반면 반론도 만만치 않다. 온실가스 목표를 달성하기 위해서는 재생에너지 확대, 에너지 효율 향상과 에너지 사용 절감을 통한 직접적인 온실가스 감축이 전체 감축의 80퍼센트 이상을 차지하고 있다는 점에서 CCUS에 주류적 위상을 주기 어렵다는 것이다. 기술력과 경제성에서 우위를 확보해야 하는 문제도 수면 위로 떠올랐다. 재생에너지의 발전 단가가 하락할수록 CCUS의 이산화탄소 감축량에 기여하는 비중은 줄어든다. 그럼에도 불구하고 상용화와 신산업화가 가능할 경우 이산화탄소 감축에 기여하는 바가 클 것으로 전망된다.

기후변화와 그린 투자 포인트

산업수도 울산은 인구 1인당 이산화탄소 배출이 독보적으로 국내 1위(16.7톤/인, 2018년 기준)다. 이에 '기후변화대응종합계획 로드맵'과 '울산광역시 온실가스 감축 로드맵'을 수립해 온실가스 감축과 신산업 창출을 추진 중이다. 울산에는 이산화탄소 배출 규제 대상 기업이 다수 포진해 있다. 이들 기업은 배출되는 이산화탄소를 탄산칼슘 형태로 포집해 건설과 토목 소재로 활용하고, 제지 공정에 적용하는 한편, 고순도 탄산칼슘을 제조한다.

이산화탄소 규제 자유 특구 사업을 통해 이산화탄소를 산업의 원료로 자원화할 수 있는 실증 사업을 추진하고, 이를 토대로 국내 온실가스 산업 생태계 조성 기반을 마련하고 있다. 포집된 탄산칼슘을 도로 포장용 콘크리트 소재나 특수제지, 고무 같은 화학 소재로 활용해 이산화탄소 제품화에 기여한다.

탄소 이야기를 마치면서 몇 가지 그린 투자 포인트를 이야기하고자 한다. 탄소중립을 위해 투자자들의 친환경 투자로의 전환과 기술 발전에 따른 신재생에너지의 효율이 높아져 앞으로도 이러한 흐름이 수십 년간 이어질 전망이다. 아직 초기 시장이라 어떤 기업이 살아남고, 어떤 기업이 주도할지 모르는 상황에서는 미래 성장 가능성을 감안해 개별 주식보다는 ETF(상장지수펀드)로 시작하는 것이 위험을 줄이고 투자 수익률을 극대화할 수 있는 좋은 방법이다. 성장이 촉진되고 있는 시장이기에 인수합병이 빠르게 진행되고 그 과정에서 과점화 현상이 일어나면서 대표 기업들이 나타날 수 있어 시장 자체에 투자하는 ETF를 사거나 펀드에 가입하는 것이 좋은 투자 방법으로 보인다.

2020년 신재생에너지 ETF의 수익률이 스탠더드앤드푸어스(S&P) 500 지수를 크게 상회했는데 신재생에너지 테마 ETF 중 가장 대표적인 상품은 ICLN(iShares Glbal Clean Energy)이다. 2021년 ICLN 기초지수의 보유 종목 수는 기존의 30개에서 81개로 늘어났다. 주요 구성 종목으로는 엔페이즈, 페어분트, 지멘스가메사, 베스타스, 메르디안 에너지, 퍼스트솔라 등이다. 국가별로는 미국, 덴마크, 이탈리아 비중이 증가하고 뉴질랜드, 오스트리아, 중국 비중은 감소할 전망이다. 미국 전략국제문제연구소(CSIS, Center for Strategic & International Studies)에 따르면 조 바이든 정부가 발표한 추가적인 인프라 투자 정책에서 절반이 넘는 52퍼센트는 탄소 배출 절감, 그린 산업 정책 등 신재생에너지와 관련된 정책이다. 월가는 미국, 유럽 등 주요국이 관련 정책을 추가적으로 발표하고 있어 주식 시장에서 친환경 인프라 테마가 다시 부각될 것으로 내다보는 분위기다. 이러한 추세는 특정 국가의 산업이나 기업에 국한하지 않고, 개발도상국과 신흥국까지 전 세계적인 투자 트렌드로 부상할 것으로 보인다.

이제 기후변화 관련 우리나라 주식 중에서 대표적인 탄소중립, 탄소 배출권, 이산화탄소 관련 주식을 살펴보자. 이는 투자에 참고할 사항으로 보면 된다. LG상사는 유해물질이 대기 중에 퍼지기 전에 제거하는 청정개발체제(CDM, Clean Development Mechanism)를 개발해 UN으로부터 탄소 배출 승인을 받았다. 2004년부터 본격적으로 형성되기 시작한 탄소 시장의 거래 규모는 지속 급증할 전망이다. 특히 개도국에서 수행되는 온실가스 배출 저감 사업을 CDM이라 부르고 CDM에 의해 공급되는 배출권을 탄소인증감축량, 즉 CER(Certified Emission Reduction)이라 하는데 CER의 가격도 지속 상승했다. CDM은 유엔기후변화협약 총회에서 채택된 교토의정서에 따라 지구 온난화 현상 완화를 위해 선진국과 개발도상국이 공동으로 추진하는 온실가스 감축 사업 제도다. 세계 각국의 기업들이 공장을 가동해 제품을 생산하고 설비를 증설하기 위해서는 온실가스 배출권의 확보가 필수적이기 때문에 전 세계 곳곳에서 배출권을 확보하려는 노력을 기울이고 있다.

우리나라도 중국, 인도, 브라질 등과 함께 주요 CDM 사업 수행국이고 특히 울산의 석유화학 산업이 CDM의 선봉에 있다. 울산에 공장을 둔 S-OIL은 개발도상국 주민에게 깨끗한 식수를 공급하는 스타트업 기업에 투자해 탄소 배출권을 확보하고 있다. S-OIL은 개발도상국에 정수 시스템을 구축하고 관리하는 CDM에 투자해 방글라데시 주민들의 삶을 향상시키고 연간 1만 3,000톤의 탄소 배출권을 확보하고자 한다. 또한 S-OIL은 울산 공장 보일러에 사용되는 연료를 벙커-C에서 LNG로 교체해 온실가스를 감축하는 활동을 하고 있다.

울산의 다른 대표 기업 중에서는 후성과 세종공업이 떠오른다. 후성은 2차 전지 전해질, 특수가스, 냉매, 반도체 가스 등을 생산하는 기업이다. 에어컨용 냉매가스를 만드는 과정에서 발생하는 온실가스를 감축하는 저감 시설을 보유하고 있다. 특수가스, 무기불화물 제조 외에 CDM 사업을 실시했다. 후성은 2010년 HFC-23프로젝트(수소불화탄소 감축을 통해 배출권을 얻는 사업)와 관련해 UN으로부터 CER을 승인받았고 배당금 수익을 확보한 바 있으며 세계 최초로 CDM 사업을 갱신하는 성과를 내기도 했다. 1976년 6월 창업한 세종공업은 자동차 배기 시스템 산업의 역사를 쓴 기업이다. 일산화탄소 제거기와 이중연소 연료 개질기를 취급하고 있다.

울산을 벗어나 보면 그린플러스, 글로벌에스엠, 그린케미칼, 한미글로벌, 에스코넥, 지엔씨에너지, 지엔원에너지 등이 탄소 저감, 탄소 배출권 관련 그린 테마주로 분류되고 있다.

제지업에서는 한솔홀딩스가 목질 상판재와 강화마루 제조 사업과 자회사 한솔 뉴질랜드를 통해 숲 조성 사업을 운영하고 있다는 소식이 눈에 띤다. 건축·건설자재 전문 기업인 한솔홈데코도 친환경 업체로 떠오르고 있다. 이들의 관계사인 한솔제지를 보며 울산에 자리한 한국제지, 무림제지도 포스코 같은 철강 업체처럼 환경친화적 사업을 지속적으로 강구하기를 기대한다. 우량 기업인 이건산업은 솔로몬군도 등에서 조림 사업으로 온실가스 감축 사업에 참여해왔다. 기존 산업용 조림 분야에 탄소 배출권을 결합시킨 혼합조림으로 묘목 식재 후 5년마다 탄소 배출권을 부여받아 판매했다. 조림이 완성된 이후에는 벌목을 통해 목재 수익을 올리고 있다. KC그린홀딩스는 국내에서 유일하게 CCS 기술을 보유하고 있는 KC코트렐의 지주회사다. 에코바이오는 매립지를 발전소로 변환시켜서 온실가스 감축으로 얻은 탄소 배출권을 판매하고 있다.

울산의 친구 포항으로 눈을 돌려 보니 에코프로와 에코프로비엠이 눈에 들어온다. 이들 회사는 유해가스와 온실가스 저감 장치 시스템, 케미칼필터, 대기환경 플랜트를 주업으로 영위하고 있는 친환경 전문 기업으로 평가받고 있다. 2021년 5월 에코프로에서 인적 분할된 에코프로에이치엔이 상장한 것도 주목해야 한다. 휴켐스 역시 UN으로부터 100만 톤 규모의 탄소 배출권 인증을 획득했다.

다시 기후변화의 이야기를 하며 1장을 마칠까 한다. 2018년 인천광역시 송도에서 열렸던 UNIPCC 제48차 총회에서 채택한 「지구 온난화 1.5도 특별보고서」에는 온도 상승 폭이 2도 증가했을 때와 1.5도 증가했을 때 결과를 비교한 내용이 자세히 나와 있다.

우선 2100년의 해수면은 온도가 1.5도 높아졌을 때보다 2도 높아졌을 때 10센티미터가량 더 높아진다. 산호초의 경우 1.5도만 오르면 70~90퍼센트가 사라지는 데 비해 2도 상승하면 99퍼센트 이상 사라진다. 여름철 북극해 해빙이 녹아서 사라질 확률은 2도 상승했을 때는 10년에 한 번 발생하지만, 1.5도 상승하면 100년에 한 번 발생한다. 1.5도 상승일 때는 2도보다 식량 생산이 줄어드는 속도가 50퍼센트 늦어지며, 물 부족에 노출되는 인구도 50퍼센트 줄어든다. 생태계를 지키고 수천만 명의 빈곤 인구를 위기에 몰아넣지 않기 위해서 1.5도는 꼭 지켜야 할 목표다. 보고서에서는 1.5도 목표를 이루기 위한 구체적인 이산화탄소 감축량도 담겨 있다. 2030년 이산화탄소 배출량을 2010년 대비 45퍼센트 감축해야 하며, 2050년까지 순제로(net-zero) 배출을 달성해야 한다. 잊지 말자, 1.5도의 목표를. 가슴에 새기자, 그 온도를. 장기 저탄소 발전 전략을 위해 탄소 배출량이 많은 철강·석유화학·시멘트 제조업을 2050년까지 저탄소 산업 구조로 전환하는 것은 불가피한 추세다. 지금의 기술 수준과 제도로는 30년이라는 짧은 기간 내 목표 달성이 가능할지 의문이나, 한번 결집하면 끝장을 보는 우리의 국민성을 생각한다면 후발주자이지만 그린 산업을 선도할 수 있다고 믿는다.

2021년 3월 크리스탈리나 게오르기바(Kristalina Georgieva) IMF 총재는 유엔환경계획과 옥스퍼드 대학교가 주최한 온라인 패널 토론에서 "친환경과 사회적 지속가능성의 담보 없이는 거시경제와 재정의 안정이 확보되지 않는다"고 했다. 이제 탄소제로를 중심으로 하는 기후변화가 산업을 넘어 거시경제 안정성에 절대적 영향을 미치는 시대가 되었다.

제2장

수소경제는
이미 우리 곁에 와 있다

석탄과 증기기관이 산업혁명 초기에 그랬던 것처럼,
수소경제가 우리의 시장, 정치와 사회제도를
본질적으로 바꿀 것이다.

_제러미 리프킨(Jeremy Rifkin)

수소경제의
비상

수소경제는 진정한 우리의 미래인가?

수소 가스의 발견은 과학자와 철학자의 관찰로 제기된 합리적 의심에서 비롯했다. 그들은 물과 산소가 기본 원소라고 믿지 않았다. 수소는 영국의 과학자 헨리 캐번디시(Henry Cavendish)에 의해 처음 확인되었다. 그는 1766년 런던왕립학회에 두 종류의 공기가 있다는 것을 증명했다. 그 이름은 '고정 공기(fixed air)' 혹은 이산화탄소 (carbon dioxide)와 '가연성 공기(flammable air)' 혹은 수소(hydrogen) 였다.

캐번디시는 수소가 공기보다 훨씬 가볍다는 것을 증명했고, 전기의 도움으로 수소와 산소로부터 물을 생산한 최초의 인물이었다. 프랑스의 화학자 앙투안 라부아지에(Antoine Lavoisier)가 캐번디시의 실험을 반복했다.

몇 번의 시도 끝에, 라부아지에 또한 물을 생산하기 위해 수소와 산소를 결합하는 데 성공했다. 라부아지에의 1785년 실험은 수많은 과학자에게 결정적으로 여겨졌다. 그는 수소와 산소에 이름을 붙인 최초의 과학자이기도 하다. 볼타 전지의 발명은 화학적으로뿐만 아니라 전자기학(electromagnetics)의 중요한 법칙과 현상의 발견에도 기여했다. 볼타 전지가 발명된 해인 1800년에 윌리엄 니콜슨(William Nicholson)과 앤서니 칼라일(Anthony Carlisle)은 물을 수소와 산소로 분해하기 위해 전기를 사용하는 과정을 묘사했다. 물의 전기분해가 보고된 것이다. 윌리엄 그로브(William Grove)는 1839년에 처음으로 연료전지를 시연했다. 그로브는 니콜슨과 칼라일의 노트를 보고 전극을 직렬 회로에 결합시키면 물을 다시 합성할 수도 있다고 생각했다. 얼마의 시간이 흐른 후 그는 '가스 배터리'라고 불리는 장치로 이를 이루어냈다. 묽은 황산 속에 넣은 아연이 음극이고, 진한 질산 속에 넣은 백금을 양극으로 한 전지다. 이 장치는 그로브 전지(Grove cell)라는 별명을 갖게 되었으나 기전력이 낮아 실용성의 가치는 적었다.

19세기에 걸쳐 수소의 특성과 잠재적인 사용은 성직자, 과학자, 공상과학 소설가에 의해 논의되었다. 쥘 베른(Jules Verne)은 1874년 소설 『신비한 섬』에서 에너지로서의 수소에 대한 관심을 표현했다. 연료로서의 수소에 대한 실질적인 관심은 제1차 세계대전 이후 유럽에서 나타났다. 에너지 자급률에 대해 관심이 높아지면서 연료로서의 수소에 대한 관심도 덩달아 높아졌다. 스코틀랜드의 과학자 홀데인(J. B. S. Haldane)은 놀랍게도 오늘날 수전해(물을 전기로 분해해 수소를 만드는 것) 기술을 언급하고 있는데 물분해를 통해 풍력에서 수소를 확보할 수 있다고 주장했다. 제2차 세계대전은 수소연료 탐사를 더욱 가속화했다. 독일의 엔지니어 루돌프 에렌(Rudolf Erren)은 트럭, 버스, 잠수함, 내연기관을 수소로 개조했다. 연합군의 승리로 오일과 가솔린이 다시 안정화되는 시기까지, 호주 정부는 연료 수요의 증가와 연료 공급 중단의 위험에 따라 산업용 수소의 사용을 고려했다. 미군은 전쟁 동안 육군, 해군, 공군의 수소 사용을 탐구했다. 이러한 노력은 결국 미국의 우주 프로그램에 액체 수소를 사용하는 것으로 이어졌다.

1950년대에는 수소와 산소를 결합해 전기와 물을 생산하는 연료 전지가 우주에서의 수소 사용을 위해 개발되었다. 1960년대에, 몇몇 과학자들은 물을 수소와 산소로 나누기 위해 태양 에너지를 사용할 것을 제안했는데, 이는 훗날 연료전지로 탄생하게 된다.

1970년은 제너럴모터스(General Motors)가 '수소경제'라는 용어를 처음 사용한 해로 기록된다. 자동차 제조 회사의 엔지니어들은 수소를 '모든 종류의 운송을 위한 연료'가 될 것으로 믿었다. 1973년 오일 파동 사태는 수소에 대한 과학적인 관심에 힘을 실어주었다. 그 충격은 값싼 석유의 시대는 끝났고, 대안이 필요하다는 것을 암시했다.

많은 연구자가 원자로의 전기분해를 통한 수소 생산을 지지했다.

미국, 유럽, 일본 등 각국 정부는 수소 연구에 투자하기 시작했다. 비록 그 투자 규모가 합성가스나 원자력에 비해 훨씬 못 미쳤지만, 1980년대 초까지 많은 이들은 수소경제가 '제대로 갈 길을 가고 있다'고 생각했다.

이후 20년 동안 유가가 다시 하락하자 수소에 대한 관심과 연구에 대한 지원이 줄어들었다. 그러나 석탄 연료 이후의 세계를 대비하는 과정에서 수소는 에너지로서 계속 주된 관심의 대상으로 남아 변화의 원동력이 되었다. 실제로 수소경제 구상에 대한 관심은 기술자에서 기업 임원에까지 확산되었다.

GM의 한 임원은 2000년 5월 전미석유화학정유협회 연차총회에서 "우리의 장기적 비전은 수소경제"라고 발표했다. 수소의 염원은 과거를 거쳐 현재까지 상당한 속도로 항해한다.

수소, 그 참을 수 없는 가벼움과 화려한 귀환

영화 「터미네이터(Terminator)」의 아널드 슈워제네거(Arnold Alois Schwarznegger)는 "돌아오겠다(I'll be back)"는 말을 숙명처럼 했다. 그 대사가 뇌리에 스치는 이유는 수소경제의 부활 때문이다. 수소경제란 수소를 중요한 에너지원으로 사용해 국가 경제와 사회 전반, 국민생활에 근본적인 변화를 만들고, 경제 성장과 친환경 에너지의 원천이 되는 경제 시스템을 말한다. 2002년 제러미 리프킨(Jeremy Rifkin)의 저서 『수소 혁명(The Hydrogen Economy)』을 처음 접했을 때 고개를 갸우 뚱하던 사람들이 이제는 고개를 끄덕이기 시작했다.

'밀레니얼 세대'와 'Z 세대'를 통칭하는 MZ 세대는 인류가 멸종 위기 국면에 놓였다는 기후 위기감을 생존 문제로 인식하고 함께 연대해 대응해나가는 용기 있는 세대다. MZ 세대는 기후재앙이라는 대가를 혹독한 영수증으로 냉철하게 받아들였고, 이를 극복하기 위한 새로운 환경 친화 시대로 나아가야 한다며 그 주역으로 수소에 방점을 찍고 있다. 그 결과 수소는 산업, 운송, 전력 부문에서 다양하게 응용이 가능한 탈탄소 해결책으로 부각되고 있다.

물론 아직 수소 시장이 활성화되지 않아 비용이 높은 점은 감안해야 할 것이며, 수소 양산 체제로 들어갔을 때 경제성을 확보해야 하는 것이 무엇보다 중요하다. 비용 측면에서의 경쟁력과 편의성이 날로 우수해지면서 수소 활용이 각광받고 있다. 각국 정부가 필요한 인프라를 구축하고 민간 투자가 활발해지면서 수소경제는 이제 거스를 수 없는 대세가 되고 있다.

한 국가의 에너지 정책으로서 수소경제가 처음 채택된 것은 2003년 1월 미국 조지 부시(Geoge Bush) 대통령이 연두교서에서 '수소연료 이니셔티브(Hydrohen Fuel Initiative)' 선언을 할 때였으나 전기차의 발전, 셰일가스 개발 같은 외적 요인으로 수소경제의 열기는 식었고, 2009년 오바마 행정부에서 사실상 폐기되었다. 수소 이용 확대의 가장 큰 장애 요인은 높은 가격이다. 정책적 지원을 통해 투자를 촉진하고 수소 공급 가격을 낮춰 안정적인 수소 시장을 조성해야 한다.

　수소에 대해 본격적으로 논의하기 전에 그 특성을 알아보자. 수소는 우주에서 가장 단순한 원소로 각각의 원자는 하나의 양성자와 하나의 전자로 구성되어 있다. 에너지원으로서 수소는 원자가 아닌 분자로, 원자 두 개가 결합해 이루어진다. 통상적인 환경에서는 무색 무미 무취의 기체로 존재한다. 끓는점은 영하 253도이고 녹는점은 영상 260도다. 영하 253도, 이 낮은 온도에서 존재하는 액체(액화) 수소에 불꽃을 대면 수소는 강렬한 폭발로 연소한다. 그 불꽃의 중심 온도는 3,500도에 이른다. 연소를 이용해 대형 로켓이 발사되는 힘을 얻게 된다. 액체 수소는 부피 기준으로 기체 수소의 800분의 1 수준이어서 수송의 효율성이 상대적으로 매우 높으나 인화 폭발성이 있어 취급에 세심한 주의가 필요하다. 공기와 혼합되었을 때 폭발하며 화재를 동반할 수도 있다. 그러나 공기보다 14배 가벼운 기체이기에 공기 중에 누출되면 순식간에 공중으로 확산된다. 점화온도가 약 500도 이상이라 자연발화 사례도 극히 드물다.

　우주에서 수소는 질량 기준으로 95퍼센트, 원자 개수로 90퍼센트를 차지하는 가장 풍부한 원소다. 주기율표에서 원자번호가 1인 첫 번째 원소다. 원자 수소는 태양 질량의 30퍼센트 이상을 차지한다. 그런데 왜 이 풍부한 원소를 대기 중에서 구해 사용하기가 어려운가? 그 원인은 수소의 '참을 수 없는 가벼움'에 있다. 아쉽게도 수소는 가장 가벼운 원소여서 가스로 존재하는 경우는 드물고, 지구 대기권에 극소량이 존재한다. 지각권에서는 대부분 물 분자나 석유, 가스 같은 탄화수소, 생명체의 구성 물질과 같은 유기화합물 상태로 존재한다.

수소는 다른 원소들과 혼합된 형태로 존재해 분리 과정이 필요하다. 수소는 화석연료, 핵에너지, 바이오매스 그리고 태양, 풍력, 지열 같은 다른 재생에너지원을 포함한 자원으로부터 생산할 수 있다. 이러한 과정 중 전기분해가 있으며, 물을 전기분해하면 수소와 산소로 나뉜다. 수소는 지구 표면에 산소와 규소에 이어 세 번째로 많은 원소다. 또한 우주에서 발견할 수 있는 가장 흔한 것 중의 하나로 영원히 고갈되지 않는다. 지구는 '물의 행성'이라는 별명에서 엿볼 수 있는 것처럼 표면의 약 70퍼센트가 물로 뒤덮여 있다. 지표가 편평해 지구 전체가 물에 덮인다면, 그 깊이가 3킬로미터에 달한다. 그렇게 엄청난 양의 물에 수소가 포함되어 있다. 우주의 75퍼센트를 차지하고 있는 물 가운데 수소는 11퍼센트 존재한다. 이 풍부한 원소가 자연에서 직접 추출해 에너지원으로 활용하기에는 용이한 형태로 부존되어 있지 않기에 아쉬움이 크게 남는다.

액화수소, 효성그룹과 SK가스의 비상

이제 수소의 무궁한 가치를 재발견할 시점이다. 수소는 우리가 가장 흔히 사용하는 전기와 비교했을 때 저장이 쉽다는 장점이 있으나, 매우 가벼워서 적당한 크기의 컨테이너에 압축해야 제대로 저장이 가능하다. 태양을 보며 그 빛을 철도에 실어 보내는 상상을 해본 적이 있는가? 그게 쉽지 않다는 것은 누구나 아는 일이다. 햇빛으로 전기를 만드는 상상은 누구에게나 가능하지만, 사용하고 남은 잉여 전기는 저장 문제를 남긴다. 수소는 이 전기 저장 문제에도 해법을 제시한다. 태양광으로 만든 전기로 수소를 만들고 그 수소를 수소연료전지에 담아두고 필요할 때 전기를 만들어 사용할 수 있다.

수소의 원료인 물은 지구상에 풍부하게 존재한다. 수소는 연소시키거나 산소와 반응시켜도 극소량의 질소와 물만 생성해 환경오염을 일으키지 않는다. 수소 에너지는 물에서 얻을 수 있어 자원의 제한이 없고, 연료로 사용하게 된 후에 물로 돌아가 생태학적으로도 안정적이다. 색깔, 냄새, 맛이 없는 원소가 질소와 반응해 암모니아를 생산하고, 일산화탄소와 반응해 메틸알코올을 생산하고, 중질유 분해, 금속 산화물 환원, 에너지 저장 등에 활용되는데, 특히 수소경제와 관련해 에너지 저장 기능이 무엇보다 중요해졌다.

효성그룹의 ESG 경영과 액화수소에 대해 알아보자. 울산에 소재하는 효성은 산업용 가스·화학 기업으로 세계 최대 액화수소 플랜트 구축에 들어갔다. 효성중공업은 세계 1위의 액화수소 기업인 린데(Linde) 그룹과 액화수소 사업 추진을 위한 합작법인 투자 계획을 체결했다. 효성하이드로젠(주)은 전국 120여 곳에 수소 충전이 가능한 충전 인프라를 구축해 생산된 제품을 차질 없이 공급한다. 울산 공장에서 생산하는 연간 1만 3,000톤 규모의 액화수소는 연 10만 대의 자동차에 연료를 공급할 수 있는 양이다. 13만 톤의 배기가스 절감

효과도 기대된다. 액화수소 충전 시 승용차 한 대에 소요되는 충전 시간은 3분으로 기체수소 충전 시간인 12분보다 네 배 빠르다. 울산은 린데의 세 번째 액화수소 공장이 되었다. 효성은 ESG 경영에 박차를 가하고 있다. 2020년에서 2021년까지 주가가 폭발한 효성첨단소재는 수소차가 모빌리티로 부상하면서 '탄소섬유(탄섬)'가 수소연료 탱크의 소재로 주목받았다. 탄소섬유는 철에 비해 4분의 1에 불과하지만 강도가 10배, 탄성은 7배에 달해 꿈의 신소재로 불린다. 평균 기압의 최고 900배를 견디면서도 가벼운 무게를 유지해야 하는 수소연료 탱크의 소재로 적합하다.

한화솔루션과 효성첨단소재가 2021년 4월 탄소섬유 공급 계약을 체결함으로써 수소 시장의 가치가 더욱 올라가고 있다. 이 계약 체결로 한화솔루션은 수소 저장 탱크의 가장 높은 원가를 차지하고 있는 탄소섬유를 안정적으로 공급받고, 효성첨단소재는 수소탱크, 전선 심재 부문의 높은 경쟁력을 바탕으로 성장의 발판을 마련했다는 평가다. 효성첨단소재는 울산을 대표하는 기업으로 발돋움하고 있으며 스판덱스로 주가가 질주한 효성티앤씨와 함께 2020년 2021년 주식 시장의 주목을 받았다. 효성화학에서 수소를 생산하고 린데 하이드로젠 공장에서 수소를 액화시키고 효성 하이드로젠에서 수소를 공급하는 울산은 효성그룹과 수소경제를 함께하고 있다. 효성의 사례처럼 수소경제는 우리 곁에 이미 와 있다.

그전에만 해도 국내에는 액화 기술이 없었는데 액화 플랜트를 구축할 만큼 상황이 빠르게 변하고 있다. 기체 방식 충전은 트레일러에

200~300킬로그램 정도의 수소를 담을 수 있어 운송 횟수가 많아져 효율이 낮고 매연과 탄소 배출도 많다. 이것을 최소화할 방법이 독일과 프랑스 등에서 사용하고 있는 액화 시스템이다. 액화수소는 대량으로 저장해 한번에 3,500킬로그램 정도를 운송할 수 있고 액체로 충전하면 전기료도 3분의 1로 줄어든다. 기체와 액체 수소의 전체 비용을 비교하면 액체 상태가 더 저렴할뿐더러 압력 조건도 충전소에서 200바(bar)로 저장되는 기체에 비해 2bar 정도의 낮은 압력으로 저장되므로 훨씬 안전하다. 이제는 수소경제에 대해 의구심을 가질 필요가 없다. '과연 이게 될까'하고 생각했던 것들이 계속 현실화되고 있다.

선진국은 일제히 수소 사회로 빠르게 전환하고 있다. 경제성의 논리에만 얽매여 수소경제를 바라보는 것은 문제가 있다. 진취적인 투자를 독려하는 국가의 명확한 비전 제시가 중요하다. 울산에서 동북아 오일 가스허브 사업을 추진 중인 SK가스는 '수소 태스크포스'를 출범했다. 액화수소 기술을 확보하고, SK가스의 기존 사업 노하우를 수소 사업에 접목하기 위한 조직이다. 액화수소 기술을 보유한 스타트업 하이리움산업과 기술 협력을 한다. 2014년 설립한 하이리움산업은 국내에선 처음으로 액화수소 기술을 독자적으로 개발했다. 기체수소를 액화하려면 온도를 영하 253도까지 떨어뜨려야 하는데, 이 회사는 냉매와 전기를 이용해 빠르게 냉각할 수 있는 기술을 보유하고 있다. SK가스는 향후 수소차 시장이 커지면 수소도 액화 상태로 유통될 가능성이 높다고 보고 있다. SK가스는 '액화천연가스(LNG) 냉열'을 통해 문제를 해결하려고 한다. LNG의 경우 영하 163도까지 온도를 낮춰야 하는데, 여기서 나온 냉열을 활용하면 값싸게 액화수소를 얻을 수 있다는 계산이다. SK가스는 주가변동성이 높지 않고, 높은 시가 배당률을 제공하며, 대주주 지분이 높은 주식이다. 대주주 지분을 제외하고 유동성이 많지 않다는 평가다.

수소에도 급이 있다

세계경제포럼(World Economic Forum) 산하 수소경제 글로벌 최고경영자(CEO) 협의체인 수소위원회(Hydrogen Council)에 따르면 2050년 세계 수소 소비량이 5억 4,600만 톤, 2조 5,000억 달러 규모로 성장해 전체 에너지 수요의 18퍼센트를 차지할 전망이다. 이는 132억 6,000만 배럴의 석유를 대체하는 규모다. 수급 예측의 정확성을 떠나 지금 추세로는 수소 에너지 비중이 계속 커질 것임은 분명하다. 머지않아 수소를 주요 에너지원으로 활용하는 수소 도시도 등장할 것으로 보인다. 수소 도시는 수소로 가정집과 건물에 전기와 냉난방을 공급하고 수소연료전지 기반의 수소자동차가 도로를 달리는 '깨끗한 도시'다. 울산도 그런 도시를 꿈꾼다. 독일 경제에너지부 페터 알트마이어(Peter Altmaier) 장관은 독일이 수소 분야에서 세계 1위가 되는 것이 목표라고 했는데 울산이 대한민국을 선도해 수소경제를 이끌고 그린 제조업 르네상스의 주역으로 발돋움한다는 생각을 하니 가슴이 벅차다.

알트마이어 장관이 말한 수소는 그린 수소를 말하는 것으로 생각된다. 독일에서는 그린 수소가 1킬로그램당 4,000원 대까지 내려왔고, 2030년쯤에는 3,000원대까지 가능하다는 전망이 나온다. 그린 수소가 비싸다는 이야기가 독일에서는 예외다. 물론 그린 수소의 가격이 더 낮아져야 한다. 수소에는 색깔이 없는데 색깔 이름을 딴 여러 수소가 회자된다. 색깔로 수소를 구분하는 이유는 생성 과정에서 이산화탄소가 얼마나 많이 발생하느냐를 구분하기 위해서다. 가장 많이 이산화탄소를 발생시키는 '브라운 수소'와 '그레이 수소'는 각각 화석연료인 석탄이나 천연가스로 만드는 수소다. 그레이 수소는 천연가스를 개질해서 생산하는 수소로 1톤을 생산하는 데 10톤의 이산화탄소가 배출된다. 이를 추출 수소라고도 한다. 부생 수소와 추출 수소가 국내서 생산되는 수소의 90퍼센트 이상을 차지한다. 대부분의 충전소에서 사용하는 개질 수소는 천연가스의 주성분인 메탄(CH_4)을 고온의 수증기와 반응시켜 뽑아낸다. 이 공정에선 이산화탄소가 부산물로 생긴다. 결국 개질 수소를 생산하려면 온실가스 배출은 불가피하다. 미국에서 개질 수소의 가장 큰 사용자는 석유 정제 산업과 비료 생산 산업이다. 청록 수소는 메탄을 열분해해 생산하는 수소로 잔류물이 고체 탄소 형태로 배출되지만 대기로 방류되지는 않는다. 블루 수소는 그레이 수소 생산 과정에서 나오는 이산화탄소를 포집하고 저장해 온실가스 배출량을 줄인 수소다. 석유화학 공정의 부산물로 나오는 것으로 부생 수소라고도 한다. 천연가스와 이산화탄소 포집 설비를 이용하는 하이브리드형 수소다. 그레이 수소보다는 친환경적이고, 그린 수소보다는 경제성이 높아 주목받기도 한다. 그린 수소는 재생에너지로 생산한 수소를 지칭한다. 재생에너지 발전 전력을 이용하기 때문에 온실가스 배출이 없다.

수소는 자연 상태에서 원자 한 쌍이 서로 결합한 분자 상태(H_2)로 있어 전자들이 자유롭게 움직이지 못하는 구조다. 독립 형태의 수소를 얻기 위해서는 수소 화합물에 에너지를 가해 수소를 분리하는 과정이 필요하다. 이때 수소를 얻기 위해 투입된 에너지, 그리고 배출된 이산화탄소의 양에 따라 수소의 '급'이 결정된다. 석유나 석탄 같은 화석연료를 사용한다면 '그레이 수소', 태양광 발전 같은 재생에너지를 투입해 배출되는 이산화탄소의 양이 제로라면 '그린 수소'로 분류된다. 블루 수소도 이산화탄소 발생량을 낮추는 방법이 될 수 있지만, 수소가 미래 에너지원이 되려면 이산화탄소 발생량이 제로인 그린 수소 기술 개발이 시급한 상태다. 전기와 수소는 대표적인 운반체지만 수소는 앞서 살펴본 것처럼 자연 상태에서는 거의 존재하지 않고 다른 에너지원을 사용해서만 얻을 수 있는 형태다. 또한 전환 과정에서 에너지가 소모되어 수소를 얻기 위해 투입한 에너지보다 수소에 저장된 화학적 에너지가 낮은 수준이다. 수소연료전지는 여러 장점과 그간의 개선에도 불구하고 아직 널리 쓰이지는 못하고 있다. 우선 수소를 생산·운반·저장하는 게 어렵다. 산소 기체는 전체 대기 중 21퍼센트를 차지할 만큼 풍부해 쉽게 얻을 수 있지만 수소 기체는 1퍼센트에도 못 미친다. 영국 에너지매체『파워테크놀로지(Power Technology)』에 따르면 전 세계에서 생산되는 수소는 98퍼센트가 천연가스로부터 수소를 분리하는 방식으로 생산된다. 이 방식은 천연가스 등의 화석연료를 그대로 사용하는 것보다 환경오염은 덜 하지만 발전 효율이 낮아 전기 생산 비용을 높이는 한계가 있다.

수소경제, 신에너지원의 진정한 의미

수소경제하면 누군가는 수소차를 생각할 것이다. 그런데 수소차의 활용은 탄소중립을 위한 방편이다. 이는 유럽의 수소 전략에서 확연히 알 수 있다. 유럽위원회는 2020년 7월 8일 '유럽 기후중립을 위한 수소 전략(Hydrogen strategy for a climate-neutral Europe)'을 발표하고 이를 위해 2030년까지 500조 원을 투자하겠다고 밝혔다. 주요 내용은 2030년까지 수소 생성과 수전해 장치에 최대 420억 유로(55조 3,000억 원), 이 장치와 태양광·풍력 발전의 연결망을 구축하는 데 3,400억 유로(448조 8,000억 원)를 투입한다는 것이다.

이 전략의 중심은 그린 수소다. 생산이 늘고 있지만 적기에 사용이 어려운 풍력이나 태양광 발전 같은 재생에너지 전기로 그린 수소를 대량 생산해 이를 에너지 망에 연결해 유럽 산업을 더 번성하게 만들겠다는 것이다. 결국 유럽 국가들은 자국의 주력 산업을 육성하는 데 수소경제를 활용하고 있다. 유럽의 수소 전략은 탄소중립을 이루되 어떻게 하면 유럽의 산업 경쟁력을 높일 것인가에 대한 깊은 성찰에서 나왔다. 2021년 5월 기후 씽크탱크 엠버(Ember)는 EU가 2020년 소비한 전력 중 재생에너지가 38퍼센트로, 37퍼센트의 화석 연료를 추월했다는 내용의 보고서를 발표했다. 여러 자료와 추세를 종합해보면 2030년 유럽 전체의 전력 생산에서 태양광·풍력 같은 재생에너지가 차지하는 비율은 50퍼센트 수준으로 예상된다.

이런 종류의 발전은 전력 수요에 따른 생산 조절이 어렵기 때문에 대규모 저장·유통 시스템이 필요하다. 리튬이온 배터리를 탑재한 에너지저장시스템(ESS, Energy Storage System)으로 채울 수 있다고 생각할 수 있으나, 유럽은 현재 아시아로부터 전기배터리를 막대하게 수입하는 상황이다. 이러한 유럽 입장에서는 배터리 탑재 ESS가 바람직하지는 않을 수도 있다. 태양광·풍력 에너지의 효과적인 저장·유통 도구로 수소를 키우는 것이 오히려 유럽의 목표로 현실적이다. 대량의 수전해를 위한 담수화 기술, 수전해, 수소 저장·유통 기술력 면에서는 유럽이 가장 앞서 있다. 재생에너지를 이용하는 탄소제로인 그린 수소를 신에너지원으로, 유럽이 아시아나 미국의 친환경 기술에 맞서 자국 산업을 키운다는 것이 의미 있게 다가온다. 탄소 감축이 가장 높은 그린 수소를 대량으로 만들지 못한다면, 애초부터 수소 경제는 성립되지 않는다.

일본도 재생에너지 기반 그린 수소로의 전환을 서두르고 있다. 일본은 세계 최대 규모의 그린 수소 생산 시설인 후쿠시마 수소 에너지 연구단지(FH2R)를 완공했다. 태양광 발전 시설에서 만든 전기를 이용해 물을 전기분해하는 방식으로 매 시간 $1,200Nm^3$ 사용 가능한 수소를 생산한다. 이는 하루에 수소자동차 약 560대가 사용할 수 있는 규모다. 1Nm³는 1노멀 입방미터라고 읽는다. 온도 0도, 1기압의 조건 아래에서 1입방미터의 기체량을 의미한다.

사우디아라비아는 580조 원을 들여 조성 중인 미래형 첨단 도시 네옴(NEOM)을 100퍼센트 태양광·풍력 등 재생에너지 도시로 전환한다는 목표를 세웠다. 이를 위해 세계 최대 규모의 수소 생산 기지를 세우기로 했다. 중동 최대 산유국인 사우디아라비아에 세계 최대 규모의 친환경 수소 생산 기지가 들어서는 것이다. 사우디아라비아는 저유가 시대에 대비해 석유 의존도를 낮추고, 신재생에너지를 비롯한 다양한 신사업을 키우는 국가개혁 프로젝트 '비전 2030'을 추진 중이다. 수소 생산 기지 역시 이런 개혁의 일환으로 풀이된다.

사우디아라비아는 미국 산업용 가스 회사 에어프로덕츠(Air Products)와 손잡고 홍해에 인접한 도시 네옴에 대규모 그린 수소·암모니아 생산 공장을 짓는다. 이 사업에는 총 50억 달러(약 5조 9000억 원)가 투입된다. 사우디는 해당 시설에서 4기가와트 규모의 태양광·풍력 에너지로 만든 전력을 활용해 물을 전기분해함으로써 2025년부터 매일 650톤의 그린 수소를 생산한다는 계획이다. 이는 2만여 대의 수소 버스를 운행할 수 있는 양이다. 이렇게 만든 수소는 액상 형태로 암모니아에 저장해 필요한 장소로 운송하거나 수출할 예정이다. 사우디는 수출 규모가 상당할 것으로 보고 하루 120만 톤 규모의 친환경 암모니아도 함께 생산하기로 했다.

그린 수소(Green hydrogen)

그린 수소를 얻는 기술은 《MIT 테크놀로지 리뷰》가 2021년 선정한 가장 주
목할 10대 미래 기술에 포함됐다. 수소는 화석연료를 대체할 좋은 에너지원
으로 간주되어 왔으나, 대부분 천연가스에서 만들어지며 이 공정은 환경오염
을 유발하고 많은 에너지를 소비한다. 이산화탄소가 제로인 그린 수소는 가격
이 비싸다는 결점이 부각되었다. 그린 수소는 이산화탄소를 배출하지 않는 청
정 에너지이고, 에너지 밀도도 높아 탄소중립 실현에 중요한 역할을 한다. 재
생에너지에서 생산된 전기로 제조된 그린 수소야말로 궁극의 친환경 에너지
로 손색이 없다. 태양광과 풍력 발전의 비용이 점차 낮아지면서 청정 수소를
저렴한 비용으로 생산할 수 있는 길이 열릴 전망이다.

노르웨이의 전해조(물전기분해 장치) 생산 기업인 넬(Nel ASA)은 2021년 1월에
2025년까지 1킬로그램당 1.5달러의 그린 수소를 생산한다는 목표를 발표했
다. 말레이시아의 정유·가스 대기업인 페트로나스(Petroliam Nasional Bhd.)
역시 수력과 태양광 자원에서 1킬로그램당 1~2달러 범위 내에서 수소를 생
산하는 목표를 내세웠다. 재생에너지로 생산된 전기로 수전해해 수소를 얻
는 방법도 점차 보편화될 것이며, 기술 발전으로 그린 수소 생산비가 저렴해
질 전망이다. 유럽은 태양광과 풍력 발전에 의해 가동되는 전해조 공장의 글
로벌 네트워크를 구축해 청정 수소를 대량 생산한다는 목표를 내세웠다. 유
럽은 현재 그린 수소 생산과 공급에서 가장 앞서 있다. 유럽연합은 2024년
까지 6기가와트 수전해 설비를 구축해 연간 100만 톤의 그린 수소를 생산하

고, 2030년까지 1,000만 톤까지 확대할 계획이다. 일본은 수소의 해외 생산에 집중하고 있다. 호주, 브루나이 등에서 수소를 저렴하게 생산한 뒤 이를 다시 일본으로 도입하는 프로젝트를 진행 중이다.

한편 토요타, 닛산, 혼다는 그린 수소와 이산화탄소를 합성한 액체연료 'e-fuel(electro fuel)'의 연구개발을 확대한다. 에너지 생성 단계를 포함하는 하이브리드전기차(HEV)의 이산화탄소 배출량이 전기차를 밑도는 수준을 목표로 하는데 이는 2030년 한층 엄격해지는 환경 규제에 대비하기 위함이다. e-fuel은 물을 전기분해한 수소와 이산화탄소를 촉매 반응으로 합성한 액체 탄화수소 사슬인데, 이산화탄소 배출과 흡수를 동일하게 하는 탄소중립 실현을 위해 중요한 연료로 부각되고 있다. 우리나라는 모빌리티와 발전용 연료전지 등 수소 활용 측면에 비해 수소 생산과 공급 인프라가 상대적으로 뒤처져 있어, 대외 경쟁력 확보를 위해서는 그린 수소 관련 원천 기술 개발과 인프라 구축에 집중 투자해 그린 수소 생산량 증대와 생산 단가 절감을 위한 노력을 기울여야 한다.

제러미 리프킨을 돌아보며

미래 에너지원의 중심에 수소를 두고 세계 전역의 지역 사회를 하나로 잇는 분산전원 에너지망, 그 망을 구축하는 것이 수십억 인구가 빈곤으로부터 벗어날 수 있는 유일한 방법이라고 믿는 학자가 제러미 리프킨이다. 2002년 출간된 제러미 리프킨의 『수소 혁명』의 구절을 펼쳐본다. 그는 모든 사람들이 전기에 접근하지 못하면 아무것도

하지 못한다고 주장하며, 값싸고 재생 가능하고, 누구나 접근할 수 있는 '수평적 에너지 사용'의 비전을 제시했다. 그를 '니콜라 테슬라의 후예'라고 칭한다면 과언일까? 니콜라 테슬라도 제러미 리프킨도 풍요로운 인류의 삶을 함께 꿈꾼 이들이다. 인류는 기존의 석유 생산국에 에너지 의존도가 너무 높았고 이들의 배를 불려준 측면이 있다. 수소경제를 코로나19와 연결 짓는 제러미 리프킨의 이야기를 들어보자.

> "코로나19는 놀라운 게 아니다. 우리는 이른바 '유행병 시대'로 접어들고 있다. 우리가 만든 기후변화로 야생동물들은 '기후 난민'과 같은 존재가 됐다. 기후변화로 살 곳을 빼앗기자 우리의 터전과 점점 가까워졌고, 동물을 매개로 한 바이러스가 등장했다. 지난 10년간 유행한 에볼라, 지카, 신종 인플루엔자 바이러스가 그 사례다. 바이러스 역시 기후변화로 등장한 기후 난민이다."

인류가 탄소제로인 그린 수소 에너지 산업의 발전에 더욱 관심을 가지는 것은 기후변화가 전 세계를 뒤흔든 코로나19와 같은 전염병의 대유행을 일으킨 주요 원인으로 드러나고 있기 때문이라는 설이 부각되고 있다. 그린 수소 산업의 발전은 궁극적으로 기후변화를 늦춰 전염병의 창궐을 막을 수 있는 효율적 수단이 될 것으로 보인다.

제러미 리프킨은 우리가 지나온 '발전의 시대'를 엄청난 양의 화석연료를 이용해 만들어낸 허구로 본다. 인류는 인쇄·전신, 석탄, 철도

도표 2-1 **수소의 공급과 수요 관계**

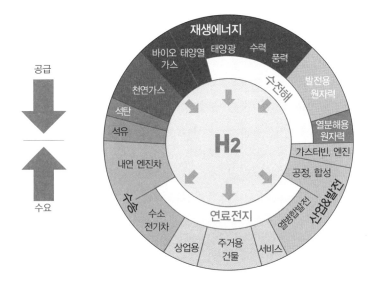

공급

수요

재생에너지

바이오 태양열 태양광 수력
가스 풍력

천연가스 수전해 발전용
원자력

석탄 열분해용
원자력

석유 H2 가스터빈, 엔진

내연 엔진차 공정, 합성

수송 발전 신산업&발전

수소 연료전지 열병합발전
전기차

상업용 주거용 서비스
건물

출처: www.enginnersjoumalje

망의 기반으로 발전했다. 전화·라디오, 석유, 내연기관 차량이 등장하면서 더욱 발전했다. 이제는 '복원의 시대'로 나아가야 한다. 새로운 패러다임을 이끌 세 축은 '통신, 모빌리티(운송), 신에너지'다. 이제 디지털 혁명, 친환경 에너지, 전기·수소·자율주행차가 기반이 되어 새로운 시대를 열어나가야 한다. 그가 말한 수소경제로의 전환은 디지털 변혁과 맞물려 인류의 생활 전반과 문명에 큰 변화를 야기할 것으로 생각된다. 우리의 삶이 획기적으로 변화하는 일대 전기와 마주하게 된다.

탄소중립 실현의 핵심인 수소 생산 부문에서 우리나라는 아직 미

약하다. 재생에너지를 통한 그린 수소 생산의 확산이 일어나는 기술
환경을 조속히 구축할 필요가 있다. 국내 수소 생산은 화석연료 기반
이 대부분이라 갈 길이 멀어 보인다.

수소경제가
성공하기 위한 조건들

그린 수소 생산에 팔을 걷고 있는 한화솔루션

2020년 이후 수소연료전지가 보폭을 넓히는 이유를 찾아보면 단서는 2020년 6월 10일 발표된 독일의 '국가 수소 전략'에서 찾을 수 있다. 독일의 전략이 글로벌 수소경제 확산에 불을 지폈다. 독일은 수소경제 이행의 명분부터 실행까지 구체적인 계획을 쏟아냈다. '깨끗한 수소 생산'이 필수적으로 재생에너지와 연계한 그린 수소를 우선적으로 확보한다는 계획이다. 수소의 활용 범위도 전방위적이다. 자동차 연료나 난방으로 국한하지 않는다. 철도·항공 등의 수송과 운송 분야는 물론, 철강·비료·화학 등 다양한 산업으로 수소 용도를 확장할 계획이다.

독일의 수소 전략 발표는 수소경제를 특정 국가나 대륙이 아닌 '글로벌 흐름'의 신호탄으로 받아들이기 충분하다. 컨설팅 업체 맥킨지가 2020년 발표한 자료에 따르면 수소 생산량과 유통, 관련 설비 제조가 늘면서 수소 생산 비용이 2030년이면 지금의 50퍼센트 수준으로 낮아질 전망이다. 이렇게 규모의 경제를 달성하면 수소는 다른 저탄소 에너지원은 물론, 기존 화석연료 기반 에너지원에도 밀리지 않는 가격 경쟁력을 확보할 수 있게 된다. 에너지 체계가 빠르게 바뀌고 있어 수소의 경제성 자체는 더 이상 문제가 될 수 없다.

전 세계 환경 규제는 점차 강화돼 2030년이면 생산 과정에서 이산화탄소를 40퍼센트 줄여야 하는 시대가 온다. 결국 수소 사회로의 이행이 빨라질 수밖에 없고 그 중심에 그린 수소가 있다. 조 바이든 미 대통령 역시 '재생에너지를 이용한 그린 수소 생산 강화'를 선거 공약으로 내세웠었다.

2020년 한 해 태양광과 미국 수소차 회사 니콜라에 지분을 투자해 투자자의 관심을 끈 한화솔루션의 그린 수소 비전과 전략을 살펴보자. 한화솔루션은 석유화학 분야에서 쌓은 역량을 기반으로 2023년까지 수전해 기술을 개발할 예정이다. 염소와 가성소다를 추출하는 전해조 기술은 수전해 기술과 유사한데, 한화솔루션 케미칼 부문은 30년 이상 기술과 노하우를 보유하고 있다. 소금물을 분해해 염소와 가성소다를 생산하는 과정에서 수소를 생산해왔다. 한화솔루션은 앞으로 태양광으로 그린 수소를 생산하고자 한다.

한화솔루션은 재생에너지로 생산하는 그린 수소의 생산과 저장,

충전으로 이어지는 공급망의 성장 가능성이 높다고 전망한다. 향후 그린 수소 시장의 글로벌 선두 기업으로 도약한다는 구체적인 목표도 세웠다. 이산화탄소를 발생시키지 않는 수전해 기술에 청정 에너지인 태양광을 이용해 수소를 생산하는 일명 '태양광 수소' 기술, 한화의 태양광 기술과 수소가 만나 인류가 처한 기후 위기를 슬기롭게 극복할 수 있는 날을 고대하고 있다. 한화솔루션은 그린 수소 산업 강화를 위해 기존 수전해 기술 개발팀을 '수소기술연구센터'로 확대 개편했다. 또한 태양광과 그린 수소 분야 전문 인력을 국내외에서 채용해 그린 수소 대량 생산을 위한 기술력을 확보하고 있다. 이와 함께 기존 기술보다 전력을 덜 쓰고 투자비도 절감할 수 있는 수전해 기술 연구를 진행 중이다. 한화는 그동안 재생에너지 전기 안정화 기술, 수전해 장치를 통한 수소의 생산, 압축·저장 기술 개발, 수소 활용까지 여러 방면에서 역량을 쌓아왔다.

그린 수소 중심의 수소경제를 구축하려면 태양광이나 풍력 같은 재생에너지 외에 고성능 수전해 설비가 필요하다. 수소경제 활성화를 위한 연구는 크게 '그린 수소'를 생산하고, 이를 저장하고, 연료전지 등으로 활용하는 세 가지 분야로 분류할 수 있다. 환경오염을 일으키지 않으면서 수소 에너지를 생산하는 방법은 전기를 이용해 물을 수소와 산소로 분해하는 것이다. 물에서 수소를 생산한다면 에너지가 필요한 장소에 물을 운반해, 그 장소에서 곧바로 수소를 생산하면 되기 때문에 에너지를 운반하는 까다로운 문제도 해결할 수 있다. 앞서 말한 것처럼 재생에너지를 이용해 전기를 얻어 물을 분해하는 방법이 개발됐지만, 아직 가격 경쟁력에 대한 문제를 해결해야 한다. 전기분해에 필요한 에너지를 낮추는 동시에 수소 생산량을 늘릴 수 있는 추가 연구가 필수적이다. 이때 사용되는 전략이 '촉매'다. 촉매의 성능을 결정하는 지표 중 하나는 '과전압'이다. 과전압이 낮을수록 훨씬 적은 전기로 수소를 생산할 수 있다.

2018년 울산과학기술원(UNIST) 교수팀이 국제학술지 『어드밴스드 머터리얼스(Advanced Materials)』에 보고한 촉매 '이리듐엣콘(Ir@CON)'은 수소 발생 촉매 중 가장 낮은 에너지 손실률과 전류량 대비 가장 높은 성능을 나타냈다. 기존 연구진이 개발한 '루테늄엣씨투엔(Ru@C2N)'이 세웠던 기록을 넘어섰다.

그린 수소 개발에 한 걸음 다가간 또 다른 기술 개발도 주목해보자. 수전해 기술에 청정 에너지인 태양광을 이용해 수소를 생산하는 일명 '태양광 수소' 기술이다. 태양광 수소 기술은 햇빛을 흡수해 물로부터 수소와 산소를 생산하는 기술이다. 현재는 효율이 높은 광전극을 만드는 것이 핵심이다. 광전극은 햇빛 에너지를 흡수해 전기 에너지로 바꿀 수 있는 반도체와 전기 에너지를 물에 전달하는 것을 도체, 그리고 물을 수소로 바꿔주는 촉매로 구성된다.

수소연료전지의 역사와 NASA

한 번 사용하면 다시 쓸 수 없는 1차 전지나 전기차에 사용되면서 충전식으로 사용할 수 있는 2차 전지와 구별해서 연료 공급을 하면 전기를 지속적으로 생성하는 3차 전지가 수소연료전지다.

수소를 전기 생산에 활용하는 방법은 크게 두 가지로 나뉜다. 먼저 '인공태양'이라고 불리는 핵융합 발전은 두 수소 원자핵을 합쳐 헬륨 원자핵으로 바꿀 때 생기는 에너지를 얻는 방법이다. 반응 결과 물질들의 결합 구조가 바뀌면 결합에 필요한 에너지의 양도 줄어드는데, 이 잉여 에너지를 우리가 사용하는 것이다. 다만 아직은 실용화까지 남은 과제가 많은 미래 기술로 평가받는다. 이에 관해서는 5장에서 살펴보기로 한다. 다른 방법은 수소연료전지인데 이는 수소 분자와 산소 분자가 만나 물 분자로 변할 때 생기는 에너지를 활용하는 장치다. 남는 결합 에너지를 얻는 원리는 핵융합 반응과 비슷하지만 더 간단한 화학 반응을 이용한다. 구체적으로는 수소와 산소가 결합하기 위해서 수소는 자신의 전자를 버리고 양(+)이온이, 산소는 이 전자를 얻어서 음(-)이온이 돼야 한다. 그래야 서로 반대되는 전극을 가져 끌어당길 수 있다. 이렇게 전자가 이동하는 과정에서 전기가 발생하는 것이다.

수소연료전지의 부산물은 물뿐이어서 온실가스 제로 기술로 불린다. 2차 전지와 비교하면, 장시간 충전하는 대신 휘발유처럼 수소를 주입하기 때문에 연료 보충이 쉽고 화학 반응 물질도 금속이 아닌 수소를 사용하기 때문에 가볍다는 장점이 있다. 수소연료전지의 기본 구조는 고분자 전해질막을 중심으로 양쪽에 다공질의 연료극(anode, 산화전극)과 공기극(cathode, 환원전극)이 부착되어 있는 형태로 되어 있다. 재료만 다를 뿐 보통의 전지 구조와 흡사하다.

수소연료전지는 획기적인 에너지 신기술로 전기 에너지의 도입 때만큼의 고용 창출은 어렵더라도 상당한 고용 창출 효과가 기대되는 분야다. 수소연료전지로 전기를 공급하게 되면 여기에 맞는 소프트웨어부터 아키텍처(골격이 되는 기본 구조)까지 달라진다.

기후변화에 따라 기존의 송배전망을 작게 만드는 마이크로그리드(Microgrid)가 주력 산업으로 부상하고 있다. 마이크로그리드는 풍력, 태양광 같은 신재생에너지원과 에너지 저장 장치를 에너지 관리시스템(EMS, Electronic Manufacturing Services)으로 제어해 외부의 전력망에 연결하거나 독립적으로 운전할 수 있는 소규모 전력망을 의미한다. 마이크로그리드로 전원과 전원을 수용하는 가정을 바로 연결할 수도 있고, 그리드와 연결해 쓸 수도 있다. 분산형 전원에 대한 요구가 세계적으로 일어나고 있는데, 그 한가운데 수소연료전지가 있다. 흔히 분산형 에너지 플랫폼은 탄소중립 이행을 위해 필요한 재생에너지, 수소 에너지, 저온 미활용열 같은 분산 에너지와 안정적으로 에너지를 공급하는 집단 에너지를 융합하는 시스템이다. 수소연료전지는 앞으로 약 30~40년 정도 고용을 추가로 창출할 수 있을 것이다. 수소연료전지는 현재 석탄, 석유를 대체할 차세대 에너지로 주목을 받고 있다. 19세기 2차 산업혁명기에는 증기에서 석탄으로 옮겨가면서 엔진 제작과 철로 개설을 통해 고용 창출이 갑자기 늘어났다. 석유로 에너지원이 바뀌고, 또다시 전기로 대체되면서 수천만 명의 인력이 동원되고 최소 50년간 고용 창출 효과가 있었다.

수소연료전지는 200여 년 역사의 튼튼한 기초 연구를 토대로 완성될 수 있었다. 1839년 영국의 과학자 윌리엄 그로브에 의해 처음 발명된 수소연료전지는 당시 발전 효율이 낮아 실용되지 못했다. 그러다 20세기에 들어 발전 효율을 개선해 일부 분야에서나마 쓰이기 시작했다. 1932년 영국의 공학자 프랜시스 베이컨(Francis Bacon)은 새로운 촉매 기술을 개발했다. 수소와 산소 기체를 한곳에 섞어놓는다고 화학 반응이 일어나는 게 아니기 때문에 이들의 반응을 촉진할 촉매가 필요했다. 촉매는 화학 반응 과정에 참여해 반응을 촉진하지만, 반응 후 결과물에는 전혀 영향을 미치지 않는 물질이다. 당시 수소연료전지에는 귀금속인 백금 촉매가 쓰였는데 베이컨은 이를 값싼 니켈로 바꾼 '베이컨 전지'를 개발하는 데 성공했다. 1959년 베이컨은 이를 이용해 5킬로와트 전력의 수소연료전지를 개발해 2톤 무게의 지게차를 운전하는 데 성공했다. 최초의 수소차가 등장한 것이다.

수소연료전지는 가볍고 연료 보충 속도가 빠르다는 장점 때문에 자동차, 항공기와 같은 수송용 에너지원으로 기대를 받았다. 미국 항공우주국은 1966년 유인 우주선 제미니(Gemini)호와 1969년 최초의 유인 달 탐사선 아폴로11호에 수소연료전지를 탑재했다. 당시 NASA는 우주선의 에너지원으로 핵연료, 2차 전지 등을 고려했지만 핵연료는 위험하고, 2차 전지는 우주에서 충전이 불가능해 부적절하다고 판단했다. 이에 수소연료전지를 대안으로 삼았다. NASA는 제너럴일렉트릭 등 수소연료전지 업체들로부터 200개 이상의 관련 연구 특허를 사들여 집중 연구했다. 오늘날 우주선들은 수소연료전지로 전기를 얻고 그 부산물인 물을 우주비행사들의 식수로 사용하고 있다. 1960년대 중반 아폴로 계획 중 우주왕복선에서 사용된 연료전지는 알칼리 연료전지(alkaline fuel cell, AFC)로 연료전지 중에서 가장 먼저 개발되었다.

NASA의 이 같은 연구는 우주선을 넘어 자동차용 수소연료전지의 발전을 가져왔다. 전기차 상용화가 전기 배터리 기술에 달렸듯 수소차 상용화도 수소연료전지 기술에 달렸다. 1993년 미국과 유럽에서는 최초의 수소 버스가 개발됐고, 1999년에는 독일 자동차 제조업체 다임러(Daimler AG)가 최초의 상업적인 액체 수소차 'NECAR4'를 선보였다. 이 차는 한 번에 450킬로미터의 거리를 시속 145킬로미터의 속도로 달릴 수 있는 연료 용량을 탑재했다. 국내에서는 현대자동차그룹이 수소 모빌리티 사업에 앞장서고 있다. 현대차그룹은 2018년 수소차를 상용화해 '넥쏘'를 출시했다.

수소연료전지의 활용과 수소 도시 건설

수소연료전지는 리튬이온 배터리를 이용한 ESS(에너지저장시스템)보다 전기를 장기간 안전하게 저장할 수 있고 방전 우려가 없다는 장점이 있다. 수소연료전지를 이용해 전기 에너지와 열에너지를 얻을 수 있으므로 수소차, 연료전지 발전 등에 활용된다. 수소를 생산·보관·수

도표 2-2 **가상 수소 도시의 모습**

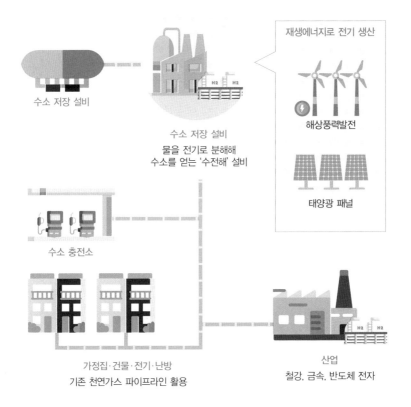

재생에너지로 전기 생산

수소 저장 설비

수소 저장 설비
물을 전기로 분해해
수소를 얻는 '수전해' 설비

해상풍력발전

태양광 패널

수소 충전소

가정집·건물·전기·난방
기존 천연가스 파이프라인 활용

산업
철강, 금속, 반도체 전자

송하는 기술이 발전하면서 생활에 필요한 모든 에너지를 수소로 충족하는 '수소 도시' 사업도 탄력을 받고 있다. 이와 관련한 고용 창출은 단연히 기대되는 바다.

수소 에너지는 직접 연소, 수소 저장 합금에 의한 2차 전지, 수소화 반응에 의한 열펌프로 이용될 수 있으나 가장 일반적인 것은 수소차와 발전 설비에 탑재되는 연료전지다. 물을 전기분해하면 전극에서 수소와 산소가 발생하는데, 연료전지는 이러한 전기분해의 역반응을 이용한 장치다. 우리나라에서는 석유·가스에서 추출된 수소를 연료로 공급해 산화제인 공기 중의 산소와 반응시켜 전기와 열을 생산한다. 일반 화학전지와 달리 연료인 수소와 공기가 공급되는 한 계속 전기를 생산할 수 있다. 발전 과정에서 발생되는 열은 급탕과 난방용으로 이용한다. 알칼리 연료전지를 대체할 수 있는 많은 연료전지가 개발되었는데, 음극과 양극 사이에 끼어 있는 전해질에 따라 수소연료전지의 종류가 나뉜다.

넥쏘 등 자동차에 사용되는 PEMFC(Polymer Electrolyte Membrance 고분자 전해막 연료전지 혹은 Proton-Exchange Membrane Fuel Cell, 양성자 교환막 연료전지)를 비롯해 PAFC(Phosphoric Acid Fuel Cell, 인산형), MCFC(Molten Carbonate Fuel Cell, 용융탄산염형), SOFC(Solid Oxide Fuel Cell, 고체산화물형) 등으로 구분된다. 발전용으로는 PAFC, MCFC, SOFC를 많이 사용한다. 각자 최적의 성능을 내는 분야가 다르며, MCFC는 대형 발전소, SOFC는 건물과 가정용에 적합하다.

PEMFC는 MEA(Membrane Electrode Assembly, 막 전극 조립체)로 구성되어 있는데, MEA는 전해질막과 음극·양극의 집합체다. 수소연료전지는 우리가 잘 알고 있는 건전지와 유사하게 작동한다. 차이가 있다면, 건전지는 용기 속에 들어 있는 반응 물질을 한정적으로 활용하는 데 비해, 수소연료전지는 외부에서 끊임없이 수소를 공급해 에너지를 발생한다는 것이다. 수소연료전지의 기본 구성은 음극, 양극, 전해질이다. 전해질막은 양성자, 수소이온만을 통과시킬 수 있는 얇은 막이다. 연료인 수소를 음극에 공급하면 수소는 수소이온 (H+)과 전자(e-)로 산화되어 수소가 전자를 잃고 이온화되는 과정을 겪는다. 산화된 수소이온은 전해질을 통해 양극으로 이동하고, 양극에서 산소와 반응하며 물을 생성하는 환원 반응이 일어난다. 이 과정에서 전자가 외부 회로를 통해 흐르며 전류를 형성해 전기가 발생한다. 양극과 음극에서는 카본막에 부착된 백금 촉매가 도포되어 수소와 산소의 분리를 돕는다. 전해막과 음극·양극 곁에는 부산물인 물이 지나치게 쌓이는 것을 막고 산소와 수소의 이동을 쉽게 하는 가스주입층(GAS Diffusion Layer)이 있는데 이 가스주입층은 열을 제거하는 역할도 한다. 그 곁에는 분리막(Bipolar Plates)이 있다. 연료전지 내에 개별 MEA는 1볼트 이내의 전력을 만들기에 일반적인 용도로 사용하기가 턱없이 부족하다. 개별 연료전지를 수백 개 적층해 사용하는데 이를 연료전지 스택(Stack)이라고 한다. 이렇게 여러 개 쌓은 연료전지를 분리하는 게 분리막이고, 이 분리막은 흑연, 금속 같은 소재로 만들 수 있는데 셀간 전기적 전도성을 제공하고 연료와 공기가 흐르게도 한다. PEMFC는 건조한 상태에서는 정상적으로 작동하지 않고 습도가 높아야 원활하게 작동하는데 이를 유지하기 위해 가습기가 필요하다. 연료전지 작동에서 발생하는 수분을 재활용하게 된다. 공기압축기도 필요한데 반응 대상인 기체의 밀도가 높을수록 연료전지의 효율이 올라간다. 공기압축기는 일반 대기압의 2~4배 정도 압력을 가지도록 공기를 압축하는 작용을 한다.

수소연료전지는 기존 화석연료와 비교했을 때 몇 가지 장점이 있

도표 2-3 **수소연료전지의 작동원리**

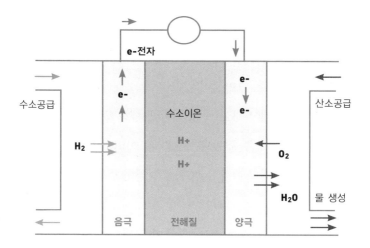

산화된 수소이온은 전해질을 통해 양극으로 이동하고, 양극에서 산소와 반응하며 물을 생성하는
환원반응이 일어나는 과정에서 전자가 외부 회로를 통해 흐르면서 전류를 형성하여 전기가 발생
된다.

출처: 위키피디아

다. 리튬이온 배터리를 이용한 ESS보다 전기를 장기간 안전하게 저
장할 수 있고 방전 우려가 없다. 수소연료전지의 전기 발전 효율은
42~60퍼센트로 화석연료(예, 석탄은 38~45퍼센트)에 비해 높다. 화석
연료처럼 연료를 연소시켜 열에너지를 발생시키고, 이 열에너지를
기계적 에너지로 변환해야 하는 과정이 필요 없다. 건설 기간 역시
수개월 수준으로 기존 화석연료보다 현저히 짧다. 연료전지는 열에
너지를 전기 에너지로 변환하는 보통의 발전 방식에 비해 간단하며
효율적이다. 소음이 없고 온실가스 발생이 적은 친환경 에너지원으
로 유해가스를 배출하지 않기 때문에 도심 지역에도 발전 시설을 건

설할 수 있다. 출력 규모가 작으면 발전 효율이 감소하는 화석연료와 달리 출력과 관계없이 일정한 효율을 나타낸다는 것도 강점이다.

하지만 연료전지가 화석연료를 완전히 대체하기 위해서는 넘어야 할 산이 많다. 수소는 가연성이 있고 기체 상태에서는 저장이 어려워 저장 기술이 개선돼야 하고, 연료전지에 사용되는 촉매의 가격이 매우 비싸 가격 경쟁력을 확보하기 어렵다. 이러한 한계점을 돌파하기 위해 많은 연구자들이 활발한 연구를 진행하고 있다. 연료전지의 대량 생산 시 촉매(백금)와 분리막(스테인레스 스틸)의 비용이 점점 높아진다. 백금 자체가 단가가 높아 이를 줄이기 위한 노력이 주된 과제다. 가격을 낮추고 내구성을 높여야 한다. 값비싼 백금 촉매 사용과 낮은 내구성 문제를 동시에 해결할 수 있는 기술을 확보하기 위해 연구진들의 노력은 계속되고 있다.

기존 연구에 많이 활용된 루테늄이나 이리듐 기반 촉매는 그 단가가 1그램당 7~8만 원 수준이다. 게다가 내구성 문제로 24시간 이상 사용이 어렵다는 한계도 있다. 2020년 11월 에너지 분야 권위지인 『에너지와 환경과학(Energy & Environmental Science)』에 코발트와 철 합금에 극소량의 탄소와 루테늄을 활용한 촉매 개발 소식이 실렸다. 이 촉매는 다공성(고체가 내부 또는 표면에 작은 빈틈을 많이 가진 상태) 층을 함유하고 있어 전자의 이동이 쉽고, 촉매의 전기 전도도(conductivity, 도체에 흐르는 전류의 크기를 나타내는 상수)와 성능을 높이는 것으로 나타났다.

수소의 가능성을 보고 많은 기업이 수소연료전지 사업에 뛰어들

고 있다. 디젤·천연가스 엔진, 발전기 등을 만드는 커민스(Cummins)
는 무려 20년 전부터 수소연료전지 기술에 투자하며, 하이드로제닉
스(Hydrogenics)라는 수소연료전지 회사를 인수했다. 미국을 보면,
수소연료전지는 독립적으로 운용될 수 있으며 데이터센터, 통신 타
워, 병원, 비상 대응 시스템, 심지어 국방의 군사 애플리케이션 같은
중요 기능을 위해 중단 없이 전력을 제공한다. 수소연료 지게차는 미
국 전역의 창고, 상점, 제조 시설에서 사용되고 있다. 캘리포니아주,
매사추세츠주, 미시간주, 오하이오주에서 수소연료전지로 달리는
버스를 쉽게 만날 수 있다. 이들 지역에는 충전 설비가 잘 되어 있다.
철도, 트럭, 해양 분야의 수소연료전지에 대한 관심은 더욱 높아지고
있다.

수소연료전지는 바보전지, 일론 머스크가 비웃어도 되나?

수소차와 수소연료전지에 거의 평생을 바친 현대자동차의 한 연구진
이자 임원은 2020년 블룸버그와 인터뷰를 했다.

> "현재의 수소는 비료와 원유 정제 과정에서 나온 부산물이다. 우리나
> 라는 풍력이나 태양광에 적합한 국가는 아니다. 그런 재생에너지에서
> 정제된 그린 수소 생산을 고려하고 있지만, 그 규모가 충분하지 않을
> 것이다. 나머지는 재생에너지를 생산하는 국가에서 수입으로 충당해

야 하는데, 한국과 일본은 호주에서 충당할 수 있다."

그는 몽골 유목민이 우유를 치즈로 바꿔 오래 보관하고 이송이 편리하게 만든 것처럼, 계절에 따라 발전량이 들쑥날쑥한 태양광 에너지나 풍력 에너지를 대량으로 보관하고 운송하기 위해선 수소 에너지로 전환해야 한다고도 주장한다. 사하라 사막 전체 면적의 7~8퍼센트에 태양광 패널을 깔거나, 태평양 전체 면적의 2퍼센트에 풍력 발전기를 설치하면 전 세계가 쓸 수 있는 에너지를 생산할 수 있다고 강조한다. 이런 식으로 생산된 재생에너지를 액체 또는 암모니아로 바꿔 운송해온 뒤 원료로 사용할 것을 제시한다. 그에 의하면 미래에는 결국 신재생 자원을 보유한 국가와 우수한 기술을 가진 국가가 협업하는 형태가 될 것이다.

이를 본 테슬라의 일론 머스크는 "Staggering dumb(까무라칠 정도로 멍청하다)"라며 트윗으로 비난했다. 수소연료전지에 대한 일론 머스크의 막말은 이전에도 있었다. '까무라칠 정도로 멍청한(mind-bogglingly stupid)' '믿을 수 없을 정도로 멍청한(Incredibly dumb)', 그리고 연료전지의 영어식 표기 'Fuel Cells'를 'Fool Cells(바보 연료전지)'라고 원색적으로 비난했다.

배터리 방식은 생산 단계에서 전력 손실이 5퍼센트인 데 비해 수소 방식은 48퍼센트가 손실된다. 최초 생산 단계에서 100퍼센트로 출발한 전력이 바퀴에 전달되는 효율이 배터리는 73퍼센트이고 수소연료전지는 일반적으로 이에 훨씬 못미친다는 것을 알면, 일론 머스크의 주장을 완전히 무시할 수는 없다. 수전해는 하나의 산소 원자로 두 개의 수소를 얻는 것인데, 현재의 수소 생산 방식은 배터리에 비해 효율성이 50퍼센트 수준이다. 일론 머스크의 이야기는 수소를 분해하고 운반하고 탱크에 넣는 과정에서 발생하는 많은 에너지 손실을 꼬집은 듯하다.

사실 수소경제에 대한 비판 중 다른 에너지원을 사용해 전기를 생산하고 그 전기로 수소를 만들어서 운반 후 다시 연료전지를 통해 전기를 생산하는 과정이 비효율적이고 비경제적이라는 것은 논문에서도 지적한 바 있다. 2006년 10월에 나온 독일의 연료전지 전문가 울프 보셀(Ulf Bossel) 박사의 논문 「Does a Hydrogen Economy Make a Sense?」에 근거를 두고 있다. 당시 그는 수소연료전지의 효율을 25퍼센트로 보며 지속가능한 미래를 위해서 적합하지 않은 기술로 보았다. 울프 보셀은 대표적인 수소경제 반대론자로서 이와 관련한 많은 보고서를 낸 것으로 알려졌다.

물론 자연 방전 문제와 관련해 다른 이야기도 있다. 시간 경과에 따라 발생되는 자연 방전 문제를 심각하게 고민해야 하는 배터리와는 달리, 수소연료전지는 분자 크기가 작아 용기 표면으로 누출되는 수소를 제외하면 자연 방전 문제에 있어 자유롭다. 연료전지에 수소를 직접 사용하지 않는 경우도 있다. 수소보다 생산비가 더 저렴한 메탄올 같은 각종 수소 화합물을 수소 대신 연료로 사용하는 것이 보다 실용적이기에 이에 대한 연구도 활발히 진행되고 있다. 직접메탄올 연료전지(DMFC, Direct Methanol Fuel Cell)가 그 한 예다. 연료전지에 수소 화합물이 공급되고 이를 개질기에서 수소로 변환시켜 연료 전지 스택에 공급하는 형식이다. 수소를 얻는 방법으로 물을 전기분해하는 것이 제일 간단하지만 투입 에너지량 대비 얻는 에너지가 너무 적어 가성비가 낮다. 그래서 보통은 천연가스나 도시가스를 개질해 수소를 얻는 방법이 상용 제품에 적용된다. 수소연료전지는 사실 전기를 저장하고 있는 전지가 아니다. 엄밀히 말하면 '친환경 연료발전기'가 정확한 표현이다. 연료전지는 자동차부터 가정, 건물, 공장, 기차, 드론, 도심항공모빌리티(UAM·하늘을 나는 자동차), 선박, 우주선까지 용처가 무궁무진하다.

수소경제의 비효율에 대한 반기는 여러 곳에서 지적된다. 하지만 무게 대비 에너지 효율을 예로 든다면 일론 머스크는 도망가야 할지도 모른다. 연료전지는 킬로그램당 에너지밀도가 33.3킬로와트시(kWh)로 2차 전지보다 100배가량 높다. 이런 성능이 극대화되려면 수소 부피가 최대한 작아야 한다. 수전해 방식 수소 생산 비용도 지속적으로 낮아지고 있다. 고출력밀도를 자랑하는 PEMFC나 발전 효율이 높은 SOFC의 효율성은 75퍼센트에서 80퍼센트로 상당하다. 특히, 효율이 가장 높은 SOFC는 다른 연료전지와 달리 수소의 순도를 높이지 않아도 된다. 소형화를 통해 가정에서도 직접 수소 생산이 가능해 충전소로의 수소 운송 비용을 절감하는 여러 기술이 논의되고 있다. 또한 액체 유기 수소 운반체(LOHCs, Liquid Organic Hydrogen Carriers) 기술처럼 혁신이 효율상의 한계를 극복하고 있다. 미국 에너지국의 수소경제 진행 상황에 대한 리포트를 보면 현재 기술적 진보와 함께 효율성과 경제성 수준을 엿볼 수 있다. 연료전지 원천기술 개발이 시급한 상황에서, SK그룹은 캘리포니아 소재 블룸에너지(Bloom Energy)의 SOFC를 들여와 국내에 공급을 시작했다. 두산은 세레스파워(Ceres Power)와 기술을 교류하며 국내외 사업 채비를 서두르고 있다.

수전해 기술 발전에 혼신을 다하라

수소경제를 이해하기 위해 수전해 기술을 이해할 필요가 있다. 재생에너지 발전을 확대하고 있지만 재생에너지는 날씨에 따라 출력이 들쭉날쭉해 쓰지 못하고 버려야 할 전력이 생긴다. 잉여 전력을 수소로 저장해 예비 자원으로 활용하기 위해서는 수전해 기술을 반드시 확보해야 한다. 어떤 이들은 돈 들여 만든 전기를 사용해 수소를 만들고, 이를 전기로 다시 전환하는 방식은 경제성을 확보하기 어렵다고 말한다. 하지만 과잉 생산으로 버려지는 전기를 활용할 경우 수소 생산 원가가 '0'인 만큼 만들면 만들수록 수익을 낼 수도 있다.

우리나라는 아직 수전해 설비의 효율이 경쟁국에 비해 떨어지는 데다 핵심 소재 기술이 부족해 상용화에 어려움을 겪고 있다. 독일은 이미 55메가와트 이상의 수전해 설비를 사용 중이고, 일본도 10메가와트 급의 수전해 설비를 갖추고 있다. 독일 정부는 국가수소전략을 발표하며 '재생에너지를 기반으로 전기를 생산하고 수전해를 통해 생산되는 그린 수소만이 미래 지속가능한 에너지'라고 못을 박고 있다. 덴마크, 네덜란드에서는 재생에너지 기반 수전해 수소의 가격 경쟁력을 높이기 위해 대규모 해상 풍력 발전소와 태양광 공원을 짓고 대형 수전해 설비에 투자하고 있다. 노르웨이 국영 재생에너지 업체 스타트크래프트(Statkraft)는 철강 회사 셀사그룹(Celsa Froup)과 손잡고 하루 2~4톤의 수소를 생산할 수 있는 수전해 설비를 구축한다. 이렇게 만든 그린 수소를 철강 제조 공정에 적용해 친환경 철강 제품을 만드는 게 최종 목표다.

수전해 설비는 양극과 음극, 분리막으로 구성된 '수전해 셀'로 이뤄졌다. 음극·양극에서는 수소와 산소가 각각 발생하고 분리막은 수소와 산소의 혼합을 막아주는 역할을 한다. 수전해 설비의 효율은 수전해 셀의 성능에 좌우된다. 현재 노르웨이 수전해 설비 제조 회사 넬(NEL ASA), 일본 아사히카세이 등 해외 기업의 수전해 설비 효율이 80퍼센트를 웃돌기에 국산 수전해 설비의 효율을 높이는 게 무엇보다 중요하다.

국산 수전해 설비가 해외 수전해 설비보다 효율이 떨어지는 이유는 우리의 수전해 기술 관련 연구개발 역사가 짧고, 아직 관련 시장이 형성되지 않았기 때문이다. 수전해 설비는 일반 전기를 사용한 1세대와 재생에너지를 연계한 2세대로 나뉘는데, 유럽의 경우 1세대 수전해 설비 개발 역사가 120여 년에 달한다. 2세대 수전해 설비 역시 12년 이상 개발해왔다.

이에 반해 우리나라가 본격적으로 수전해 기술 개발에 나선 것은 겨우 수년 밖에 안 된다. 상황이 이렇다 보니 국내 기업이 제작하는 수전해 설비도 핵심 소재(양극재·음극재·분리막)는 외국산을 수입해 쓰는 실정이다.

2세대 수전해 설비의 경우 지금은 유럽 등에 뒤처져 있지만, 한국의 기업들이 정부 출연 연구소나 대학에서 개발한 첨단 수전해 기술을 활용할 의지만 있다면 수년 내에 충분히 따라잡을 수 있을 것으로 예상한다.

그린 수소가 화석연료 기반 수소 대비 단가가 높은 이유 중 하나로 비싼 수전해 설비 비용이 꼽히는데, 수전해 설비를 다량으로 구축하게 되면 규모의 경제를 통한 비용 절감이 가능할 것으로 보인다. 유럽은 그린 수소의 경제성 확보 노력의 일환으로 지역 내 수전해 설비를 대폭 늘리고 있다. 2024년까지 수전해 설비 6기가와트를 구축해 100만 톤의 그린 수소를 만들고, 2030년까지 수전해 설비 40기가와트를 마련해 1,000만 톤의 그린 수소를 생산한다는 목표를 세웠다. 이런 정책 지원에 발맞춰 지멘스, 티센크루프 등 유럽 주요 기업들도 수전해 설비 개발과 생산에 박차를 가하고 있다. 우리도 친환경적인 방법으로 수소를 생산하고 효과적으로 저장하는 기술에 예산을 투입하고 있다. 수전해 기술은 크게 알칼라인 수전해 기술(AE), 양성자 교환막 수전해 기술(PEM), 고온 수증기 수전해 기술(HTE)로 나뉘는데, 이 가운데 가장 경제적이면서 효율적인 알칼라인과 PEM 기술에 예산을 집중하고 있다.

태양광 등 재생에너지 발전은 기상 변화의 영향을 받는 만큼 안정

도표 2-4 **수소 에너지의 위치**

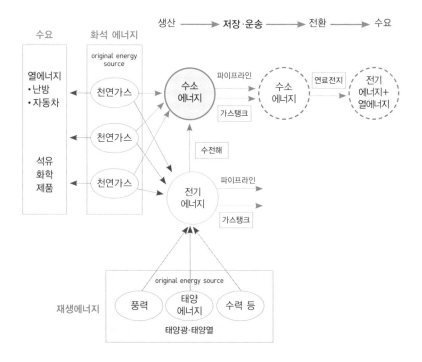

출처: 포스코경영연구원

적인 전력 생산을 담보할 수 없다. 출력 변동성이 크기 때문에 기존 수전해 설비에 바로 적용할 경우 수명 단축과 효율 저하로 이어진다. 이를 보완하기 위해 출력을 안정시키는 역할을 하는 ESS를 추가로 설치하지만 고가의 비용 탓에 경제성이 떨어진다. ESS 없이 변동성이 큰 출력을 견디면서 재생에너지 부하를 95퍼센트 이상 활용할 수 있는 고내구성 수전해 촉매를 개발한다면 수전해 효율을 선진국처럼 80퍼센트 이상으로 끌어올릴 수 있을 것이다. 수전해 설비는 재생에너지 발전 단지 인근에 위치해야 한다. 수전해 기술로 생산한 수소를 어떻게 운송할지에 대해서는 고민이 필요하다. 생산지에서 수요지 까지 전용 배관이 마련되면 운송비를 크게 줄일 수 있다.

2021년 초 미국에서 수소 관련주 플러그파워(Plug Power)의 주가가 상승 랠리를 펼친 후 급격한 조정을 받았다. SK가 지분 9.9퍼센트를 인수한 미국 플러그파워는 수소연료전지, 수전해 핵심설비인 전해조, 액화수소 플랜트와 수소 충전소 건설과 같은 핵심 기술을 보유한 수소 전문 기관이다. 우리나라에는 수전해 관련 상장 기업은 아직은 없다고 보는 것이 옳다. 독일의 지멘스, 영국의 아이티엠파워(ITM Power), 미국의 플러그파워 등이 대표적인 기업이라 하겠다.

수소 도시를 꿈꾸는
울산

울산과 그린 수소의 꿈 그리고 고려아연

수소경제가 성공하기 위한 다른 요인들을 생각해보자. 당연히 수소를 에너지 전환의 해결책으로 인식하고 지속가능한 수소 생산 방식을 개발해야 한다. 그 외에 무엇이 있을까? 국제 수소 거래 시장을 구축하는 것도 중요하다. 수소 교역을 통해 수출국은 수소 생산 부문 투자로 수소 산업 성장을 촉진할 수 있고, 수입국은 저비용으로 수소를 이용할 수 있다. 그러나 무엇보다도 수소가 가격 경쟁력을 갖추어야 한다. 실질적인 가격 경쟁력을 갖추기 위해서 인센티브나 보조금 같은 정부의 지원책이 필요하며 실제 사업화 사례를 발굴하는 것이 무엇보다 중요하다. 수소 이용을 확대하기 위해서는 수소 생산 설비, 운송, 저장, 충전소, 배관망 등 수소 밸류체인 전반의 인프라에 대규모 투자가 필요하다. 현재 분위기를 보면 수소경제는 2025~2030년 사이가 변곡점이 될 것으로 예상된다. 정부가 책임을 지고 기술을 개발해나갈 것이고, 민간에서 많은 투자를 이끌어내 시장이 주도하는 수소경제로 가야 한다.

울산석유화학단지처럼 수소를 가장 많이 소비하는 정유사들의 경우 주유소 부지를 활용해 수소경제를 발전시킬 수 있는 여지가 많기 때문에 이들이 투자할 수 있도록 정책적으로 지원하는 방안이 필요하다. 독일은 2008년부터 일반 가솔린, 디젤 충전소에 수소 충전소가 함께 들어섰다. 우리나라도 수소 충전소가 활성화되어 수소경제의 기반을 다져야 한다. 기존 충전소를 수소 충전소로 활용해나가야 한다.

울산도 그런 수소 도시를 꿈꾸고 있다. 작은 배를 타고 울산 북구 해안가에서 좀 더 나가면, 시원한 바람이 머리를 헝클어지게 만든다. 63빌딩 크기의 높이로 부유체를 띄우는 상상을 해본다. 서울 두 배 면적의 부유식 해상 풍력. 바다 위에서 전기를 일으키는 울산의 야심 찬 프로젝트다. 그곳은 연중 바람이 많이 불고, 바람의 질이 좋다는 외국인 투자가들의 평도 있다. 해상 풍력을 만들어 전기를 일으키고 수소를 저장하고 운반한다. 탈탄소 그린 수소의 꿈이 이루어지는 날을 손꼽아 기다리고 있다. 대한민국 수소경제의 메카 울산시는 바람과 파도의 힘으로 생산한 에너지의 잉여 전력으로 수소를 만들어 지역 산업에 전기를 공급하고 수소 마을에 난방을 공급할 계획이다. 수소트램이 시민들의 발이 되고, 울산항을 오가는 선박을 수소연료전지로 운항하는 도시의 꿈은 현실이 된다.

울산은 수소를 생산·보관·수송·활용하는 기술이 발전하면서 수소로 필요한 에너지를 마련하는 세계적인 '수소 도시'로 부상할 것이다. 바다를 보며 장기적으로 기존 천연가스 배관을 저압의 수소 배관으로 활용하는 방안을 고안하고, 수소 저장에 안전성을 강화하는 방안을 마련해 시민에게 미치는 영향을 최소화한다는 방침이다. 우리나라가 신재생에너지를 직접 생산하는 것은 지정학적 여건상 어렵다는 주장도 제기된다. 직접 생산보다는 연료전지 시스템 기술 개발에 집중하는 게 미래 경쟁력을 갖추는 데 훨씬 효과적이라는 입장이다. 에너지 안보 차원에서 우리나라는 신재생에너지를 2030년까지 20퍼센트를 생산하는 것을 목표로 했다. 국토도 작고 신재생에너지가 충분하지 않기 때문에 풍력과 태양광의 경제성이 떨어진다고 볼 수 있다. 신재생에너지는 호주처럼 생산 여건이 좋은 국가에서 저렴하게 구매하고, 우리나라는 연료전지 시스템 기술을 개발해서 이것을 해외에 수출하면 된다.

이러한 관점에서 울산에 소재한 고려아연이 특별해 보인다. 고려아연은 호주에서 생산되는 재생에너지를 국내로 들여오는 사업을 추진한다. 제련 공정상 전력 소비가 큰 고려아연이 몰두하고 있는 그린 수소 사업 전략의 일환이다. 고려아연의 ESG 행보에 속도감이 실려 있다. 호주에서 생산된 그린 수소는 암모니아 형태로 운반될 것으로 보인다.

세계 주요국이 수소경제 육성에 나서면서 수소를 안전하게 저장·운송하는 수단으로 암모니아가 주목받고 있다. 수소경제 활성화의 주요 걸림돌 중 하나는 비용인데, 업계는 암모니아가 이 비용을 낮추는 데 기여할 것으로 보고 있다. 온실가스를 배출하지 않는 재생에너지 기반 그린 수소의 생산 비용은 화석연료 기반 그레이 수소보다 최소 2.5배 비싸다. 그뿐만 아니라 수소는 저장·운송에도 비용이 많이 들어 그동안 사업성이 떨어진다는 지적을 받아왔다. 수소 가격에서 운송비는 약 30~40퍼센트를 차지한다. 수소는 상온에서 기체 상태이기 때문에 저장·운송이 까다롭다. 천연가스보다 부피당 밀도가 낮아 저장하기 어렵기 때문이다.

압축 수소를 담은 탱크의 크기는 동일한 양의 천연가스를 실은 탱크의 네 배 크기여야 하는데, 저장고의 부피가 커질수록 비용도 자연스럽게 증가한다. 기체 상태에서 부피가 큰 수소를 압축, 고압탱크에 담아 운송하려면 비용이 늘어날 수밖에 없다. 암모니아에서 고순도 수소를 추출하는 기술이 상용화되면 호주의 풍부한 재생에너지를 기반으로 수소를 생산하고 이를 암모니아 형태로 바꿔 장거리 운송이 가능해진다. 천연가스를 분해해 수소를 추출하는 방법과 달리 암모니아는 분해 시 수소와 질소만 생성하기 때문에 친환경적으로 수소를 생산할 수 있다는 게 장점이다. 암모니아는 이미 철강, 화학 같은 주요 산업 현장에서 널리 쓰이는 원료로 생산 시설, 운반선 같은 인프라도 갖춰져 있어 별도의 인프라 투자가 필요 없다.

수소경제 구축에 적극적인 일본은 정부 주도로 기업과 연구소가

'그린 암모니아 컨소시엄'을 구성했다. 미쓰비시중공업이 참여하는 이 컨소시엄은 호주, 사우디로부터 액상 암모니아 형태의 수소를 수입하는 작업을 본격화한다는 계획이다. 애초 컨소시엄은 여러 운반 수단을 고려했지만, 액상 암모니아 형태의 수소가 액화수소보다 안정적이라고 최종 판단했다. 액화수소는 영하 253도의 극저온 상태를 유지해야 하는 만큼 고도의 기술력을 요구하기에 영하 33도에서 액화하는 암모니아보다 경제성이 떨어진다. 컨소시엄은 수입한 암모니아에서 다시 수소를 추출하는 과정을 거치지 않고 암모니아를 곧장 발전소 연료로 사용하는 방법도 고려 중이다.

암모니아를 석탄 발전소의 연료로 사용해 석탄 사용 비중을 줄이고 온실가스 배출량도 감축한다는 구상이다. 다만 아직 암모니아에서 수소를 추출하는 기술 발달이 더뎌 실제 산업에 적용하기까지는 시간이 걸릴 전망이다. 현재 국내외 주요 기업과 연구소에서 암모니아 수소 추출 기술을 개발하고 있어 관련 기술이 몇 년 내 상용화될 것으로 예상한다.

고려아연 호주 자회사 선메탈(SMC)은 호주 정부와 1,700만 달러(약 189억 원)의 자금 조달 계약을 체결했다. 선메탈은 고려아연이 1999년 호주 퀸즐랜드주에 건설한 아연제련소다. 전력 소모가 많은 전기분해 공정으로 인해 퀸즐랜드주에서 단일 사이트 전력 소비가 두 번째로 많은 곳이다. 고려아연은 현재 전사적으로 탄소중립을 목표로 녹색 산업을 추구하고 있다. 선메탈은 2040년까지 소비하는 에너지의 100퍼센트를 신재생에너지로 대체하겠다는 서약을 했다. 고려아연은 RE100 합류로 청정 전력을 자체 공급하는 자회사를 보유하게 됐다. 유럽은 신재생에너지 발전을 80기가와트까지 생산한다는 계획인데, 발전 효율을 감안하지 않을 경우 발전소 80개 분량이다. 이 계획의 핵심이 수소다. 40기가와트는 유럽에서, 40기가와트는 북아프리카에서 생산한다. 북아프리카를 에너지 생산 기지로 만들어 경제적으로 자립시키고, 난민 문제도 해결한다는 전략이다. 북아프리카에서 생산된 에너지를 수소로 전환해 유럽으로 가져와서 쓸 가능성이 가장 높다.

넥스트 '두산퓨얼셀'을 찾아라

울산시는 2013년 산업체 등에서 생산되는 부생수소를 활용해 특정 지역 복합적 건물에 설치되는 연료전지의 연료로 사용토록 하기 위한 세계 최대 규모의 수소타운을 완공했다. 수소타운은 울산시를 비롯한 울산테크노파크, 두산퓨얼셀, LS－니꼬동제련이 참여한 사업으로 총 195킬로와트급 연료전지가 구축됐다.

수소차 관련주 중에서 미국과 한국에서 단 1년 만에 주가가 수십 배 상승한 종목이 있다. 이미 설명한 미국에 상장한 '플러그파워'와 한국의 수소연료전지 관련주 '두산퓨얼셀'이다. 플러그파워는 2021년 연초에 프랑스 르노그룹과 합작법인을 설립해 유럽 내 수소 상용차 시장을 공략한다는 소식이 전해지며 주가가 하루 만에 30퍼센트 이상

오르기도 했으나 이후 급격한 하락의 흐름을 보였다. 미국 수소연료전지 회사 퓨어셀에너지도 마찬가지다. 2020년 2달러대였던 주가는 지속 상승해 20달러가 넘었으나 이후 급격한 하락의 흐름을 탔다. 이 외에도 해외 수소연료전지 생산 업체로는 캐나다의 발라드파워, 스웨덴의 파워셀, 미국의 블룸에너지, 영국의 ITM파워 등이 있다.

두산그룹은 '캐시카우' 역할을 맡고 있는 두산인프라코어를 매각하고, 두산퓨얼셀을 핵심 계열사로 키울 방침이다. 정부의 수소 발전 의무화제도(HPS, Hydrogen Portfolio Standards) 도입으로 안정적인 시장 전망이 가능할 것으로 보인다. HPS는 태양광, 풍력 등으로 생산하는 신재생에너지와 별도로 수소연료전지를 따로 보급하겠다는 계획이다. 다른 재생에너지와 경합 없이 안정적인 연료전지 보급이 가능해졌다. 이에 따라 오는 2040년까지 수소연료전지 보급량을 8기가와트까지 늘린다는 방침이다. 두산퓨얼셀은 인산형 연료전지(PAFC)를 주력으로 생산하는 중으로, 영국 세레스파워와 차세대 수소연료전지로 꼽히는 '한국형 고효율 발전용 고체산화물 연료전지(SOFC)'를 개발 중이다.

중국 수소차 1위 기업으로 홍콩에 상장된 동악그룹 주가에 관심이 쏠리고 있다. 중국 정부에서 보조금을 전기차보다 더 많이 주는 분야가 바로 수소차 관련주다. 동악그룹은 세계 최고의 수소차 연료전지막 기술을 보유하고 있다. 수소차 연료전해질 시장 점유율이 50퍼센트로 독점력이 강하고, 수소차 연료전지 공장을 계속해서 확대 건설하고 있다.

울산의 대표적인 에너지 사업인 '동북아 오일 가스 허브' 건설에 참여하고 있는 SK건설도 2021년 5월 사명을 SK에코플랜트로 바꾸고 신재생에너지와 수소연료전지 사업에 앞장서고자 한다. 그동안 (옛)SK건설은 세계적인 연료전지 주기기 제작 업체인 미국 블룸에너지와 손잡고 최고 효율의 연료전지 국산화를 추진했다. 블룸에너지와 합작법인을 국내에 설립해 SOFC 생산과 공급을 한다. SK에코플랜트와 블룸에너지가 공동 투자해 국산화를 추진하는 SOFC는 세계 최고 효율의 신재생 분산발전 설비다. 발전용 연료전지 기술 중 최고의 기술이다. 소음이 적고 안전하며 부지 활용성도 높아 유휴공간이 적은 도심 내 설치가 가능하다는 것이 장점이다. 연료를 태우지 않고 전기 화학 반응을 통해 전기를 만들기 때문에 유해물질이 배출되지 않는다. 이로 인해 청정 에너지원으로 대기 질을 향상하고 여러 환경 개선에도 도움이 된다는 평가다.

수소연료전지 전문 기업을 살펴보자. 중국 시장에 진출하면서 높은 성장률을 보이고 있는 에스퓨어셀, 앞서 자세히 설명한 두산퓨얼셀, 소재 회사인 켐트로스(화학 소재 제조), 일진다이아(수소 저장탱크 공급), 평화홀딩스(가스켓 부품 공급), 효성첨단소재(탄소섬유 기술) 등이 수소연료전지 테마를 이루고 있다.

울산 정자항에서 배를 타고 바다로 나가 바다낚시를 한다. 바닷바람을 맞으며 얼마 전 읽은 신문의 한 기사를 떠올려본다. 이탈리아에서는 수소 에너지로 파스타 공장을 가동하는 실험이 한창이다. 이탈리아의 한 스파게티 면 제조 업체가 나폴리 인근 제조 공장에서 만든

면을 살균·건조하는 작업에 수소를 활용하고 있다. 천연가스에 수소를 첨가한 혼합물이 보일러에 열을 공급해 생산 중인 면을 건조하고 살균하는 방식이다. 천연가스만 사용할 때보다 수소를 혼합했을 때 온실가스 배출량이 줄어든다.

바람이 분다. 전기가 일어난다. 갑자기 배가 고파진다. 수소 에너지로 만든 파스타가 더욱 맛있어 보인다. 바다에서 잡은 고기와 함께 청정 파스타를 만들어 먹고 싶은 생각이 든다. 가급적 육식을 덜 하는 것도 탄소중립 실천을 위해 중요하다.

제3장

에코 모빌리티가
세상을 지배하다

"무엇인가가 중요하다면, 가능성이 마음에 들지 않더라도 실행하라."

_ 일론 머스크(Elon Musk)

달아오르는 전기차 시장을 정복하라

내연기관차보다 역사가 오래된 전기차, 운명이 뒤집히다

전기차를 모는 이들은 내연기관 자동차에 비해 전기차가 소음이 적고 냄새가 안 난다고 자랑한다. 내연기관차를 모는 시대의 종료가 임박했다. 친환경차의 시대로의 전환이 진행 중이다. 유럽의 전기차 시장조사 기관인 이브이볼륨스(EV-Volumes)에 따르면 2020년 기준으로 하이브리드를 포함한 전 세계 전기차 판매량은 총 324만 대다. 2019년 226만 대와 비교해 43퍼센트 늘었다. IEA는 2021년 5월 2020년 대비 2030년 전기차 판매가 18배나 증가한다는 내용의 보고서를 발표했다. 이런 추정을 확대하면 2050년 탄소중립 시대에 전기차는 연간 1~2억 대가 연간 판매되지 않을까? 2021년 5월 SNE 리서치는 전기차에 탑재되는 배터리 수요가 2020년 139기가와트시에서 2030년 3,245기가와트시로 23배 커질 것으로 전망했다.

전기차의 역사는 생각보다 오래되었다. 전기 왕 에디슨도 전기차를 출시했다는 사실을 아는가? 에디슨은 최초의 가솔린차가 도입된 지 불과 4년 후인 1899년에 자동차에 적합한 배터리를 개발하기 시작했다. 그는 전기 배터리가 가솔린보다 더 경제적이라는 것을 증명할 수 있다고 믿었다. 가솔린차와 경쟁하려면 수명이 길며, 추가 충전 없이 장거리 이동을 할 수 있을 만큼 충분한 전력을 생산할 수 있어야 하고, 가벼운 배터리여야 한다. 1903년 그는 배터리 개발 과제가 끝났다고 발표했다.

에디슨은 당시 널리 사용되는 납산 배터리(Lead acid battery)보다 훨씬 더 내구성이 강하고 덜 위험한 니켈 알칼리 배터리(nickel-alkaline battery)를 개발했다. 납산 배터리는 산성 때문에 자동차 내부가 부식되어 수명이 급격히 제한된다는 단점이 있었다. 백열등에서 축음기에 이르기까지 그가 발명한 수백 가지 발명품 중에서, 배터리 개발 프로젝트는 가장 어려운 사업이었다. 엔지니어들의 테스트 결과 에디슨의 알칼리 배터리는 종전의 문제는 개선되지 않고 충전 유지에도 문제가 있었다. 납산 배터리보다 가볍다고 하지만 납 배터리(lead battery)보다는 더 크고 비쌌다. 에디슨은 공장을 폐쇄하고 이후 3년 동안 더 비싼 재료를 사용해 배터리를 완전히 재설계했다. 새로운 배터리는 성능과 힘이 좋고 품질이 향상되었다. 1910년까지 에디슨의 신 발명품은 뉴저지의 공장에서 대량 생산을 시작했지만 빠르게 변화하는 시대의 희생양이 되었다.

당시 대부분 소비자들은 차량의 초기 구입 가격에 관심을 가졌을 뿐, 장기적인 차량 유지 관리비에는 특별한 관심이 없었다. 자동차 제조 업체들은 더 효율적인 에디슨 배터리를 사용하기 위해 자동차 구입 가격을 올리는 걸 좋아하지 않았다.

모든 사업에는 시운이 따라야 한다. 에디슨의 발명 시기는 이런 측면에서 그의 편에 서지 않았다. 헨리 포드(Henry Ford)는 에디슨이 배터리를 완성한 지 1년 후이자, 에디슨이 대량 생산 준비를 시작한 2년 후인 1908년에 저가 휘발유를 사용하는 저렴하면서도 고품질인 모델 T를 선보였다. 모델 T는 미국 대중의 마음을 사로잡는 데 성공했고 내연기관 시대의 도래를 이끌었다. 석유 기업들의 이해관계가 맞물리면서 내연기관 자동차의 시대가 열렸다. 값싼 휘발유의 보급이 불러온 변화였다.

1824년 전기차가 처음 개발된 이후 1900년대 초반까지는 전기차가 모빌리티의 대세였다. 19세기 말에 자동차가 도입되었을 때 가솔린 자동차는 신뢰성이 떨어졌기 때문에 인기가 없었다. 운전자들은 전기차가 내연기관 자동차보다 문제가 적다고 생각했기 때문에 전기차는 내연기관 자동차보다 더 많이 팔렸다. 1899년 시속 100킬로미터로 달리는 전기차가 개발되기도 했다. 1900년에는 미국 전체 자동차의 3분의 1이 전기차였다. 여하튼 비록 자동차에 대한 소비자 기대에 부응하지 못했지만, 에디슨 배터리는 현대 알칼리 배터리의 길을 닦는 초석이 되었다. 지금 내연기관차가 전기차에 자리를 내줄 위험에 처해 있는 역사와 달리 전기차가 내연기관차에 자리를 내준 역사가 아이러니하게 느껴진다.

다시 현실로 돌아와서 우리가 직면한 기후변화와 온실가스 문제를 살펴보자. 이제 지난 100년이 넘는 오랜 시간 동안 핵심 교통수단으로 활약해왔던 내연기관차가 그 자리를 친환경차에게 내주게 생겼다. 전기차 시대의 복원이 이루어진 것이다. 이는 온실가스 감축과 탄소제로 사회를 만들기 위한 전 세계 국가들의 숙명적인 노력에 따른 모빌리티 혁명이다.

내연기관차 퇴출은 입법을 통해 이루어지고 있기에 강력하다. 유럽연합은 2021년부터 내연기관 자동차를 판매하면 대당 800만 원의 벌금을 부과하기로 했다. 2030년부터 내연기관 자동차의 판매를 금지할 방침이다. 노르웨이는 2025년, 영국이 2030년, 프랑스가 2040년을 목표로 내연기관차 종말을 선언했다. 서울시는 2035년부터 내연기관차의 등록을 허용하지 않고 전기차·수소차만 등록을 허용하기로 했다. 2050년이면 서울의 모든 차량이 친환경 전기·수소차로 바뀔 수도 있다. 미세먼지 없는 하늘에 대한 고마움의 감회와 늘어나는 전기와 수소 수요를 어떻게 해결해야 할지에 대한 고민이 함께 몰려온다.

과거 SF영화에서나 보았던 자율주행은 이제 눈앞에 다가온 현실이 됐다. 자동차가 단순히 이동을 위한 기계에서 벗어나 미래 사회의 플랫폼으로 진화하고 있다. 이를 설명하는 핵심적인 개념이 바로 모빌리티다. 모빌리티는 기존의 완성차 업계뿐만 아니라 IT기업들의 신사업 분야로 주목받고 있다.

전기차는 건전지 원리를 적용한 배터리 전기를 동력으로 움직이는 자동차를 말한다. 전기차의 배터리는 셀, 모듈, 팩으로 구성된다. 내연기관차의 엔진과 휘발유 대신 전기차는 모터와 배터리가 있다. 차량을 구동시키는 엔진 역할을 모터가, 에너지원인 휘발유와 경유의 역할을 배터리가 한다. 배터리라고 부르는 '배터리셀'은 가장 작은 에너지 저장 단위다. 배터리셀은 외형에 따라 원통형, 파우치형, 각형으로 나뉜다. 전기차 제조 업체의 선호도에 따라 전기차 배터리에 이용되는 배터리셀의 종류가 다른데, 테슬라는 원통형 배터리를 이용하고 있고, 폭스바겐과 현대기아차는 파우치형 배터리를 사용한다. 배터리셀이 모여 '배터리 모듈'을 이룬다. 배터리 온도나 전압 같은 전기적 특성을 감지하기 위한 센서가 포함돼 있다.

배터리팩의 뇌라고 할 수 있는 배터리 제어장치(BMU, Building Maintenance Units)는 모듈 내의 센서로부터 온도, 전압 등 배터리의 상태를 수신해 충전, 방전, 냉각 상태를 제어한다. 차량 전체 단위의 제어기와 연관되어 배터리를 최적의 상태로 유지해준다. 배터리는

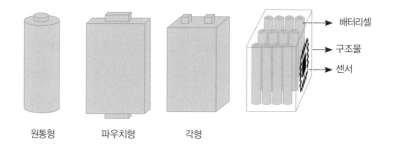

원통형　　　　파우치형　　　　각형

에너지를 포함하고 있어 오·남용의 경우에는 위험하다. 배터리 퓨즈
는 위험한 상황이 발생할 경우에 배터리 간 전기적 연결을 물리적으
로 차단해 발화와 폭발 사고를 방지한다. 배터리를 충전하거나 방전
하게 되면 열이 발생한다. 배터리가 최상의 성능과 효율을 내기 위해
서는 일정한 온도로 유지되어야 한다. 배터리의 종류나 차량의 상황
에 따라 발열 정도가 다른데, 발열 정도에 따라 무냉방식, 공냉방식,
수냉방식으로 배터리 냉각 방식도 다르다. 무냉방식은 별다른 냉각
장치 없이 자연풍으로 냉각시키는 방식이고, 공냉방식은 바람을 불
어넣어 냉각하는 방식이며, 수냉방식은 냉각수와 냉매를 이용해 냉
각하는 방식이다. 일반적으로 수냉방식, 공냉방식, 무냉방식 순으로
냉각 성능이 우수하다. 배터리셀, 모듈, 전장 부품, 냉각 구조가 모
인 단위를 '배터리팩'이라고 부른다. 배터리팩 상태로 차량에 장착된
다. 물리적인 장착뿐만 아니라, 차량과 통신할 수 있는 통신 커넥터,
전원을 공급받고 공급할 수 있는 전원 커넥터, 수냉방식의 경우 냉각
수를 공급받을 수 있는 냉각수 포트 등과 연결되어 있다.

전기차 배터리는 화학전지인데, 산화와 환원 반응으로 화학 에너지를 전기 에너지로 변환시키는 전지다. 1차 전지는 사용 후 배터리가 방전되면 다시 충전이 불가능한 전지인 데 반해, 2차 전지는 반복적으로 충전과 방전이 가능한 전지다. 2차 전지는 납산 전지, 니켈·카드뮴 전지, 리튬이온 배터리 등이 있다. 자동차 보조배터리 등에 사용되는 납산 배터리는 가격이 저렴하고 상대적으로 안전하다는 장점이 있으나 저온에서 장기간 방치할 경우 쉽게 방전된다는 단점이 있다. 전기차, 핸드폰 등에 사용되는 리튬이온 배터리는 2차 전지 중에서 중량에너지밀도(무게당 에너지, W/kg)가 가장 좋다. 호주 퀸즐랜드 대학교는 배터리 용량이 작아도 방출하는 전류가 많으면 큰 힘을 낼 수 있다는 점에 착안해 알루미늄 이온 배터리 기술을 개발 중이다. 전기차 시장 경쟁의 핵심은 배터리인데, 이는 전기차에서 배터리가 차지하는 가격 비중(약 40퍼센트)이 크기 때문이다. 물론 배터리 용량에 따라 가격이 다르지만, 배터리를 1만 달러로 만들면 전기차 가격도 그만큼 낮아져 내연기관차와 가격 경쟁력이 생긴다는 분석이다. 배터리 용량은 전기차 주행 거리와 직결되는데, 통상 전기차는 한번 충전했을 때 300킬로미터 정도, 내연기관차는 가득 채운 연료로 500킬로미터 정도 주행할 수 있다. 시장조사기관 IHS마킷에 따르면 2025년 글로벌 리튬이온 배터리 시장 규모는 1,600억 달러(약 175조 원)에 달할 전망이다. 메모리 반도체 시장(2025년 1490억 달러)을 뛰어넘는 규모로 성장성이 높다. SNE 리서치에 따르면 배터리 원가 구조에서 재료비가 63퍼센트에 달하는데, 이 재료비 가운데서도 양

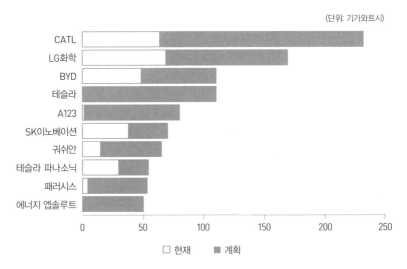

출처: 블룸버그 NEF, 2021

극재(52퍼센트), 분리막(16퍼센트), 음극재(14퍼센트), 전해질(8퍼센트) 순으로 원가 비중이 높다. 배터리 소재 시장을 잡고 있는 것은 중국 기업들로 2020년 기준 중국 업체 점유율은 양극재가 57.8퍼센트, 음극재가 66.4퍼센트, 분리막이 54.6퍼센트, 전해질이 71.7퍼센트다. 블룸버그가 2025년까지 예상한 전 세계 배터리 제조 용량 데이터는 [도표 3-2]와 같다.

　에디슨의 사례처럼 배터리는 현대의 기술 혁명을 구동했다. 스마트폰과 태블릿PC, 전기차를 가능케 했다. 자동차용 리튬이온 배터리는 전기차(EV), 플러그인 하이브리드 전기차(PHEV), 하이브리드 전기차(HEV) 등에 탑재돼 자동차 모터를 구동한다. 전기차에 쓰이는 리튬이온 배터리는 크기와 두께를 작고 가늘게 만들 수 있다. 고밀도로 에너지를 저장할 수 있고, 고전압까지 가능하다. 반면 다양한 문제점도 지니고 있다. 흑연과 코발트, 고순도 니켈 등 수백 킬로그램의 금속과 원자재를 담고 있는데, 원자재 채굴과 제련 과정에서 이산화탄소를 발생시켜 심각한 환경오염을 일으키고 과방전 시 용량 감소가 매우 크다. 폭발 위험이라는 안전성 문제도 불안하다. 리튬이온 배터리는 화재와 폭발에 취약하다. 테슬라 모델 Y는 리튬이온 배터리로 작동한다. 에디슨 배터리가 완벽하지 않았던 것처럼 리튬이온 배터리 기술도 완벽하지 않다.

배터리 제조 회사가 배터리의 단점을 개선해나가고 있지만 여전히 한계에 부딪히고, 리콜이 흔하게 발생한다. 리튬이온 배터리는 니켈-카드뮴 전지와 납산 전지보다는 훨씬 낫지만 한계가 있다. 배터리 설계의 가장 어려운 과제 중 하나는 에너지 밀도를 높이는 동시에 배터리 수명을 최대화하는 것이다. 모든 배터리는 노후화되고, 용량도 그만큼 줄어들고 주행 거리도 줄어든다. 배터리는 사용하면 할수록 노후화되고(cycle life)’, 사용하지 않더라도 시간이 지나면 노후화된다(calendar life). 소비자는 ‘사이클 라이프’와 ‘캘린더 라이프’ 두 가지 노화를 동시에 생각하며 전기차를 선택하고 관리해야 한다. 운전자의 차량 이용 패턴, 온도와 습도 같은 환경 조건도 노화 메커니즘에 영향을 미친다.

리튬이온 배터리는 외형뿐만 아니라 배터리 양극재를 구성하는 금속 원자들의 약자를 따서 LFP, NCA, NCM로 구분한다. LFP는 리튬(Lithium), 철(Ferrum), 인산염(Phosphoric acid)의 약자다. NCM

은 니켈(Nickel), 코발트(Cobalt), 망간(Mangan)의 약자이며 각 원소의 함량 비율에 따라 NCM 622, NCM 811등으로 불린다(니켈, 코발트, 망간이 6:2:2, 8:1:1의 비율임을 의미한다). NCA는 망간 대신 알루미늄(Aluminum)으로 구성된 배터리를 말한다.

그간 업계에서 말한 양극재 소재 성능 개선을 살펴보자. 양극재 소재는 수명이나 출력 등 전지 전체의 성능 개선에서 가장 큰 비중을 차지한다. 니켈, 코발트, 망간(혹은 알루미늄)이 함유된 양극재에서 코발트보다 값이 싼 니켈 비중을 높이려는 경향이 늘고 있다. 니켈 함량을 70퍼센트 혹은 80퍼센트 이상으로 하는 하이니켈(High Nichel) 양극재 소재가 개발되고 있으나, 주행 거리는 늘어나는 반면 안정성은 저하되는 문제점을 극복해야 한다. 보통 전기차 배터리 소재에서 니켈, 코발트, 망간이 30퍼센트씩 들어가는데, 코발트가 니켈보다 네 배나 비싼 원료다. 니켈 비중을 80퍼센트로 하면 에너지 밀도를 높일 수 있는 장점이 있다.

국내 업계 동향을 살펴보자. LG화학(LG에너지솔루션)은 시장 지배력 확대를 위해 독자적으로 소재 기술을 개발하거나 국내 소재 업체와 협업해 하이니켈 양극재를 개발하겠다는 의지를 보여줬다. 니켈 함량을 90퍼센트까지 높이고 코발트 비중을 5퍼센트까지 낮춰서 주행 거리는 늘리고 안전성을 강화한 NCMA(니켈·코발트·망간·알루미늄) 배터리를 개발해 양산한다. 삼성SDI의 NCA(니켈·코발트·알루미늄) 배터리는 니켈 함량을 88퍼센트까지 높여 에너지 밀도를 업계 최고 수준으로 끌어올렸다. 이 배터리는 기존 NCM 배터리 원료인 망간 대

순위	제조사명	2019	2020	성장률	2019 점유율	2020점유율
1	CATL	32.5	34.3	5.4%	27.6%	24.0%
2	LG 에너지 솔루션	12.4	33.5	171.5%	10.5%	23.5%
3	파나소닉	28.8	26.5	-8.2%	24.4%	18.5%
4	BYD	11.1	9.6	-13.5%	9.4%	6.7%
5	삼성SDI	4.4	8.2	85.3%	3.8%	5.8%
6	SK이노베이션	2.1	7.7	274.2%	1.7%	5.4%
7	AESC	3.9	3.8	-3.1%	3.3%	2.7%
8	CALB	1.5	3.4	127.6%	1.3%	2.4%
9	궈쉬안	3.2	2.5	-22.8%	2.7%	1.7%
10	PEVE	2.2	2.0	-8.1%	1.9%	1.4%
	기타	15.8	11.2	-29.0%	13.4%	7.9%
	합계	118.0	142.8	21%	100%	100%

※ 전기차 판매량이 집계되지 않은 일부 국가가 있으며, 2019년 자료는 집계되지 않은 국가 자료를
제외함.
출처: SNE 리서치

신에 알루미늄을 넣어 안전성 문제를 해결했다. 후발주자인 SK이노
베이션은 하이니켈 NCM811(니켈 80퍼센트, 코발트 10퍼센트, 망간 10퍼센
트), NCM955(니켈 90퍼센트 코발트 5퍼센트, 망간 5퍼센트) 제품으로 세계
3위를 차지하겠다는 야심찬 계획을 하고 있다. 망간은 니켈보다 가
격이 싸다. 양극재 전문 업체로부터 NCM 양극재를 공급받아 배터
리 제조 원가를 절감하고, 안정적 수익 구조를 구축하려는 것이다.
　양극재를 구성하는 금속 원자들에 따라 배터리의 특성도 달라지

기 때문에 소재 선택, 각 소재의 비율 등을 조절해 특성이 다른 배터리를 만들 수 있다. 하지만 한 번 충전에 전국을 돌아다닐 수 있을 만큼의 주행 거리를 가질 수 있는 배터리는 아직 불가능하다. 그 정도로 움직일 수 있는 배터리 성능의 전기차에는 100만 마일(160만 킬로미터) 배터리나 전고체 배터리가 필요한데 상용화에 시간이 걸릴 것으로 보인다. 160만 킬로미터를 달리는 것은 기존 배터리보다 수명을 약 다섯 배 이상 늘린 수준이다.

배터리 안의 재료들이 화학 반응을 일으키며 전기를 일으키는 데 리튬이 중요한 역할을 한다. 2차 전지의 기본 원리는 전기 화학적 산화–환원 반응에 기초한다. 리튬이 들어가는 양극은 리튬이온 배터리에서 용량과 전압을 담당한다. 음극은 양극에서 나온 리튬을 흡수하고 방출하면서 외부 회로를 통해 전류를 흐르게 하는 역할을 한다. 양극재와 음극재는 리튬에 흑연이나 실리콘, 코발트 등 첨가물을 포함하면 전자의 이동이 더 용이해진다. 전자의 이동을 용이하게 하기 위해 액체 상태의 전해질을 이용하고 이 전해액에서 전자의 성질을 잃어버려 이온화된 리튬 원자만 양극에서 음극으로, 음극에서 양극으로 이동시키기 위해 분리막이 가운데 있다.

글로벌 분리막 시장의 선두인 SK이노베이션의 소재 사업 자회사 SK아이이테크놀로지(SKIET)가 2021년 5월 상장했다. 이 회사는 향후 폭발적으로 성장하는 프리미엄 분리막 시장에서 회사의 점유율을 지속적으로 늘려 시장 선두 지위를 굳건히 하고 높은 수익성을 내고자 한다. SKIET의 매출액은 꾸준히 증가하고 영업이익과 당기순이

도표 3-4 **배터리의 4대 재료와 그 구성 성분**

4대 재료	구분	구성	주요 금속·비금속
양극	기판	알루미늄 포일	알루미늄
	양극재	LFP, NCM, NCA	리튬, 니켈, 코발트, 망간, 알루미늄
음극	기판	일렉 포일	구리
	음극제	천연흑연, 인조흑연 등	흑연
전해액	전해질	LIPG6	리튬
	유분, 첨가제		
분리막	분리막	건식 및 습식	

도표 3-5 **2차 전지 내부 구성도**

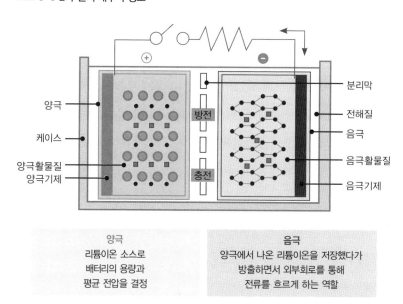

양극	음극
리튬이온 소스로 배터리의 용량과 평균 전압을 결정	양극에서 나온 리튬이온을 저장했다가 방출하면서 외부회로를 통해 전류를 흐르게 하는 역할

익도 늘어나고 있다. SKIET는 2020년 습식 분리막 시장에서 점유율 26.5퍼센트로 세계 1위를 차지했다. 테슬라와 폭스바겐, 르노닛산, 포드, 현대기아차 등 선두권 기업들이 생산하는 전기차에 분리막을 공급한다.

배터리 업체들은 고밀도 배터리 사업에서 주도적 지위를 확보하기 위해 니켈 함량이 높은 하이니켈 양극재 사용을 가속화할 전망이다. 실제로 포항에 소재한 에코프로비엠의 주요 고객사인 삼성SDI, SK이노베이션은 이를 적용한 배터리 생산을 확대한다. 에코프로비엠의 신규 개발 소재인 하이망간 양극재 사업도 가시화되고 있다. 하이망간 양극재는 니켈과 코발트 함량이 낮아 배터리 비용 절감이 가능한 소재로, 폭스바겐은 가격 민감도가 높은 보급형 전기차 모델을 대상으로 하이망간 양극재 적용 계획을 발표한 바 있다. 2020년 9월 23일 테슬라가 드라이브 스루 형식으로 배터리 데이 행사를 개최했다. 핵심 내용은 전기차 중 원가 비중이 가장 큰 배터리 원가를 낮춤으로써 보급량을 늘리겠다는 것이다. 테슬라가 유럽 내 전기차 시장 점유율을 빠르게 끌어올리기 위해선 가격 경쟁력이 필수다. 일론 머스크는 3년 안에 현재의 배터리 생산 가격을 56퍼센트 낮춘다고 발표했다.

리튬금속 배터리(Lithium-metal batteries)

2019년 노벨화학상 수상자의 면면을 들여다보자. 그들은 리튬이온 배터리를 개발하고 상용화를 이끌었다. 텍사스 대학교의 굿이너프(John B. Goodenough), 뉴욕 빙엄턴 대학교의 휘팅엄(M. Stanley Whittingham), 일본 메이조 대학교의 요시노(Akira Yoshino), 이 세 명의 과학자가 그 주인공이다. 모바일 기기가 늘어나고 신재생에너지 사용이 증가하면서 전력 저장장치의 필요성이 더욱 커지고 있다. 기존 2차 전지의 대용량·고효율화 현상이 증가하는 상황에서 리튬이온 배터리의 활용도가 높았다. 그도 그럴 것이 크기가 작고, 무게는 가볍고, 에너지 밀도가 높아 배터리로 사용하기에 가장 적합했다.

그런 리튬이온 배터리도 여전히 불완전한 요소들이 존재한다. 단위 무게당 에너지 밀도를 더 이상 높이기 어려운 한계점에 이르렀고, 기온이 낮아지면 충전율이 급격하게 떨어지는 것은 물론 분리막이 손상되면 내부에 높은 전력이 발생하면서 폭발하거나 화재 위험이 생길 수 있다. 2차 전지 충전은 시간이 오래 걸리는데, 이 단점은 리튬이온 배터리의 한계와 관련된다. 전기차, 드론, 사물인터넷(IoT) 등 다양한 분야에서 더욱 높은 성능의 고용량 전지가 요구되는 상황에서 리튬이온 배터리가 가진 단점을 개선하기 위한 노력이 전 세계적으로 활발하게 이루어지고 있다. 그 결과 우리나라를 포함한 각국은 리튬이온 배터리보다 이론상 에너지 밀도가 몇 배나 높다고 알려진 차세대 전지 시스템 '리튬금속 전지'를 개발했다. 리튬금속 전지는 리튬금속을 음극으로 사용하는 전지로, 실리콘밸리의 스타트업들 역시 전기차를 대중에게 훨씬 더 입맛에 맞게 만들 배터리로 리튬금속 전지를 들고 있다. 퀀텀스케이프(QuantumScape)는 이 분야와 관련해 실리콘밸리에서 가장 많은 투자를 받은 스타트업 중 하나다. 이 기업이 만든 리튬금속 전지는 전기차의 출력을 80퍼센트까지 끌어올릴 수 있으며 빠른 재충전이 가능하다. 더 빠른 충전과 항속거리는 전기차를 바라보는 모든 이의 로망이다. 퀀텀스케이프는 2025년까지 새로운 형태의 배터리를 탑재한 전기차 출시를 발표한 폭스바겐과 계약을 맺었다. 리튬금속 전지는 자동차에 사용되기에는 아직은 미흡한 시제품에 불과하지만, 퀀텀스케이프의 사례와 같은 유사 연구들이 성공한다면 전기차 사용을 꿈꾸는 소비자에게 매력적인 전기차가 탄생할 것으로 보인다. 2024년부터 양산을 시작해 연간 생산 규모를 20기가와트시까지 확대해나갈 계획이다. 본격적인 생산에 들어가면 퀀텀스페이스가 2030년 전체 리튬금속 전지 시장의 4~5퍼센트 가량을 확보할 것이란 전망이 나온다. 2021년 MIT는 리튬금속 전지를 전기차가 대중에게 아주 매력적으로 보이게 만드는 유망 기술로 선정했다.

LCA, 전기차는 정말 환경친화적일까?

자동차 업계는 유럽 배출가스 규제에 큰 영향을 받는다. 전동화와 기존 내연기관의 성능을 향상시키며, 더욱 강화되고 있는 각국의 규제에 대응하기 위해 자동차 제조사들은 다양한 노력을 펼치고 있다. 유럽은 자동차 회사 간 연합을 허용해 대당 배출가스 기준을 낮추는 것을 허용하고 있는 상황이다. 2021년 더욱 강화되는 유럽 시장의 자동차 배출 규제로 자동차 업계는 최대의 시련에 직면할 수도 있다. FCA(피아트·크라이슬러)는 이미 전기차만 파는 테슬라와 연합했다. 현대차와 기아차가 서둘러 전기차를 대거 내놓은 것도 유럽에서 배출가스 규제를 충족하지 못할 경우 부과될 벌금을 줄이기 위한 목적이 크다고 봐야 한다. 토요타는 유럽에 플러그인(외부 충전 기능이 있는 하이브리드차로 전기차와 하이브리드차의 중간 형태)을 일부 팔아 유럽 배출가스 규제를 피하고 있다. 테슬라의 전기차는 배출가스 제로이므로, 다른 업체와 제휴해 수수료를 받아 추가적인 돈을 챙길 수 있다. 이 대목에서 주목할 게 있다. 배출가스 규제에 더해 환경에 대한 전과정 평가(LCA, Life Cycle Assessment)가 도입된다면 전기차에 어떤 영향을 미치게 될까? 전기차가 환경 규제에서 살아남을 수 있을까?

LCA는 제품의 환경 영향을 측정하기 위한 표준 측정 방식으로, 원재료 추출에서 재료 가공, 제품 제조, 유통, 사용, 수선, 유지 관리에서 폐기 또는 재활용에 이르기까지의 전 과정을 평가한다. LCA를 적용하면 제품 생산 과정에 크나큰 고통이 수반된다. 어떤 제품도 완벽하게 친환경적일 수 없기 때문이다.

2030년부터 유럽에서 도입이 예상되는 LCA 규제는 자동차의 생산과 에너지 생성, 주행, 폐기, 재활용 등 라이프사이클 전체에 걸쳐 이산화탄소 배출량을 평가한다. 중국도 2025년 이후 도입을 검토하고 있다. 자동차의 배출가스 낮추기 경쟁의 축이 현재의 기업별 평균 연비(CAFE, Corporate Average Fuel Efficiency) 규제에서 LCA로 조금씩 옮겨갈 가능성에 자동차 업계가 대비하고 있다.

주행 중 상황만 평가하는 CAFE 기준으로는 전기차의 이산화탄소 배출량이 제로지만, LCA로 평가하면, 제조·발전 과정에서의 이산화탄소 배출량이 더해진다. 이 경우 전기차의 이산화탄소 배출량을 줄이기 위해서는 재생에너지를 사용해 차량을 조립하고 배터리를 만드는 게 중요해진다. 테슬라가 사용하는 LG화학 배터리는 친환경적인가? 그렇지 않다면 테슬라는 LG화학에 배터리 제조 시 이산화탄소 배출량을 확인하라고 요구할 수 있다. 테슬라가 자사 전기차 폐차 때 나오는 배터리를 태양광 발전과 결부된 ESS로 재활용하려 하는 것도 LCA에 대비하기 위한 것이다. LCA가 될 경우 테슬라 같은 전기차 회사의 이익이 줄고, 내연기관차 중에 토요타처럼 하이브리드차 비율이 높은 회사가 유리해질 수도 있다는 분석도 나온다. 전기차 제조 시 이산화탄소 배출량은 경우에 따라 내연기관차의 두 배에 가깝다니 놀랄 일이다. 차이의 대부분이 배터리 제조에서 발생하는데, 배터리를 만들 때 많은 전력을 사용하기 때문이다. 앞으로는 배터리를 제조할 때 재생에너지를 사용해야만 LCA 기준을 충족할 수 있다. 머지않은 미래의 일이다. 유럽과 달리 재생에너지 비율이 낮은 아시아, 특히 중국에선 LCA 기준으로 전기차와 내연기관차의 이산화탄소 배출량 차이가 크지 않다. 미리 대비하고 있다는 증거다. 향후 자동차 배출가스 규제가 LCA로 갈 수 밖에 없는 것은, 그것이 환경보호의 명분은 물론, 유럽·중국 등이 자국 자동차 산업을 살리는 데 최적이기 때문이다.

환경 문제와 더불어 고용 문제를 생각해보자. 기존 가솔린 자동차를 전기차로 바꿀 경우 전체 부품의 최대 70퍼센트가 불필요하다. 이러한 부품 감소가 가능한 이유는 차 부품의 상당수가 엔진이나 변속기를 만드는 데 쓰이기 때문이다. 전기차는 엔진과 변속기가 모터와 배터리로 대체되면서 필요한 부품을 줄일 수 있다. 환경 문제와 고용 문제를 생각하며 전기차 생산에 닥칠 여러 위험 요인을 반드시 극복해 자동차 산업의 세계적 경쟁력을 갖춰야 한다.

전기차에 관한 네 가지 문제점

전기차가 환경친화적으로 생산한다고 가정할 때 그것이 진정 옳은지를 살펴보았다. 이제 전기차와 마주하는 몇 가지 통설이 진실인지를 점검해보자.

첫째, 지구상에 판매되는 연간 8,000만 대에서 1억 대의 자동차 중 전기차 비중이 증가하면 리튬이 유한하기에 리튬이온 배터리를 사용하는 전기차 가격이 상승할 것이라는 문제다.

앞서 말한 것처럼 리튬은 배터리의 전기 화학 반응에서 매우 중요한 위치를 차지하고 있다. 전기차용 배터리팩의 수요가 급증하면서 전체 리튬이온 배터리팩에 대한 수요 초과 현상이 지속되면, 리튬 가격도 크게 상승할 수 있다고 주장할 수 있다. 전기차의 소비자는 필연적으로 차량의 배터리를 에너지원으로 사용함에 따라 리튬 가격의 인상에 민감할 수밖에 없다. 리튬의 수요가 크게 증가하고 있는 것은 사실이지만, 실제 전기차에 사용되는 리튬의 양은 그리 많지 않다. 리튬이온 배터리의 수요 증가로 리튬 부족 현상이 일어날 가능성은 매우 적다. 배터리 재료로 각광받기 전 리튬의 또 다른 수요처는 핵 폭탄이었다. 이런 문제 때문에 전략 무기 제한 협정에 따라 리튬 채굴이 제한돼왔다.

유리 제조 부문을 제외할 경우, 리튬의 가장 큰 수요처는 리튬이온 배터리다. 칠레, 오스트레일리아, 중국, 아르헨티나 등 주요 원산지 국가의 광산에 자동차 제조 업체가 투자하고 있다. 새로운 광산 개발 붐이 일고 있어 리튬 부족이 현실화될 가능성은 낮다. 테슬라 모델 S의 배터리에서 리튬이 차지하는 비중은 1.5퍼센트도 채 되지 않는다. 이는 배터리 가격에 큰 영향을 주지 않는다는 것을 의미한다. 테슬라 모델 S의 배터리팩 가격이 10만 달러라면 2퍼센트 상승 요인이 있다 하겠다. 리튬은 배터리에 없어서는 안 될 중요한 재료지만, 배터리를 만드는 데 리튬만 필요한 것도 아니며 알루미늄이온 배터리, 아연이온 배터리 개발도 한창이다. 리튬이온 배터리는 리튬과 니켈, 코발트, 망간(혹은 알루미늄) 산화물로 이뤄진 양극과 탄소(그라파이트)로 만들어진 음극을 결합해 사용한다.

리튬 가격 상승보다 코발트 가격 상승이 오히려 문제다. 코발트 가격이 세 배 이상 상승한다고 가정하자. 이 경우 테슬라 모델 S의 배터리팩 가격은 15퍼센트나 상승한다. 이는 전기차의 성장을 저해하기에 충분한 위험 요소다. 다행인 것은 리튬과 달리 코발트는 대체할 수 있다. 철은 코발트를 대체할 매우 중요한 소재로 평가받는다.

코발트보다 훨씬 저렴하고 배터리 성능 향상이라는 또 다른 장점도 제공한다. 포스코그룹은 지난 2018년 매수한 아르헨티나 소금호수의 리튬 매장량이 인수 당시보다 여섯 배 많다는 것을 확인하고 친환경 니켈 제련 사업 추진, 흑연 광산 지분 투자 등까지 연계해 2030년 2차 전지 소재 부문의 매출을 연 23조 원까지 늘린다는 목표를 설정했다.

둘째, 전기차 증가에 따른 전기충전 인프라 문제다. 늘어나는 전기차로 전력 공급에 차질이 생길 수 있다는 주장이다. 전기차 시장이 하루가 다르게 성장하고 있다. 2020년 우리나라 전기차 등록 대수는 13만 대를 넘어섰다. 2017년 1만 3,676대와 비교하면 10배 이상 증가한 수치다. 문제는 전기차 시장의 성장 속도에 비해 충전 시설은 턱없이 부족하다는 점이다. 2020년 우리나라의 전기차 충전기는 6만 4,188대로 등록된 전기차 13만 4,962대의 절반 수준이다. 정부는 공공용 급속 충전기를 확대해 전기차 관련 인프라를 구축하는데 전력을 기울이고 있지만 충전기 부족 문제는 당분간 해소하기 어려울 듯하다. 급속 충전기를 늘리는 것만으론 충전 인프라 확대 효과가 나타나지 않을 가능성이 크다.

전기차 증가로 전력 수요에 차질을 빚을 수 있다는 우려가 제기될 수도 있다. '현재의 전력 공급 능력으로 얼마만큼의 전기차를 감당할 수 있을까' 하는 문제는 매우 중요하다. 물론 전기차의 보급이 전력 공급망에 도움이 되는 측면도 있다. 예를 들어 재생에너지를 자동차 배터리에 저장해두었다가 필요할 때 그 에너지를 이용할 수도 있기 때문이다. 집에 충전소를 설치하기 위한 보조금을 줄 수도 있고, 전기차가 늘어나면 전력 회사가 집에서 생산한 신재생에너지를 이용할 가능성도 있다. 태양광 장치를 사용할 수 있는 가정은 낮에 모은 태양광을 전기차에 충분히 충전해두면 되고, 바람은 대부분 밤에 더 강하게 부니 풍력 발전 전력은 야간에 생성해서 충전해두고 전력이 필요할 때 사용할 수 있다.

블룸버그 신에너지 금융(Bloomberg New Energy Finance) 보고서에 의하면 도로를 달리는 자동차가 전력망에 영향을 주는 시기는 2035년 이후로 예측하고 있다. 하지만 전력 회사는 전국적인 평균 전기차 보급 수치에만 주의를 기울여서는 안 된다. 전기차가 급속히 증가하는 '일론 머스크 증후군'이 어느 한 도시나 지역에 발생할 수도 있기 때문이다. 어느 지역에서 모든 집이 전기차를 소유하면, 그 지역에서 사용되는 전력의 양은 두 배가 될 수 있다. 전기차를 사용하는 이웃이 많아 가정에 충분한 전력이 보급되지 않는 상황이 발생할 수 있기에 각별히 유념을 할 필요가 있다.

미국 같은 나라에서 지역 전력망이 한계에 도달하면, 더 많은 전력을 송전할 수 있는 새로운 전선을 늘려야 한다. 그 비용은 전기차를 구입하는 사람과 그렇지 않은 사람이 함께 분담하게 된다. 전기차가 주는 친환경적 이점을 살리면 그 정도의 비용 분담은 허용될 수 있다. 미국에서 하루 중 전력 수요가 가장 많은 시간은 사람들이 직장에서 귀가해 저녁을 먹고 넷플릭스를 보는 대략 오후 6시경이다. 이후 심야가 되면 전력 수요는 다시 낮아진다. 전기차 제조사들은 이 사실을 잘 알고 있다. 대부분의 전기차는 소유주가 '아침 8시에 집을 나갈 예정'이라고 지정해두면 충전에 필요한 시간을 컴퓨터가 계산하고, 소유주가 나가는 시간까지 충전을 완료한다.

전기차의 전력 수요는 차를 주차해두는 밤 시간대에 높다. 낮과 밤의 전력 수요 피크의 차이는 크고 전력 회사는 이에 민감하다. 우리나라의 경우 통상 하루 중 전력 수요가 가장 많은 시간은 겨울엔 오전 9시 전후이고, 여름엔 오후 2시 전후다. 겨울엔 야간 전력 수요가 더 많고, 전기차도 여름보다 전기를 더 소비한다. 통상 오후 9시 정도면 피크전력 수요 대비 전력에 여유가 있을 수 있다. 이때 전기차를 충전한다면 부담이 줄어들 것이다. 하지만 전기차로 장거리를 자주 이용한다면, 전기차가 집집마다 늘어난다면 전력 확충이 반드시 필요할 것으로 보인다. 전체 차량 중 전기차 비중이 낮을 때와 달리 높을 때는 분명 전력망에 대한 심각한 고민을 해야 한다.

셋째, 전기차 보급 확대를 위해 소요되는 보조금 정책의 문제다. 전기차 보조금 정책은 언제까지 지속될 수 있을까? 전기차 도입 초기에는 이런저런 정책을 실시할 수 있다. 전기차 보급 확대를 위해 가장 효과적인 정책은 전기차 사용 의무화와 내연기관차 퇴출이다. 정부는 자동차 제조사에 전기차 의무 생산 쿼터(할당)를 지정할 수 있으며, 내연기관차를 전면 금지시키고 공공과 민간 조달 관련 조항에 전기차 사용을 명시할 수 있다. 이 같은 법적 의무화가 조치의 효과, 정부의 재정 부담, 다른 정책과의 일관성 면에서 가장 바람직하다.

그다음으로는 충전 인프라가 핵심이다. 대부분의 나라가 시내와 고속도로 충전소 네트워크를 아직 충분히 갖추지 못하고 있다. 충전소가 충분하지 못하면 소비자들은 전기차 구매를 꺼릴 수밖에 없으므로, 양질의 인프라 구축이 없다면 그 어떤 인센티브나 규제 조치도 전기차 구매에 큰 영향을 미치지 못한다. 따라서 정부는 충전소에 보조금을 지원하거나, 민관 협력을 통해 충전 인프라를 조기 구축하는 데 힘써야 한다. 모든 사용자가 이용할 수 있도록 인프라를 국가적·국제적으로 표준화하는 것도 중요하다. 모든 지원 체계는 반드시 이 모빌리티(e-mobility) 부문의 변화를 반영해야 한다. 전기차 시장은 배터리와 차량 기술의 개선과 자동차 제조사들의 정책 의지에 의해 빠르게 발전하고 있다. 특히 전기차 공급 확대는 가격 인하로 이어진다.

금전적·비금전적 인센티브를 제공하는 정부는 전기차에 대한 모든 종류의 지원을 시장 상황에 맞춰 조정해야 한다. 금전적 인센티브는 내연기관차와 전기차의 가격 차이를 반영해야 한다. 비금전적 혜택에 해당하는 전기차 버스전용차선 이용 허용은 전기차 대수와 대중교통에 미치는 영향 등을 고려해야 한다. 시장의 완전한 전환을 위해서는 다양한 조치들을 동시적·순차적으로 도입하는 게 중요하다. 각국 정부는 전기차 시장 발전 추이에 맞춰 여러 정책적 조치를 조합해 시행해야 한다. 초기 시장의 경우, 정부는 전기차에 버스전용차선을 개방하고 충전소가 있는 전용 주차 공간을 제공할 수 있다.

공공조달 규정에 전기차 구매를 의무화하거나 의무 할당량을 지정하는 것은 공공기관의 역할에도 부합하며 전기차 보급률 증가와 대중의 인식에도 긍정적인 영향을 미칠 수 있다. 자동차 제조사의 전기차 의무 판매 제도와 보급형 전기차에 대한 금전적 지원의 조합은 초기 전기차 시장 확대를 촉진하는 데 도움이 된다. 금전적 혜택은 전기차 구매 비용을 낮춤으로써 중산층 가구의 재정적 부담을 덜어줄 수 있다. 또한 전기차 의무 판매는 적게 시작하더라도 완성차 업체에 명백한 정책 방향성을 제시하는 효과를 발휘한다. 전기차에 대한 금전적 혜택은 내연기관차에 대한 역(逆)인센티브와 함께 활용될 때 가장 효과적이다. 정부가 전기차에 대한 금전적 지원과 함께 내연기관차에 불이익 조치를 동시에 부과할 때 효과를 극대화할 수 있다. 노르웨이가 대표적인 예다. 대기오염 물질 고배출 차량에 부과하는 세금은 [프랑스의 '보조금-부과금 제도(bonus-malus system)'의 예처럼] 보조금의 재원으로 활용해 세제 균형을 유지할 수 있다. 친환경차 구매 소비자에게는 보상을, 대기오염 물질 고배출 차량 구매자에게는 불이익을 제공하는 것이다.

이러한 전기차 지원책은 전기차 보급이 늘어날수록 국고 부담이 가중된다. 보조금 정책 자체에 대한 반대가 늘어날 수도 있다. 인프라 구축이나 연구개발에 돈을 들이고 다양한 제도를 통해 전기차를 구매하도록 유도하는 게 중요하다.

전기차를 구매할 수준에 있는, 재정적으로 여유가 있는 이들을 위해 국민 세금이 쓰이는 게 타당한가에 대한 비판의 목소리도 경청할 만하다. 보조금의 경우 독일은 총액을 정해놓고 그 전체 금액의 절반을 자동차 회사들이 부담하게 했다. 우리나라는 중앙 정부와 지자체가 온전히 국민 세금으로 부담을 하고 있다. 보조금 제도는 전기차 스스로가 구매력을 획득하기까지는 어느 정도 필요하다. 보조금이 특정 제조사에만 이익이 쏠리지 않도록, 다양한 전기차 생산 업체들이 한국 시장에서 제대로 경쟁할 수 있는 토대를 마련해야 한다.

넷째, 2차 전지 사용 후 폐배터리 문제를 어떻게 처리할 것인가의 문제다. 환경친화적인 에코 모빌리티 혁명에 걸림돌이 될 수 있다는 시각이 앞선다. 전기차 배터리 재사용(EV Battery Reuse)은 그래서 중요하다. 국내서는 이와 관련한 ESS를 경제성 차원으로만 보지만 해외에서는 기후변화 대응과 온실가스 감축 등 사회적 편익을 보고 정부 차원에서 시장 진입을 유도하고 있다. 처음부터 큰 수익을 내기보다 미래에 필요한 차별화된 기술을 확보해 공익에도 기여해야 한다고 정책 지원을 하는 것이다. 전기차는 폐차 시에도 배터리의 기능이 충분해서 ESS로 재활용할 가치가 높지만 차량과 배터리 제조사에 따라 팩 간 출력 특성 차이가 커 이들을 활용해 온전한 성능을 내는 ESS를 만들기는 쉽지 않다. 그런데 특성이 서로 다른 전기차 배터리팩으로 ESS를 구성하더라도 항상 고르고 안정적인 출력을 내는 팩 단위 출력 조절 운용 기술을 확보한 기업도 등장하고 있다. 이 기술을 활용하면 현대자동차 폐배터리와 테슬라 폐배터리, 르노삼성 폐배터리를 하나의 모듈로 엮어 ESS를 구성하는 것도 가능하며, 이들 팩 중 하나가 고장으로 사용할 수 없는 상황이 되어도 나머지 배터리팩으로 원하는 출력(방전력)을 낼 수 있다.

전기차 폐배터리 재사용 시장에 주목하는 이유는 시장 잠재력과 다양성 때문이다. 전기차 폐배터리는 차량에 적용했던 설비라 안전한 데다 필요에 따라 언제든 이동 설치할 수 있고 가격도 새 배터리와 비교할 수 없을 정도로 저렴하다. 공간 제약이 적어 도심에도 설치할 수 있고, 건설 현장 등으로 가져가 기존 디젤 발전기를 대체할 수도 있다. 안정적인 운용 기술만 있다면 전기차 배터리의 안전성과 이동성을 그대로 ESS로 옮겨 경제적으로 '움직이는 ESS, 이동하는 ESS'를 구현할 수 있다. 전기차 업계에 따르면 전 세계 배터리 재활용 시장은 2030년까지 연평균 18퍼센트 이상 성장해 연 10억 달러 규모로 성장할 전망이다. 2010년 이후 보급되기 시작한 전기차에서 폐배터리가 본격 양산되는 시점은 2023년 전후로 예상되고 있다.

국내 ESS 시장은 규제만 강화되고 지원은 사라지는 추세다. 독자적인 솔루션을 갖고 새 시장을 창출하려는 ESS 전문 기업들이 역량을 펼칠 수 있는 환경을 만들어야 한다. 불필요한 규제를 완화하고 정책 지원을 강화할 필요가 있다.

미국과 유럽 전기차 시장 전망에서 보는 시사점

바이든 대통령의 집권으로 미국 자동차 산업에 다가오고 있는 거대한 변화 요인으로 파리기후협정 재가입, 2050년 탄소제로 실현, 공중 보건 및 환경 보호, 기후 위기 대처를 위한 과학 복원 행정명령 (Executive Order Protecting Public Health and Environment and Restoring Science to Tackle the Climate Crisis) 서명을 들 수 있다. 환경 보호와 관련된 행정명령에 서명함으로써 바이든 대통령은 트럼프 전 대통령이 완화시켰던 미국의 연비 규제(SAFE) 규정을 다시 검토할 가능성이 있다. 바이든 행정부의 적극적인 전기차 정책과 맞물려 미국 내 주요 완성차 제조 업체도 앞다투어 공격적으로 전기차 전환 전략을 제시하고 있다.

볼보는 2019년에 이미 신규로 론칭하는 차 모델은 모두 전기 차종이 될 것이라 선언한 바 있으며, 재규어, 볼보, 벤틀리, BMW 미니 모두 2025~2030년까지 100퍼센트 전기차 체제로 전환하겠다고 공표했다. GM은 2035년까지 자사에서 만드는 모든 차에 대해 '탄소 제로'를 실현하겠다고 했다. 전통적 완성차 제조 업체뿐만 아니라 로즈타운모터스(Lordstown Motors), 리비안(Rivian), 루시드모터스(Lucid Motors)와 같은 스타트업과 워크호스(Workhorse), 일렉트릭라스트마일(Electric Last Mile)과 같은 상용차 기업들도 전기차 시장에 뛰어들면서 미국에는 다양한 제조사의 다양한 전기차 모델이 출시된다. 미국 내 배터리전기차 시장은 테슬라가 독보적인 점유율을 차지하고 있으나 2025년경에는 한국, 중국 등 아시아 계열 제조사가 생산하는 전기차로 인해 테슬라의 점유율은 낮아질 것으로 예상된다. 전기차와 내연기관차의 전망을 비교하는 단계를 지나 얼마나 많은 전기차가 시장에 등장할지, 어떤 기업의 전기차가 소비자를 사로잡을지에 관심이 집중되고 있다. 대부분의 글로벌 완성차 업체가 향후 몇 년간 다양한 포트폴리오의 전기차를 출시하기로 결정한 만큼 우리 자동차 부품 기업에도 참여할 수 있는 기회가 될 수 있다.

2020년 10월 미국 경제전문지『배런스(Barron's)』에 따르면 모건스탠리는 2030년 세계 자동차 시장에서 순수 전기차가 차지하는 비중이 31퍼센트에 달할 것이라고 예상했다. 2025년 전 세계 전기차 비중은 기존 예상치인 11.6퍼센트보다 1.6퍼센트포인트 높은 13.2퍼센트로 제시했다. 전기차 시장의 고속 성장을 점치는 이유는 각국 정부의 이산화탄소 배출 규제가 강화되고 있기 때문이다. 유럽 자동차 업체들의 절반이 전기차 회사로 탈바꿈해야 한다. 이 같은 이유 때문에 모건스탠리는 2030년 유럽에서의 전기차 비중이 40퍼센트에 달할 것으로 내다본 것이다. 모건스탠리는 중국, 유럽에 비해 전기차 확대가 상대적으로 더딘 미국 역시 향후 전기차 판매에 가속도가 붙을 것이라고 관측했다. 이에 따라 미국 내 전기차 비중은 2025년 10퍼센트, 2030년 25퍼센트로 전망했다. 2030년 주요국들의 전기차 비중 증가 추이를 보니 가히 모빌리티 혁명이 눈앞에 다가온 것으로 보인다. 강화되는 환경 규제 앞에 장사 없다.

전고체 배터리의 상용화는 가능한가?

전기차 시장 최대 관전 포인트는 누가 미래 배터리 기술을 선점하느냐다. 현재 사용하는 리튬이온 배터리를 대체할 기술이 속속 등장하면서 미래 기술을 둘러싼 경쟁이 치열하다. 리튬이온 배터리는 액체 전해질로 에너지 효율이 높지만, 수명이 상대적으로 짧고 전해질이 가연성 액체여서 높은 온도에서 폭발할 위험이 크다. 관련 업계에서는 실리콘 음극재 배터리, 전고체 배터리 순으로 기술 발전이 이뤄진다고 내다본다.

실리콘 음극재 배터리는 음극재 소재로 실리콘을 사용한다. 현재 음극재의 주요 소재는 흑연이다. 실리콘을 사용하면 흑연을 사용했을 때보다 전기 수용 용량이 10배가량 늘어난다. 전고체 배터리는 한 단계 더 발전한 개념이다. 전고체 배터리는 전기를 흐르게 하는 배터리의 양극과 음극 사이의 전해질이 액체가 아닌 고체로 된 차세대 2차 전지다. 내부 전해질을 액체 대신 고체로 바꿔 효율을 높인 기술이다. 1회 충전으로 주행 가능한 거리를 최대 1,000킬로미터까지 늘릴 수 있다. 또한 전고체 배터리는 전해질이 고체라 충격에 의한 액체의 누수 위험도 없고, 인화성 물질이 포함되지 않아 발화 가능성이 낮아 상대적으로 안전하다. 액체 전해질보다 에너지 밀도가 높고 충전 시간도 리튬이온 배터리보다 짧다. 전고체 배터리는 확장성이 높아 리튬이온 배터리를 대체할 기술로 주목받고 있다.

리튬이온 배터리 개발자이자 2019년 노벨 화학상 수상자인 마이클 스탠리 휘팅엄(Michael Stanley Whittingham) 박사는 전고체 배터리를 만드는 데 있어서 최대 과제는 저온에서도 300마일(482킬로미터) 이상의 항속 거리를 유지하면서 높은 에너지 밀도와 급속 충전, 긴 수명 주기를 동시에 충족시키는 것이라고 말한다. 고체 전해질은 리튬이온 배터리의 액체 전해질보다 이온 전도도가 낮다. 고체 전해질은 액체 전해질처럼 양극 또는 음극을 완전히 뒤덮을 수 없는 데다 지속적인 부피 변화로 접촉이 느슨해져 양극과 음극이 분리될 수 있다. 이로 인해 배터리의 성능이 빠르게 저하될 수 있다. 테슬라는 2019년 전고체 배터리 개발 업체인 맥스웰테크놀로지(Maxwell Technologies)를 2억 1,800만 달러에 인수했다. 일론 머스크는 2020년 8월 트위터에 "3~4년 안에 훨씬 더 효율적인 배터리가 주류가 될 것"이라며 "현재 배터리보다 두 배의 전력을 제공할 수 있다"고 밝혔다. 이를 근거로 일각에서 테슬라가 2020년 배터리 데이에서 전고체 배터리 개발 여부나 기술을 공개할 것이라고 추측했으나 예상은 빗나갔고 관련 내용 발표는 없었다.

전고체 배터리는 현재 리튬이온 배터리보다 저장 용량과 출력과 관련해 더 많은 연구가 필요한 실정이다. 전고체 배터리 기술을 상용화한 경우는 아직 없다. 전고체 배터리 기술 선점을 위한 경쟁은 시작됐다. 2020년 12월 일본 완성차 제조 업체 토요타는 전고체 배터리 기술을 확보했다고 밝혔다. 토요타에 따르면 이 배터리는 1회 완전 충전에 단 10분이 소요되며, 한 번의 충전으로 500킬로미터를 달릴 수 있다. 토요타는 몇 년 안에 전고체 배터리가 탑재된 전기차를 내놓겠다는 계획을 발표했다. 미국 자동차 전문 매체 『모터트렌드』는 "토요타의 전고체 배터리 전기차는 전 세계 전기차 시장의 '게임 체인저'가 될 수 있다"고 했다. 폭스바겐은 2025년이면 퀀텀스케이프 전고체 배터리를 탑재한 전기차를 내놓는다는 계획이다.

국내에서는 삼성SDI가 돋보인다. 현재 전고체 배터리 개발에 사활을 걸고 있는 삼성SDI는 2027년 이후 양산에 들어간다는 계획을 세웠다. 독일 완성차 업체 BMW가 2030년까지 전고체 배터리가 적용된 자동차를 선보이겠다고 발표하자 배터리 업계가 촉각을 곤두세우고 있다.

BMW는 2025년까지 전고체 배터리 시제품을 개발하고 2030년까지 이를 탑재한 전기차를 양산하겠다는 계획을 밝혔다. BMW가 전고체 배터리 차량 양산 시점을 밝힌 만큼 조만간 배터리 업체와의 협력도 구체화될 것이라는 전망이 힘을 얻는다. 업계에서 주목하는 업체는 삼성SDI, 중국 CATL, 미국 솔리드파워 등이다. 삼성SDI와 BMW는 배터리 연구개발부터 공급에 이르기까지 양사의 인연이 상당히 깊다. 2009년 전기차 배터리 공동 개발을 시작으로, 삼성SDI 배터리는 BMW i3, i8 등에 독점 공급됐다. 2019년에는 삼성SDI가 BMW 그룹에 10년간 3조 8,000억 원 규모의 전기차 배터리를 공급하는 계약을 체결했다. 삼성은 2020년 1회 충전에 800킬로미터를 주행하는 전고체 배터리 연구 결과를 공개하면서 전고체 배터리 개발에 상당히 앞섰다는 평가를 받았다. LG에너지솔루션 역시 2020년 실적 콘퍼런스콜에서 2028~2030년에 전고체 배터리를 상용화하겠다고 밝힌 바 있다.

국내 기업의 전고체 배터리 개발 능력이 해외 선진 업체와 비교해 2~3년 늦다는 점은 아쉬운 대목이다. 이미 관련 특허 부문은 일본이나 미국이 상당히 앞서고 있다. 유럽 특허청(EPO, European Patent Office)에 따르면 전고체 배터리 국제 특허 국가별 비중은 일본이 54퍼센트로 압도적 1위를 기록하고 있다. 미국(18%)에 이어 한국은 3위(12%)를 기록하고 있다. 지금 당장은 배터리 3사가 높은 점유율을 기록하고 있지만 미래 기술은 오히려 뒤지고 있는 셈이다.

현대차 역시 여러 배터리 업체와의 전략적 협업을 통해 기술과 제조 경쟁력을 확보해 전고체 배터리를 개발한다는 계획이다. 현대차는 오는 2025년까지 전고체 배터리를 탑재한 전기차를 시범 양산하고, 2027년 전고체 배터리를 양산하기 위한 준비 작업에 돌입하며, 2030년 본격적으로 양산할 계획이다. 자동차 배터리를 생산하는 공장으로 울산 삼성SDI는 그 생산 규모와 투자를 늘리고자 한다. 세계 최대의 자동차 공장이 울산에 있다. 바로 현대자동차가 그 주인공이다. 삼성SDI와 현대자동차 양대기업 간 협력이 이슈로 떠오르고 있다. 삼성SDI와 협력하는 일진머티리얼즈와 동화기업이 전고체 배터리 관련주로 떠오르고 있다. 코스모신소재, 삼진엘앤디, 씨아이에스, 아바코 등의 기업도 눈여겨보게 된다. 삼성과 현대 간의 협력은 합작사 설립, 신규 전기차 모델 배터리 공급 등 여러 시나리오가 거론되고 있다.

배터리 가격은 꾸준히 하락하고 있다. 그렇다면 언제쯤 전기차의 유지 비용이 내연기관차와 비슷해질까? 영국 에너지 전문 시장조사 업체인 우드 맥킨지는 2024년으로 전망한다. 고급 전기차의 경우 이미 내연기관차의 유지 비용과 같아지는 가격패러티(price parity)에 거의 도달했다. 하지만 일반 전기차는 정부 보조금 없이도 내연기관차와 경쟁해 우위를 차지하려면 시간이 좀 더 필요하다. 배터리 업체들이 배터리팩 가격을 1킬로와트시당 100달러 이하로 낮추기 위해 노력중이며, 테슬라가 이를 선도하고 있다.

이런 와중에 완성차 업계도 배터리 자체 생산을 위해 뛰고 있다. 전기차 가격의 40퍼센트를 차지하는 배터리의 자체 생산으로 가격 경쟁력을 확보하겠다는 복안이다. 테슬라발(發) 자동차 업계 배터리 내재화 선언이 줄줄이 잇따르는 가운데 앞으로 펼쳐질 전기차 가격 경쟁에서 뒤쳐지지 않기 위한 선제 조치라는 분석이다. 그뿐만 아니라 배터리 수급난으로 인한 배터리 업계와의 주도권 경쟁에서 밀리지 않기 위한 대응책이라는 분석도 나온다. 테슬라, 폭스바겐 같은 전 세계 완성차 기업들은 배터리 생산 수직계열화 준비에 한창이다. 테슬라는 미국 텍사스 오스틴과 독일 베를린 브란덴부르크주에 추가 공장 증설을 통해 배터리 자체 생산에 나선다. 2022년 100기가와트시, 2030년 3테라와트시 생산 규모를 확보하겠다는 목표다.

2020년 7월 테슬라는 독일 브란덴부르크 인근 그륀하이데 공장에서 배터리셀을 직접 제조한다는 계획을 수립했다. 테슬라는 배터리 원가를 반값으로 낮춰 전기차 공급을 획기적으로 늘릴 계획이다. 배터리 원가 절감을 위한 다양한 기술 도입도 언급했다. 기존보다 큰 4680배터리(지름 46mm × 길이 80mm의 새로운 배터리) 개발, 배터리 모듈 폐지, 저렴한 배터리 음극재와 양극재 마련 등이다. 테슬라는 4680배터리로 에너지 밀도를 다섯 배, 출력 여섯 배, 주행 거리 16퍼

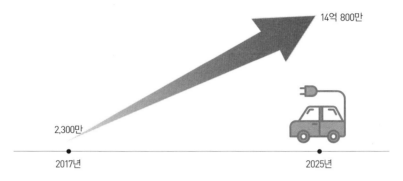

도표 3-6 **세계 전고체 배터리 시장 전망**　　　　　　　　　　（단위: 달러）

14억 800만

2,300만

2017년　　　　　　　　　　　　　　　　2025년

출처: Allied Market Research

센트를 늘리고자 한다. 테슬라는 기존에 사용하고 있는 원통형 배터리를 개선해 최적화하기로 했다. 일론 머스크의 말처럼 '반값 배터리 실현'을 지켜보자. 2000만 원대 모델 2가 2021년 11월 공개된 후 상하이 기가팩토리에서 양산된다. 테슬라는 배터리셀을 독자적 기술로 패키징해서 배터리팩을 만드는 회사다. 2차 전지 회사로 발돋움할 수 있을지 세간의 의구심이 있지만, 공장을 지어서 배터리를 직접 생산하겠다는 로드맵 자체를 무시하긴 어렵다. 테슬라가 공개한 대부분의 기술은 아직 양산 검증을 위한 충분한 시간이 필요하지만 테슬라가 그동안 보여준 속도감 있는 실행력을 보면 경쟁사와 공급사에 위협적이다.

완성차 업체들의 이 같은 행보는 전기차 가격 경쟁력을 확보하기 위한 움직임이다. 언제까지 전기차 보조금 정책에 기대고 있을 수만은 없는 상황이기 때문이다. 중국은 전기차 보조금 지급 정책 종료 계획을 밝힌 상태다. 전기차는 내연기관차와 비교해 많게는 수천만 원까지 가격 차이가 난다. 결국 배터리 가격을 획기적으로 줄여야 동급의 내연기관차와 가격 경쟁이 가능해진다. 전고체 배터리를 바라보는 기업과 소비자의 눈이 쏠리는 이유다. 테슬라의 행보를 보면서 우리의 전기차나 2차 전지 회사는 충분히 대비해야 한다. 테슬라를 제외하고 구체적인 배터리 가격 절감 방안을 제시한 완성차 업체는 없다. 기존 완성차 업체는 배터리 업체에 끌려가는 모습이다. 테슬라는 분명한 시간 계획을 밝히며 전기차 배터리 수급 경쟁에서 우위를 차지하려 한다.

소프트웨어냐 하드웨어냐, 전기차의 경쟁력

등락이 있지만 우리나라는 연간 800만 대의 차량을 만든다. 400만 대는 해외에서, 400만 대는 국내에서 만든다. 국내에서 생산하는 400만 대 중 250만 대는 수출로, 150만 대는 내수로 판매된다. 이 구조가 계속될까? 울산 현대자동차는 연간 150만 대의 차량을 생산하고 있다. 기아차 조지아 공장은 연 40만 대 완성차를 만드는 현대차그룹의 주요 생산 기지다. 미국 남동부라는 입지적 측면에서 북미와 중남미까지 대규모 시장을 아우를 수 있다. 현대차그룹에 협력을 제안한 애플이 조지아 공장을 후보지 중 한 곳으로 언급한 것도 이 때문이다. 현대차그룹 역시 애플과 합작이 확정된다 해도 한국 생산을 주장하긴 어려웠을 것이다. 노조 문제 등 변수가 많아서다. 결과적으로 양사의 협력은 무산되었지만 양사 협력 뉴스는 소프트웨어 회사와 하드웨어 회사 간의 우월성 논쟁을 낳았다. 전통적인 기업들이 IT 기업과 경쟁을 인식하고 협력하는 사례가 늘고 있다. 구글이 검색 엔진 기업인지, 무인 자동차를 만드는 제조 기업인지 생각해보자. 많은 기업이 전통적인 산업 기준만을 따르다가 시대에 뒤처졌다. 이런 기업은 공통점이 있다. 브랜드 혁신에 둔감하다. 경영진이 발을 디딘 곳만이 살길이라 본다. 미래를 보지 않는다. 기업은 과거에 안주해서는 안 된다. 새로운 분야에 대한 의견을 내는 사람들에게 길을 내주어야 기업이 흥한다. 기술과 전통 산업이 먹고 먹히는 관계일지 상생 협력 관계일지는 기업 경영진이 알아서 할 문제다.

기업은 생태계 변화를 빨리 인식해야 한다. 늘 글로벌 테크 기업은 변화의 혁신을 몰고 왔다. 자동차 산업이라고 했을 때 자동차라는 물리적 기기만을 지칭하던 시대는 지났다. 이동 수단으로서 자동차가 현대의 IT 기술과 융합되어 어떤 혁신적인 변화를 몰고 올지 아무도 모른다. 구글이 인공지능을 탑재한 무인 자동차에 관심을 가진 것은 이미 오래된 이야기다. 구글은 자동차의 진화가 아닌 인류 도약의 혁신으로 무인 자동차를 생각한다. 누군가는 차가 막히는 상황에서 운전하는 인간의 운명을 한탄하며 무인 자동차를 생각할지도 모르겠다. 반복되는 출퇴근 시간의 교통지옥을 좋아할 사람이 누가 있겠나! 미국에서 통근 시간에 허비하는 돈으로 이집트 피라미드를 수백 개 지을 수 있다. 교통지옥 한국의 서울에서도 그 시간 허비가 엄청나다. 교통이 막히는 데 허비하는 시간과 에너지의 기회비용을 생각하면 말이 된다. 그래서 혹자는 이런 말을 할 수 있겠다.

"막힌 도시에 혈관을 뚫어야 해요. 우리 몸에서 피가 혈관을 따라 흐르는데 왜 도시는 꽉 막혀 움직이지 않는 거죠. 우리 몸에는 6만 마일의 혈관이 있습니다. 지구 둘레의 2.5배입니다. 우리 혈관은 피부 밑에만 있는 것이 아니라 몸 전체를 흐릅니다. 3차원 공간을 흐르는 거예요. 교통수단은 지하도 하늘도 이용하지만 대부분은 지상에서 이용됩니다. 그러니 2차원 공간을 이용한다 해도 과언이 아니죠. 혈관처럼 3차원 교통망을 만드는 것도 생각할 수 있습니다. 하늘을 날거나 스마트시티를 건설하거나 그런 거죠. 그러나 더 근본적인 해결 방법은 무인 자동차를 발명하는 것입니다. 인공지능이 탑재된 무인 자동차가 있으면 신호등도, 속도 제한도, 차선도 필요하지 않아요. 교통망이 지능망으로 연결되어 길을 지나가면 되는 것입니다. 막힘없는 길에서 음악을 들으며 명상에 빠져보세요."

애플의 자동차 사업 계획은 2014년 '타이탄 프로젝트'를 통해 최초로 공개됐다. 최초에는 전기차 프로젝트로 알려졌다. 1,000여 명의 직원을 데리고 비밀리에 시작했으나, 여러 가지 내부 문제로 2016년 수백 명의 직원을 정리해고했다. 전기차를 만들던 애플은 완전 자율 시스템을 만드는 것으로 방향을 선회했다. 2019년 자율주행 스타트업 드라이브.ai(Drive.ai), 2020년에는 AI 소프트웨어 스타트업 엑스노.ai(Xnor.ai)를 인수하면서 자동차 분야 진출을 다시 추진하고 있다는 설이 제기되었다. 애플이 2024년 자율주행 전기차 출시를 목표로 하고 있다는 소식이 있었으나 소위 애플카 개발이 2028년까지 상용화가 어렵다는 주장도 제기되었다. 애플이 어떤 사업으로 방향성을 정할지 여러 이야기가 회자된다. 높은 완성도와 광범위한 서비스 생태계의 이점으로 경쟁사보다 우위를 확보할 것으로 예상되는 가운데 애플카가 자율주행차 시장을 장악하면 애플의 매출이 급증해 장기적으로 주가도 상승할 것으로 예상된다.

2021년 1월 8일 국내 언론을 통해 현대차와 애플 사이의 협력 가능성 보도가 있었다. 1월 11일에는 현대차와 애플의 실무 협상이 진행 중이며 2024년 양산이 가능하다는 이야기가 제기되었지만 없던 일이 되었다. 현대차와 현대모비스는 "다수 기업에 자율주행 전기차 관련 협력 요청을 받고 있으나 정해진 바 없다"고 공시했다. 현대차 그룹은 글로벌 OEM(Original Equipment Manufacturing, 주문자 요구 생산 방식) 내에서 가장 적극적으로 차세대 모빌리티 전략(친환경차·자율주행·UAM 등)을 제시하고 추진 중인 자동차 그룹이다.

애플을 비롯한 글로벌 업체가 현대차에 협력을 요청하는 것은 현대차의 사업성과 경쟁력을 인정했다고 판단할 수 있다. 그뿐 아니라 차량 소프트웨어 경쟁력을 확보했다는 평가도 가능하다. 그동안 현대차그룹은 밸류체인 수직계열화를 통해 전기차를 포함한 차량 하드웨어 경쟁력을 확보해왔으나, 자율주행 기술을 비롯한 소프트웨어 기술에 대한 필요성이 대두되었다. 현대차 입장에서는 애플과 협업을 했다면 자율주행차와 플랫폼 기술 개발을 기대해볼 수 있었을 것이다. 글로벌 테크 공룡이자 데이터 기업인 애플과의 공급망 공유만으로도 현대차그룹의 브랜드 가치는 급상승하지 않을까? 이런 상황을 보고 두 가지 논의가 가능하다.

첫 번째는 국내 자동차 업계가 하드웨어 강자가 되어 자율주행 소프트웨어를 선택하는 방향으로 나아갈 것이라고 생각하는 입장이다. 누군가는 테슬라를 두고 하드웨어 완성도는 떨어지는데 자율주행 때문에 고평가되고 있다고 말한다. 자율주행차는 24시간 운행할 수도 있어 에너지 다소비형이기 때문에 에너지 문제를 해결하는 솔루션, 모터 등 구동 장치를 포함한 전기 장치에 획기적인 기술 향상이 이루어져야 한다. 세계적으로 자율주행차가 구동하기 좋도록 차와 교통 시스템이 쌍방향으로 정보를 주고받는 체계를 갖추어야 하며, 자율주행차를 받아들일 수 있는 시민의 공감대가 형성되어야 하고, 피해 보상에 대한 법 정비가 필요하다.

다시 현대차와 애플카의 문제로 돌아가보자. 뉴스가 나왔을 때 시장에서는 현대차그룹이 혜택을 볼 것이라고 생각했지만 현대자동차의 고민도 계속되었을 것이다. 완성차 업체는 거대 자본을 갖춘 테크 공룡 기업이 플랫폼 기반으로 독점력을 행사했기에 그 생태계가 자동차 업계까지 잠식하지 않을까 하는 두려움에 빠질 수 있다. '애플카'의 유력한 파트너로 떠오른 현대차그룹을 향한 업계의 시선이 엇갈렸다. 현대차그룹으로서는 외연을 넓히고 비용을 절감할 기회지만 장점만 있는 것은 아니다. 애플이 향후 자율주행차 주도권을 노리고 있는 터라 현대차그룹의 잠재적 경쟁자로 부각될 가능성은 얼마든지 있었다. 현대차그룹은 애플을 포함한 여러 업체에 전기차 플랫폼 'E-GMP'를 공급하는 방안을 검토한 상황에서 애플의 구애가 곤혹스러웠을지도 모른다. 현대차의 전기차 전용플랫폼 E-GMP는 현대차그룹이 자체 개발해 2021년 공식 출시했다. 현대차그룹은 플랫폼 공유 여부가 알려지지 않은 몇 안 되는 업체였다. '애플카'에 플랫폼을 제공하는 그림이 실현되면 현대차그룹 입장에서는 숨통이 트이는 셈이었다. 현대기아차가 강점인 하드웨어 제공과 생산을 담당하고, 애플이 소프트웨어와 운영 체제, 자율주행 기술을 제공한다는 설이 우세했다. 그러나 상호 의견 조율이 쉽지 않고, 현대차가 협력 진행 상황을 언론에 흘리면서 애플의 보안 문제 제기로 파기되었다는 원인 분석이 설득력을 얻고 있다.

물론 현대기아차가 폭스콘과 같이 애플의 하청 업체로 전락하는 것을 반대했다는 의견도 있다. 득만큼 실도 컸기에 협상이 표면적으로 무산된 게 아닐까? 애플은 자율주행차에 탑재될 인공지능은 물론 차량용 운영체제(OS)와 반도체, 배터리 같은 다양한 미래차 기술을 자체 개발하고 있다. 상당 부분 현대차그룹과 영역이 겹친다. 애플이 현대차그룹의 양산 노하우를 발판 삼아 단숨에 완성차 브랜드 상위권으로 올라서면, 현대차그룹은 경쟁자를 키워주는 셈이 된다. 특히 주행 데이터는 두 기업 간 협상에서 민감한 사안으로 떠오를 가능성이 크다. 차량에서 수집하는 각종 주행 데이터는 자율주행 기술을 개발하는 데 쓰이는 필수 재료다. 현대차그룹이 애플과 데이터를 공유하고 미래차 기술을 공동 개발하더라도 애플의 아이폰을 외주로 생산하는 폭스콘과 같은 신세로 전락할 위험을 경계해야 한다. 그동안 현대차그룹은 자체 개발한 차량용 운영체제를 모든 차종에 실을 예정이라고 밝히며 애플과 구글을 견제해왔다. 자동차 업계 관계자의 말을 빌리면 현대차가 애플과 협력하는 게 사실일 경우 어떤 조건으로 딜을 맺느냐가 관건이다. 때에 따라서는 득보다 실이 클 수 있다.

두 번째는 소프트웨어 실력이 뛰어난 회사가 그렇지 못한 회사의 전기차 성능을 누를 수도 있다는 입장이다. 소프트웨어 정의 차량(SDV, Software Defined Vehicle)은 소프트웨어로 정의되는, 소프트웨어가 (하드웨어를) 지배하는 자동차의 개념이다. 자동차는 빠르고 편리한 이동 수단이다. 보통 좋은 자동차를 고르는 기준으로 얼마나 승차감이 뛰어나고 디자인과 연비가 뛰어난지를 고려한다. 하지만 이제 추세가 바뀌고 있다. AI(인공지능), 5G, AR(증강현실)·VR(가상현실), 자율주행 같은 시장 파괴적인 기술들이 잇따라 세간의 조명을 받으며 오랫동안 자동차의 가치를 평가해왔던 기준에 대한 새로운 변화를 암시하고 있다. 디지털 기술이 접목된 자동차는 더 이상 단순한 이동 수단이기를 거부한다. 근래 자동차 산업이 나아가고자 하는 변화의 방향성 역시 자동차를 하나의 생활 플랫폼으로 거듭나도록 만드는 것이다.

자동차 선택에 있어서 주행 성능 외에 탑승자에게 얼마나 더 편안한 환경을 보장하는지, 동시에 얼마나 더 생산적인 경험을 제공할 수 있는지가 중요해지고 있다. 그 중심에 있는 차량용 인포테인먼트 (IVI, In-Vehicle Infotainment,)에 주목해볼 필요가 있다. 무선 업데이트가 자유롭게 되는 차는 해당 차량의 인포테인먼트와 운전 보조 장치 기능만 향상되는 것이 아니라 차량의 물리적인 기능까지 지속적으로 향상될 수 있다. 테슬라는 통합전자제어 시스템과 핵심 반도체를 설계하기에 앞서 자사 차량의 운영체제, 즉 소프트웨어의 근간을 먼저 세웠다. 다시 말하면 테슬라의 통합전자제어 시스템은 자사의 OS와 한 몸으로 움직이는데, 굳이 무엇이 더 중요한지를 따지자면 소프트웨어가 더 중요하다. 다른 자동차 회사들의 경우 아직까지 차량 기능의 전자제어조차 기능별로 분산돼 있다. OS도 각 기능마다 제각각인 경우가 많고, 제어와 OS의 통합 관리는커녕 각각의 하드웨어 소프트웨어조차 그것을 납품하는 부품 회사들에 대부분 맡겨온 것이 관행이었다.

　테슬라는 이미 소프트웨어와 하드웨어가 통합된 고유의 전자제어 플랫폼을 완비했다. 이러한 기술의 효율을 높이고 비용을 낮추는 것을 더 빨리, 더 쉽게 하고자 한다. 테슬라는 핵심 기술을 자신들이 훤히 꿰고 있다. 소프트웨어를 장악한 회사가 하드웨어 성능도 더 쉽게 높일 수 있는 쪽으로 자동차 개발 환경이 바뀌고 있다. 하드웨어 향상의 상당 부분을 소프트웨어 업데이트만으로 해결할 수 있게 된다는 것이다. 반대로 소프트웨어를 장악하지 못한 자동차 회사는 성능 향상을 위한 업데이트를 뜻대로 하지 못할 수 있다. 이는 고스란히 제품 경쟁력 하락으로 연결된다. 테슬라의 최신 차량인 모델 Y에는 기존보다 향상된 열관리 시스템이 들어가 있다. 열관리 시스템의 성능이 좋아지면 배터리 용량을 늘리지 않고도 더 먼 거리를 주행할 수 있다. 배터리는 너무 추울 때는 난방을 해줘야 하고, 너무 더울 때나 배터리 사용으로 온도가 올라갈 때는 따로 냉각을 해줘야 한다. 전기차는 에어컨뿐 아니라 히터도 전기로 써야 한다. 내연기관차는 대개 엔진의 열을 이용하기 때문에 히터를 틀 때 에너지를 따로 소모하지 않는다. 이런 모든 '열관리'의 효율을 조금이라도 높이면, 그만큼 배터리의 전기를 덜 써도 되고, 그게 전부 주행 거리 향상으로 이어질 수 있다. 모델 Y의 열관리 시스템은 통합전자제어와 연동돼 있어서, 무선 업데이트를 통해 성능을 개선할 수 있도록 설계돼 있다. 반대로 어떤 다른 자동차 회사가 처음에는 테슬라 전기차와 비슷한 주행 거리의 전기차를 판매했더라도, 소프트웨어 업데이트를 통한 열관리 시스템 향상을 할 수 없다면, 판매 이후에 테슬라와의 주행 거리 격차가 벌어지는 결과를 낳을 수도 있다. 소프트웨어로 배터리를 어떻게 관리하느냐에 따라 배터리 지속 시간에서 상당한 차이를 보일 수도 있다.

전기차도 앞으로는 소프트웨어와 하드웨어의 통합 능력, 특히 소프트웨어 능력이 제품의 전체 만족도를 더 많이 좌우하게 된다. 테슬라는 열관리 시스템 이외의 다른 부분에서도 계속해서 소프트웨어로 히드웨어의 성능을 향상시킬 계획이다. 다른 자동차 회사는 아직 이런 기술을 구사할 여건이 안 된다. 통합전자제어와 OS 양쪽 모두를 완비해야만 가능한데, 기존 자동차 회사들은 아직 어느 한쪽도 충분히 갖추지 못했다. 테슬라가 차량의 통합 제어와 관련해 소프트웨어부터 하드웨어까지 전부 내재화하는 이유가 여기에 있다. 스스로 모든 기술을 통제함으로써 가장 높은 경쟁력을 내겠다는 것이 테슬라의 계획이다. 소프트웨어로 자동차의 모든 것을 제어하는, 소프트웨어가 경쟁력의 핵심인 쪽으로 계속 나아가고 있는 것이다.

미래차 변혁을 맞아 정보기술 기업과 기존 완성차 업체들의 플랫폼 주도권을 쥐기 위한 치열한 싸움도 생각해보자. 구글(웨이모), 크루즈(GM) 등 자율주행 전문 업체의 최종 목표도 플랫폼을 완성차 업체에 공급하는 것이다. 폭스바겐그룹도 포드에 전기차 플랫폼인 'MEB'를 공급하기로 하면서 진영 확대에 나섰다.

테슬라가 압도적 자율주행 기능을 앞세운 보급형 전기차를 내놓으면 자동차 시장에 거대한 지각변동이 발생할 것이다. 자율주행 기능이 강화된 전기차의 시장점유율 확대는 내연기관 차량의 시장 점유율 경쟁과 구도 자체가 다르다. 전기차로 쌓은 빅데이터를 전기차 사업 확장성에 이용하면 점유율 확대는 얼마든지 가능하다. 테슬라가 보급형 모델로 빠르게 빅데이터를 쌓아갈 수 있다는 점은 누구나 인정하고 있다. 자율주행 기능이 강화되면 차량 내에서 즐길 수 있는 엔터테인먼트나 각종 콘텐츠 사업도 다양해진다. 테슬라는 하나의 콘텐츠 플랫폼이 되고, 우리는 그 차 안에서 오락, 업무, 원격진료도 받을 수 있다.

전기차를 통해 쌓은 빅데이터를 이용한 사업의 확장성이 무궁무진한 것이다. 그게 테슬라의 경쟁력이다.

테슬라 오토파일럿(Tesla Autopilot)

2016년 MIT 10대 기술에 테슬라 전기차의 자율주행 소프트웨어 프로그램인 오토파일럿이 포함되었다. 그 이후 인류는 자율주행 4단계와 5단계를 향해 전진하고 있다. 일론 머스크는 머지않은 미래에 완전한 자율주행 전기차가 일반화될 것으로 믿고 있다. 운전대를 잡지 않아도 되는 자동차에서 더 나아가, 운전대를 잡으면 불법이 되는 시대를 꿈꾸고 있다. 자율주행도 온실가스 배출을 줄일 수 있는 기술이다. 인공지능을 활용하는 자율주행차는 주행 과정에서 환경오염 물질 배출을 최소화할 수 있다. 스스로 알아서 주행하는 차를 굳이 차고에 세워둘 이유가 없으니 공유 구조로 바뀌면서 자동차 산업 전반의 저탄소 구조 변화를 가속화할 것이다.

일론 머스크는 테슬라의 자율주행 솔루션이 교통사고 발생률을 급격히 줄일 수 있을 것으로 기대하고 있다. 2016년 선정 당시 테슬라 고객들은 기뻐하며 고속도로에서 핸즈프리, 신문 읽기, 커피 마시기 같은 모습을 동영상으로 올렸다. 이 중 일부는 당시 관점에서 불법 행위였다. 오토파일럿은 법적으로는 회색지대에 존재했지만, 이는 자동차 간의 관계와 자동차와 사람 간의 관계, 도로와 전체 교통 인프라를 재편성할 미래를 향할 거창한 제스처로 평가받았다.

MIT가 이를 10대 기술에 포함한 이유는 무엇일까? 소프트웨어 시스템에 있어 큰 결함이 발생하지 않았기에 자율주행이야말로 자동차 조종을 위한 혁신적인 기술이라고 확신했기 때문이다. 하지만 그해 '테슬라'는 자사 전기차의 운전자가 '오토파일럿' 모드에서 사망한 사고와 마주하고, 오토파일럿의 작동 방식을 대폭 수정했다. 당시 이런 운전자의 논평이 있었다.

"테슬라를 반납한 다음 날, 약혼자와 나는 LA 고속도로를 달리다가 누군가 과속해서 3차선을 넘어 여러 명의 운전자들 앞에 끼어들고 있는 것을 보았다. 차가 멈춰 서자 뒤에 있던 차가 너무 빨리 들어와 범퍼에 부딪혔고, 범퍼는 바로 떨어져 나갔다. 미래가 테슬라의 오토파일럿에 있다고 생각했으나, 그 미래가 충분히 빨리 도착할 수는 없을 것이라고 생각했다."

2021년 4월에도 미국 텍사스에서 테슬라 차량 사고가 발생했다. 일론 머스크는 복구된 데이터를 확인해본 결과 사고 당시 오토파일럿 기능이 작동하지 않았다고 전했다. 해당 차량은 완전자율주행(FSD, Full Self-Driving)을 구매하지도 않았다고 언급했다. 테슬라는 자사 고객의 주행 패턴과 돌발 상황 데이터 수집을 통해 경쟁사 대비 압도적으로 주행 데이터를 축적 중이다. 자율주행을 대하는 2016년의 감회와 현재의 느낌 사이에는 간극이 분명히 존재한다. 자율주행의 기술이 발전하고 있는 가운데 "우리는 자율주행이란 새로운 미래와 관련해 얼마나 합의에 이르렀나?"라는 질문을 스스로에게 던져야 한다. 자율주행은 미래 기술이나 탄소중립을 넘어 인류에게 엄청난 편의를 가져다줄 일대 사건인 것이 분명하지만 사회적 합의가 무엇보다 중요할 것으로 보인다.

이와 관련해 자동차 산업에 진출하는 LG전자의 성장 가능성을 보자. LG전자는 자동차 부품 사업을 미래 성장 동력으로 선정했다. 인포테인먼트 시스템, 램프와 조명, LG 마그나 이파워트레인(파워트레인) 등 3개의 축을 중심으로 사업 경쟁력을 강화하고 있다. 2021년 LG전자는 세계 3위 자동차 부품 업체 마그나인터내셔널과 전기차

파워트레인(동력 전달 장치) 분야 합작법인인 'LG 마그나 이파워트레인'을 설립했다. 자동차의 전동화(Vehicle Electrification) 트렌드에 맞춰 사업 경쟁력과 성장 잠재력을 높이기 위해서다. LG전자는 파워트레인의 핵심 부품인 모터, 인버터 등에 대한 기술력과 제조 경쟁력을 갖추고 있다. 마그나는 파워트레인 분야의 통합시스템 설계, 검증 같은 엔지니어링 역량을 보유하고 있다. 풍부한 사업 경험과 글로벌 고객 네트워크도 마그나의 강점으로 꼽힌다. 두 회사의 강점이 최상의 시너지를 내며 합작법인의 사업 고도화에 기여할 것이다.

모빌리티 혁명과 무선 업데이트 기능

자동차 회사가 대중에게 차를 선전하는 광경을 상상해보자. 우리는 컴퓨터나 스마트폰의 경우 무료로 업데이트하는 데 익숙하다. 자동차 소프트웨어 프로그램은 어떻게 될까? 업데이트에 돈을 요구할 것 같다. 실제로 지금도 테슬라는 무선 업테이트(OTA, Over-The-Air)를 통한 자율주행 기능 개선을 유료 서비스로 판매하고 있다. 차량을 구매한 이후에라도 추가 금액을 내면 기본적으로 탑재된 주행 보조 기능 '오토파일럿'에 더해 향상된 자율주행 기능을 사용할 수 있다. 이를 통해 고속도로에서 치선을 바꾸고 추월도 한다.

이런 광고는 어떻게 느껴지는가?

"타면 탈수록 주행 거리가 증가하는 경험을 하고 싶어요. 로켓처럼 전진하는 속도감을 체험하고 싶은가요? 소프트웨어 업그레이드를 통해 당신의 차가 새로 탄생합니다. 지금 시도해보시죠."

자율주행이 소프트웨어 프로그램으로 당신 곁으로 가깝게 다가온다. 앞으로 자동차도 스마트폰처럼 판매된 이후에는 소프트웨어로 성능 업데이트가 일상화될 것으로 보인다. 무선 업데이트는 차량의 기능을 개선하거나 추가 서비스를 부가하거나 오류를 바로잡는 수준으로 다양한 부문에서 스스로 업데이트해나갈 것이다. 무선 업데이트 방식은 클라우드 기반 서버에서 셀룰러나 와이파이 연결을 통해 차량으로 원격 전달된다. 스마트폰이나 노트북에 대한 업데이트와 거의 동일한 과정으로 보면 된다.

전 세계적으로 자동차 업계는 전기차를 위한 무선 업데이트로 차량의 성능과 기능을 지속적으로 개선하고 있다. 무선 소프트웨어 업데이트 기술은 과거 모바일이 주요 대상이었지만 사물인터넷과 자동차 분야로 그 대상을 넓혀가고 있다. 자동차 업계에서는 리콜에 따른 비용의 대부분이 소프트웨어 결함을 보정하는 데 들어간다. 무선 연결을 이용한 소프트웨어 무선 업데이트(SOTA, Software updates Over The Air)는 이러한 비용을 현저하게 줄일 수 있다. SOTA를 도입하는 이유로는 리콜 비용 감소, 신속한 기능 업데이트, 고객 만족 증대 등을 꼽을 수 있다. 현재 소프트웨어 무선 업데이트는 모바일 기기에서 흔히 시행되고 있다. 자동차에서 소프트웨어 무선 업데이트를 시행하려면 보안을 우선적으로 고려해야 한다. SOTA 구현은 적절하게 보호하지 못할 경우 외부 공격자가 차량의 안전에 위해를 가할 수 있다. 차량 전체의 보안이 위협받게 되고 최악의 경우 탑승자의 생명이 위험해질 수 있다. 이를 방지하려면 암호 방식과 함께 인증 및 개인 키의 사용을 지원하는 복합적인 보안 시스템이 필요하다. SOTA 업데이트는 인포테인먼트 화면과 내비게이션 같은 사용자 인터페이스에 더 많이 적용되는 경향이 있다.

순수 소프트웨어 외에 펌웨어(Firmware)는 어떻게 해야 할까? 펌웨어는 소프트웨어와 하드웨어의 중간에 해당하는 것이며 소프트웨어를 하드웨어화한 것이라고 할 수 있다. 펌웨어는 다른 소프트웨어보다 우선적으로 하드웨어의 기본적인 동작을 제어할 수 있는 기능을 갖고 있다. 컴퓨터 개발자들은 하드웨어 내부의 제어 부분에 저장 공간을 만들어, 그곳에 논리 회로의 기능을 보강하거나 대신할 수 있는 프로그램을 넣을 수 있게 했다. 이것이 펌웨어다. 무선 펌웨어 업그레이드(FOTA, Firmware Over the Air)는 수백만 줄의 코드로 이루어져 있어 업데이트가 쉽게 수행되지 않는다. 테슬라나 니오(NIO) 같은 전기차 회사들은 대용량 메모리와 빠른 연결, 컴퓨팅 능력, 사이버 보안 등의 첨단 기술을 갖춰 FOTA 업데이트를 진행하고 있다. 모빌리티 혁명이 과거 모바일 혁명처럼 되려면 소프트웨어 정의 차량(SDV)이 대량 보급돼야 한다. 아직은 그런 상황이 아니기에 서비스로 돈을 버는 사업을 실현하기에 앞서 무선 업데이트가 되는 SDV를 통해 소비자에게 차이를 알려야 한다. 폭스바겐·벤츠 등이 콘티

넨틸 같은 전장 전문 메가서플라이어(대형 부품 공급 업체)나 엔비디아 (NVIDIA) 같은 그래픽처리장치(GPU, Graphics Processing Unit)·인공지능 기업과 함께 SDV·OTA 개발을 서두르고 있는 것도 같은 맥락이다. 벤츠의 경우 2024년부터 자사에서 나오는 모든 신차에 소비자를 만족시킬 만한 무선 업데이트 기능을 기본 탑재할 예정이다. 앞으로 전기차만으로는 소비자에게 충분한 차별성을 주기 어렵다. 반드시 무선 업데이트가 되는 전기차여야만 충분한 매력을 줄 수 있다. 이는 모빌리티 서비스나 자율주행의 주도권을 잡는 것에 앞서, 자동차 회사로서 전기차를 많이 팔 수 있는 생존에 관한 문제다.

자동차 업계는 변화에 발맞춰 전동화, 자율주행, 커넥티드카 실현을 위한 시스템과 서비스들을 속속 선보이고 있다. 이러한 변화는 기존의 완성차 하드웨어와 부품 중심에서 다양한 모빌리티 솔루션 도입, 무엇보다 본격적으로 소프트웨어와 서비스 중심의 기업으로 전환하는 중요한 시작점으로 볼 수 있다.

전기차의 혁신과 반도체 공급 부족 사태

2021년 상반기 전기차 전용 플랫폼이 전기차 업계의 가장 뜨거운 이슈가 되었으나 차량용 반도체 공급 부족으로 자동차 회사가 생산을 줄이거나 공장을 멈추는 회사가 나오는 등 악재가 발생했다. 차 플랫폼이란 파워트레인, 차체, 서스펜션 등 차의 핵심 요소를 갖춰놓은 일종의 뼈대로, 전기차 전용 플랫폼은 배터리를 차량 하부에 놓고 전륜과 후륜에 각각 전기 모터를 배치하는 등 무게, 구조를 전기차 특성에 맞게 개발한 것이다. 그동안 기존 완성차 업체들은 내연기관차 플랫폼을 기반으로 전기차를 만들었다. 플랫폼 하나를 개발하려면 상당한 자금을 투자해야 하는데 전기차 시장 전망에 불확실성이 컸던 탓에 전용 플랫폼 개발에 소극적이었다. 그런데 전기차는 배터리와 모터를 통해 움직이기 때문에 내연기관차 뼈대를 기반으로 생산하자니 한계가 있을 수밖에 없었다. 자동차 등장 이후 글로벌 시장을 지배하던 전통적인 완성차 업체들이 스타트업 테슬라와 경쟁에서 뒤진 이유도 이 때문이다. 내연기관차는 한 대도 생산해본 적 없는 테슬라는 전기차 전용 플랫폼으로 차를 만들기 때문에 전기차에 가장 적합한 모델을 생산할 수 있었다. 테슬라의 사례처럼 완성차 업체도 전기차 전용 플랫폼을 한 번 개발하면 이를 적용한 다양한 전기차를 더 효율적으로 생산할 수 있어 생산성을 크게 높일 수 있다. 전기차에 맞는 틀을 사용해 주행 거리를 늘리고 에너지 효율을 극대화하는 게 옳은 방향이다. 급속충전 같은 기술도 쉽게 적용할 수 있다. 업체들이 앞 다투어 전기차 전용 플랫폼을 발표하는 것은 자동차 시장이 전기차 중심으로 빠르게 재편할 것을 암시한다.

그런 원년인 해에 돌발적으로 반도체 공급 부족이란 사태가 발생했다. 전기차는 반도체 소요량이 내연기관차의 두 배이고 자율주행차는 소요량이 통상적으로 세 배가 된다. 그 결과 2020년 말에 폭스바겐이 일찍 생산 조정을 발표하고 2021년 초부터 해외 대부분의 자동차 업체들이 반도체 부족으로 생산 조정에 들어갔다. 현대차도 일부 라인에서 휴무를 해야 하는 상황에 이르렀다. 반도체 부족의 근본 원인은 무엇이었을까? 이는 업체의 주문 축소에서 비롯되었다는 게 중론이다. 2021년 상반기 공급 부족은 2020년 초 코로나로 자동차 판매가 급격하게 감소하기 시작하며 징조를 보였다. 글로벌 자동차 업체들은 2020년 1분기 결산에서 수요 증발, 가동 중단으로 이익이 대폭 감소했다. 여기서 자동차 회사들은 시기를 극복하기 위해 유동성 추가 확보, 구조 조정, 사업 계획 축소를 하게 되었다. 결정적인 것이 부품 재고 관리였다. 필요한 부품을 필요한 시기에 조달하는 방식은 가장 비용이 적은 공급 관리 방식이었기에 자동차 생산량이 줄어든 자동차 회사들이 부품과 반도체 회사에 생산을 지연시키거나 대량으로 발주를 취소하는 일이 발생했다. 반도체 업체들은 차량용 반도체 수요 감소분을 수요가 급격하게 늘어난 PC와 통신 인프라로 전환해 생산하기 시작했다. 그런데 2020년 가을 이후 예상보다 빨리 자동차 생산이 회복되면서 차량용 반도체 조달에 차질이 생긴 것이다.

반도체의 재료인 실리콘 웨이퍼가 완성품의 칩이 되기까지에는 반년의 긴 시간이 걸린다. 2020년 가을 이후 4~6월에 발주한 양 이상으로 차량용 반도체가 필요한 상황이 되었다. 반도체 제조사들이 생산라인을 PC와 통신 인프라로 돌렸기에 차량용 반도체를 급히 증산하는 게 어려워졌다. 자동차 업체들은 주문 예측을 잘못하기도 했지만 반도체 부족에 대한 위기감도 크게 없었다.

이 와중에도 반도체 부족 사태에 큰 영향을 받지 않는 전기차 업체가 있었다. 바로 테슬라다. 왜 기존 자동차 회사의 차종은 생산이 중단되는데, 테슬라는 생산에 크게 타격이 없었을까?

모터, 배터리, 조향, 제동 등 주요 부품을 컴퓨터로 제어하는 전자제어장치(ECU, Electronic Control Unit)를 통합해서, ECU 수가 적으면 무선으로 업데이트를 할 때 부품 간 최적화가 가능하다. 테슬라 모델에 탑재된 ECU는 다른 차량과 달리 네 개다. 고성능 통합 ECU 한 개와 보조 ECU 세 개로 구성된다. 통합 ECU는 여러 제품을 관장하는 만큼 성능이 뒷받침되어야 무선 업데이트가 제대로 된다. 한마디로 테슬라는 모델 Y처럼 자체 운영체제를 갖추고 통합 제어가 되는 전기차를 생산한다고 할 수 있다. 이는 구조가 단순하고 반도체도 적게 들어간다. 제품 공급의 효율과 안정성을 높이는 가장 쉬운 방법은 제품 가짓수를 줄이는 것이다. 테슬라의 제품군은 모델 3, 모델 Y, 모델 X, 모델 S 등 네 가지밖에 안 되고 모두 전기차뿐이다. 차종의 ECU 설계가 유사하면 몇 개 차종에 들어가는 반도체 부품만 신경 쓰면 된다. 반면에 다른 자동차 회사들은 주력인 수십 가지 내연기관차, 모델마다 다른 ECU 설계로 차종마다 들어가는 반도체가 서로 다르다. 경우의 수가 너무 많아 공급망 관리에 어려움이 발생한다.

테슬라는 자사 차량의 ECU는 물론 핵심 칩도 직접 설계하고, 대당 필요한 반도체 숫자도 최대한 줄일 수 있다. 통합제어에서 빠지는 일부 기능을 구현하기 위해 반도체를 추가해도, 그 반도체는 단순 기능에 공용·범용화가 가능해서 값싸고 구하기 쉬운 것으로 대체할 수 있다. 대부분을 통합제어하기에 국지적으로 사용되는 일부 반도체는 단순 기능에 그치고 전용품을 쓰지 않아도 된다. 테슬라 스스로 전자제어·반도체 설계를 하기에 부품 공급망도 잘 파악하고, 대형 부품 업체를 거치지 않고 반도체 업체와 상당수 직거래한다. 기존 자동차 회사들은 반도체 회사와 직거래하지 않는다. 큰 부품 업체가 반도체 회사로부터 단품을 받아 세트 부품을 완성한 뒤 그것을 자동차 회사에 납품하는 식이다. 기존 자동차 회사들은 빨라야 2024~2025년쯤 현재 테슬라 수준의 ECU가 가능한 차량을 내놓을 수 있다. 테슬라는 앞으로 3~4년 동안 지금보다 더 단순한 ECU 시스템으로 발전해나가기에 그 격차를 벌릴 수 있다.

대륙의 테슬라로 불리는 전기차 스타트업 샤오펑을 비롯해 중국 자동차 회사들도 향후 경쟁력 핵심이 ECU와 OS로, 하드웨어와 소프트웨어의 통합 경쟁력이 될 것이라는 것을 잘 알고 있다. 엔비디아의 차세대 AI칩을 샤오펑이 제일 먼저 탑재한다. 중국차들이 AI·소프트웨어 기술력까지 갖추면, 조만간 하드웨어와 소프트웨어 통합 경쟁력도 높아지게 될 것이다. 자율주행차뿐 아니라 전기차의 하드웨어 경쟁력조차도 결국엔 소프트웨어가 규정하게 된다.

자동차 산업의 주류가 바뀌고 있다

지금 당장 앞으로 10년 동안 탈 차를 사야 한다면, 여러 차종을 선택할 수 있을 것이다. 내연기관차에 익숙한 사람은 주변에 충전 시설이 없어서 불편하다며 전기차를 외면할 수 있을 것이다. 만약 누군가가 내연기관차가 친환경적이지 못하다고 비난한다면, 그들은 전기차의 배터리와 전기 충전의 친환경성이 적절한지 반문할 수 있다. 그들은 여기에 덧붙여 가솔린 엔진의 열효율을 높일 수 있다는 주장을 할 수도 있다.

지금까지 가솔린 엔진 열효율은 40퍼센트가 한계였다. 연료가 가진 에너지 가운데 차를 움직이는 데 사용되는 비율이 40퍼센트를 넘지 못한다는 의미다. 그렇기에 이 열효율을 높일수록 내연기관차가 전기차 대비 LCA 규제에서 유리해지고 생각보다 오래 생존할 수도 있지 않을까? 엔진 제조 과정에서 이산화탄소 배출을 늘리지 않으면서, 주행 단계에서 배출가스를 줄일 수 있다면 내연기관차의 오랜 존치가 가능할 수 있다는 이야기다. 내연기관에 적용되는 친환경 에너지가 주목받고 있다. 우리나라에서도 이미 상용화되어 있는 바이오 디젤 같은 바이오 에너지가 대표적이다. 유럽이나 일본 등에서는 정부 차원에서 e-fuel(탄소중립 기술을 이용해 제조된 여러 합성연료)에 대한 관심이 이미 높다. 나아가 토요타, 혼다, 마쓰다 등 일본 업체들이 가솔린 엔진의 열효율을 높인 차를 시판하기 시작했다. 열효율 50퍼센트를 목표로 개발이 진행 중인데, 양산차에 적용도 가능하다. 유럽 업체들도 가솔린 엔진 열효율 45퍼센트, 혹은 50퍼센트를 목표로 기술을 개발 중이다. 사우디 국영 석유 회사 아람코도 고효율 엔진 개발에 뛰어들어 열효율 50퍼센트 엔진을 만들고 있다. 미국 에너지부

(DOE, Department Of Energy)가 2016년 시작한 '내연기관 열효율 향상 컨소시엄'도 가솔린 엔진 열효율 50퍼센트를 목표로 한창 개발 중이다. 내연기관차 업체들은 어떻게든 살아남으려고 가솔린 엔진의 기술 개발 가능성에 목을 매고 있다. LCA 규제 시행 때에 가성비 면에서 내연기관차가 오히려 효과를 발휘한다면 전기차는 어떻게 될 것인가? 더 낮은 비용으로 혹독한 배출가스 규제를 맞춰나갈 섬세한 전략을 짜는 데 엔진 기술이 역할을 할지 모르겠다.

세계적으로 전기차가 급부상하고 있지만 친환경차의 대세는 하이브리드(HEV)다. 국내만 보더라도 친환경차 중 하이브리드차가 80퍼센트의 점유율을 차지하고 있다. 전기차와 수소차가 그 뒤를 잇고 있고 성장세는 꾸준하다. 영국은 가솔린, 디젤 승용차와 소형 밴을 포함한 내연기관 판매 금지 시한을 2030년으로 앞당겼다. 영국 정부는 2032년부터 순수 내연기관차뿐만 아니라 규제를 통과하지 못한 하이브리드와 플러그인 하이브리드도 판매를 금지하겠다고 밝힌 바 있다. 영국 정부가 지난 2017년 처음 내연기관차 종식을 선언할 당시 기한은 2040년이었다. 내연기관차 퇴출 기한을 처음 계획에서 10년이나 앞당긴 것은 자동차에서 배출되는 오염 물질로 인한 기후 문제 심각성이 더 악화했기 때문이다. 영국은 유럽 주요국 가운데 가장 먼저 2050년 탄소 배출 제로 계획을 선언했다. 이를 달성하기 위해서는 시기를 늦출 수 없다는 지적이 나오면서 내연기관 완전 퇴출 시기를 앞당긴 것이다. 영국 정부는 순수 내연기관차 대비 상대적으로 오염 물질 배출량이 적은 하이브리드와 플러그인 하이브리드는 일정 기준을 충족한 경우에만 2035년까지 판매를 허용할 예정이다. 이런 가운데 내연기관차 업체들은 10년 안에 순수 전기차와 수소차가 내연기관차 수요를 모두 대체하기에는 시간이 턱없이 부족하다고 불만을 표출했다. 기술적 또는 생산 기반 문제뿐만 아니라 가격, 충전 인프라처럼 대중화에 앞서 해결해야 할 문제가 많다는 것은 곱씹어 볼 만하다. 전 세계 자동차 시장으로 볼 때, 2030년 전체 신차 시장의 20~30퍼센트 가량이 전기차가 될 것이라는 전망이다. 업계 예측을 종합해볼 때 2035년이 되어도 전기차가 전체 시장의 절반까지 도달하기는 쉽지 않아 보인다. 그렇다 해도 전기차 시장이 빠르게 다가오는 것은 피할 수 없으니 대비를 잘 해야 할 것이다.

2035년 기준으로도 신차 시장의 최소 절반은 하이브리드를 포함해 여전히 엔진이 탑재된 자동차가 팔릴 가능성이 크다. 하이브리드차는 두 가지 이상의 구동 장치를 가진 자동차다. 주로 가솔린 엔진과 전기모터를 함께 장착한다. 휘발유를 주원료로 사용하면서 전기모터를 보조적으로 활용해 연비를 높이는 개념의 친환경차다. 순수 전기차나 수소차로 넘어가기 위한 과도기 단계의 친환경차로 평가받는다. 하이브리드차는 크게 '플러그인 하이브리드 전기차'와 '하이브리드 전기차' 두 종류로 나뉜다. 순수 전기차인 코나EV, 볼트EV 이름에서 알 수 있듯 EV가 붙은 만큼 넓은 의미의 전기차로 분류된다. 이 중 플러그인 하이브리드는 순수 전기차와 내연기관차의 중간 단계 모델이다. 플러그인이라는 이름이 붙은 것처럼 외부 충전이 가능하다는 의미다. 주행할 때 보통 전기모터를 사용하고 고속 주행을 하거나 전기모터가 방전되면 가솔린 엔진을 사용하는 방식이다. 외부 충전을 할 수 없는 하이브리드 전기차는 순수 전기차보다는 내연기관차에 더 가까운 모델이다. 도심에서 저속 주행을 하거나 가속 페달을 밟지 않는 관성 주행을 할 때만 전기모터를 활용할 뿐 나머지 주행 시에는 가솔린 엔진을 가동한다. 전기모터는 엔진의 보조 역할만 할 뿐이다. 정리해보면 플러그인 하이브리드는 순수 전기차를 내연기관이 보조하는 성격이고, 하이브리드는 내연기관차를 전기모터가 보조하는 개념이다. 하이브리드차의 가장 큰 매력 요인은 연비다.

다시 영국 이야기를 해보자. 하이브리드차는 엔진이 있기 때문에 배출가스가 나오기 마련이다. '규제를 통과한 것 이외에는 판매를 금지한다'는 말은 '규제를 통과하면 판매가 가능하다'는 뜻이다. 2025년부터 유럽에 LCA 규제가 도입되기에 환경 규제만 충족하면 하이브리드차의 경우도 판매가 불가능하지는 않다.

중국 정부는 2035년까지 전체 신차 판매에서 신에너지차(전기차·플러그인·수소차) 비율을 50퍼센트(이 가운데 전기차가 95퍼센트 이상), 하이브리드차 비율을 50퍼센트로 높일 계획이다. 2035년부터 순수 엔진 차량은 퇴출시킨다는 것이지만, 역으로 얘기하면 엔진이 들어간 하이브리드차가 2035년 중국 신차 시장의 50퍼센트를 차지할 수 있다는 이야기다. 2035년 중국 시장을 연 3,000만 대로 가정한다면, 연간 전기차 1,500만 대, 하이브리드차 1,500만 대가 팔린다는 이야기다. 중국은 유럽에 비해 재생에너지 비율이 낮으므로 유럽 수준을 빨리 따라가긴 어려워 보인다. 2035년 모든 차량을 전기차로 바꾼다 해도 LCA 규제를 적용할 때 차량 제조, 사용, 폐기 전 과정의 탄소 배출량을 줄이는 데는 효과가 덜할 수 있다. 따라서 전기차만이 아니라, 하이브리드차를 대량 보급하는 쪽으로 방향을 전환하는 것이 합리적으로 보인다. 중국은 하이브리드차에 제공하는 혜택을 폐지했다가 제공하는 방향으로 바꿨는데 이 역시 향후 LCA 규제를 염두에 둔 것이다.

주요 자동차 회사들은 전기차에 막대한 투자를 하고 있다. 폭스바겐그룹은 2025년까지 모든 브랜드에 걸쳐 80종의 새로운 전기차를 선보이고, 2030년까지 전 차종의 전기차 버전을 내놓겠다고 발표했다. GM은 2023년까지 적어도 20종의 새 전기차 모델이 도로를 달리게 하겠다는 계획을 공개했다.『블룸버그 뉴에너지파이낸스(Bloomberg New Energy Finance)』에 따르면 2022년 전기차 모델이 전 세계적으로 500개에 달할 것으로 예측된다. 하지만 수십억 달러에 달하는 투자에도 불구하고 현재 주요 자동차 회사 중 누구도 시장 선두주자이자 전기차와 거의 동의어가 된 테슬라에 별다른 위협이 될 수는 없다. 소비자들이 아우디의 이트론 같은 제품이나 GM의 뷰익, 캐딜락, GMC, 그리고 쉐보레에서 나온 매력적인 전기차보다 여전히 테슬라를 선택하는 이유는 놀라울 정도로 단순하다. 그것은 장거리 주행을 할 때 테슬라의 충전소를 쉽게 찾을 수 있을 거라고 확신하기 때문이다. 기존의 자동차 업체들이 여전히 완벽한 전기차를 만드는 것에만 몰두하고 있는 반면, 테슬라는 소비자들이 주행할 때 갖는 핵심 문제를 해결하려고 자동차 시스템 전체를 고민하고 있다. 자동차는 주행할 때 가치를 창출하지만 그러려면 연료 보급이 필요하다. 휘발유 자동차나 트럭 제조사들은 이걸 걱정할 필요가 없다.

전기차 충전소, 즉 급속 충전 설비는 초기 단계로, 미국에서도 충분하지 않은 상태다. 더구나 이용 가능한 충전 네트워크는 소유권과 기술에 따라서 호환 여부가 달라진다. 가장 큰 충전 네트워크를 소유한 것이 테슬라이며 다른 충전 네트워크와 비교해 10배의 규모를 갖추고 있다. 테슬라를 구입하지 않는다면 급속 충전소 이용이 보장된 주행 경로를 짜는 데 선택권이 거의 없게 된다. 전기차는 양면의 플랫폼 제품이다. 즉, 회사 입장에서는 다수의 고객 기반이 있어야 하고, 소비자 입장에서는 지리적으로 분산된 급속 충전소라는 대규모 네트워크가 필요하다. 전기차를 판매하려면 강력한 충전 네트워크가 반드시 필요하다. 대규모 충전 네트워크 구축에 투자한다는 건 충분히 큰 규모의 사용자 기반과 수요가 있어야 가능하다. 테슬라는 그런 네트워크를 가지고 있다. 나머지 회사들의 네트워크는 터무니없는 수준이다. 현대차는 전기차 전용 플랫폼 E-GMP 기반의 아이오닉 5를 생산하고, 현대차에서 직접 고속 충전소를 만들고 있다.

향후 테슬라 주식의 방향성

다시 테슬라의 이야기로 가보자. 1장에서도 살펴보았으나 저세상 주식으로 불리는 테슬라의 2021년 주가 수익률은 연초 기준으로 화려하지 못하다. 그 이유는 무엇일까?

전기차 1위 테슬라가 앞으로 전기차 시장에서 차지하는 비중이 점차 줄어들 것이라는 전망을 경제 매체『포브스』가 내놓았다.『포브스』는 테슬라가 현재 기술적으로는 우위에 있지만, 시장 점유율은 서서히 경쟁 업체들에게 잠식되고 있다고 분석했다. 향후 배터리 가격 경쟁력 저하와 조립 품질 논란도 테슬라의 점유율 하락을 촉발하는 변수다. 2020년 전 세계 전기차 시장에서 테슬라의 점유율은 23퍼센트에 달했다. 이 점유율이 앞으로 점점 하락해 2040년에는 8퍼센트까지 하락할 것이라는 전망이다. 점유율 하락의 첫 번째 지표는 테슬라의 차량 판매량 저하. 폭스바겐, 르노, 현대차, 홍광 등 경쟁 업체의 전기차 판매량이 점점 커지고 있다. 2020년 10월 유럽에서는 폭스바겐 ID.3가 테슬라의 모델 3를 제치고 판매량 1위를 차지했다. 11월에도 르노의 조에(Zoe)가 1위, 현대의 코나 일렉트릭이 3위를 하며 모델 3는 4위로 밀려났다. 아우디의 프리미엄 전기차 e-트론이 판매량 20위권에 진입한 것에 비해, 테슬라의 프리미엄 라인업인 모델 S와 모델 X는 20위권에 들지 못하는 부진한 성적을 거뒀다. 중국 시장의 전망도 밝지만은 않다. 테슬라는 2021년 중국에서 보급형 신제품 모델 2를 판매하지만, 중국에서는 이미 훨씬 싼값에 팔리고 있는 차들이 많아 큰 폭의 판매량을 보장할 수 없는 상황이다. 중국 홍광사의 홍광 미니 전기차나 비야디자동차(BYD)의 BYD e2는 이미 초저가 전략을 펼치고 있다. 배터리 가격 경쟁력도 테슬라의 점유율을 하락시킬 수 있는 요인이다. 테슬라 전기차의 전력 효율은 경쟁 차종에 비해 높지만, 가격은 그렇지 않다. 전기차가 내연기관차보다 저렴해지려면 배터리 비용이 1킬로와트시당 100달러 미만으로 낮아져야 한다. 중국 배터리 업체 CATL의 리튬철 인산염(LFP) 배터리와 BYD의 블레이드(Blade)의 가격은 이 기준을 넘어섰다. LG화학의 NCM 배터리도 이 기준을 충족할 전망이다. 테슬라가 사용하는 파나소닉 2170 배터리는 2022년까지도 이 기준에 미치지 못할 것으로 예상된다. 게다가 2020년 '배터리 데이' 행사에서 발표한 자체 개발 4680 배터리는 훨씬 더 비싸다. 4680 배터리는 높은 전력 효율을 보여주지만, 단가 측면에서 테슬라의 가격 경쟁력에 부담을 준다는 이야기다.

다른 변수는 테슬라의 어설픈 품질 관리다. 테슬라는 대부분 차량을 대상으로 마감 품질에 대해 계속해서 지적받고 있다. 도장 불량, 유격, 단차 등 조립 품질뿐만 아니라 소프트웨어 부문도 결함이 발생하고 있다. 글로벌 투자은행 JP모건은 2020년 12월 "테슬라 주가는 모든 전통적인 지표로 봤을 때 극적으로 과대평가됐다"며 테슬라의 향후 전망을 비관적으로 평가한 바 있다. 테슬라의 자율주행 경쟁력에 대해서도 미래를 어둡게 보는 기사가 상당수 있다. 구글 산하의 자율주행차 기업 웨이모(Waymo)가 자율주행차 경쟁력을 언급했다. 테슬라는 웨이모의 경쟁 상대가 되지 못한다는 것이 웨이모 측의 주장이다. 2021년 1월 24일 비즈니스 인사이더에 따르면, 당시 존 크래프칙(John Krafcik) 웨이모 최고경영자(CEO)는 독일 언론과의 인터뷰에서 "자율주행차 분야에서 테슬라는 전혀 우리의 경쟁자가 아니다"라고 말했다. 그는 운전자가 탑승하지 않는 완전한 자율주행 기술 개발을 목표로 하는 웨이모를 발전된 지능형 운전자 보조 시스템(ADAS, Advanced Driver Assistance Systems) 수준인 테슬라의 오토파일럿과 비교할 수 없다고 설명했다. 테슬라의 오토파일럿 기능이 뛰어나지만, 어디까지나 운전자가 탑승한 상태에서 운전자의 부담을 덜어주는 편의기능이지, 운전자가 아예 탑승하지 않고 차량만 운행하는 것을 목표로 하는 웨이모의 자율주행 기술과는 차원이 다르다는 주장이다.

웨이모는 2021년 들어 기술의 명칭도 바꿨다. 그간 쓰던 '자율주행(self-driving)'이란 명칭 대신 '완전 자동주행(fully autonomous driving)'이라는 명칭을 쓰고 있다. 이는 테슬라와 분명한 선을 그으려는 조치로 해석된다. 크래프칙 CEO는 테슬라의 오토파일럿은 여전히 많은 버그와 불안정성을 지니고 있다면서 자율주행 차량은 매우 높은 안전성을 확보해야 하며 테슬라의 방식으로는 한계가 있다고 강조했다. 웨이모는 라이다(Lidar)와 정밀 지도(HD Map, High Definition Map)를 사용하지 않는 테슬라 방식의 자율주행 기능을 개발했으나 이를 폐기했다. 운전자가 탑승할 필요 없는 레벨 5 수준의 완전한 자율주행 차량을 만들기 위해서는 더 높은 수준의 하드웨어와 소프트웨어, 정보의 조합이 필요하기 때문이다. 크래프칙 CEO는 자율주행은 신중한 기술 발전이 요구된다. 웨이모는 현재 자율주행 소프트웨어에 대한 개발을 거의 완료했으며, 이를 확장 적용하는 단계에 있다. 조만간 상업화가 가능할 것으로 전망했다. 아이러니하게도 크래프칙은 2021년 4월 약 5년 반 만에 자리에서 물러나면서 자율주행차의 씁쓸한 현실을 보여줬다. 자율주행차 개발에 종사하는 거의 모든 기업들에서 자율주행의 완전한 현실화가 어려운 문제라는 인식이 확산하고 있다.

자동차 산업에서 테슬라는 엄연한 마이너지만 시가총액은 미국과 유럽 자동차 시장 가치의 총합 수준이다. 이런 측면에서 테슬라 주가는 명백한 시장 왜곡이라는 주장도 비합리적이라고 할 수만은 없다. 그렇기 때문에 전문가 중 일부는 테슬라의 주가가 10분의 1 수준으로 떨어지는 것이 적절하며, 테슬라는 역대 가장 크게 부풀려진 주식 중 하나고, 투자를 접어야 하는 불안정한 종목이라고 지적했다. 반면에 '돈나무(money tree)' 선생님으로 불려온 '기술주 여신' 캐시 우드(Catherine D. Wood) 아크인베스트먼트(ARK Investment) CEO는 테슬라 같은 친환경 기술주를 좋아한다. 2018년 2월 미국 경제 매체 CNBC 방송에 출연할 당시 부도 위기에 몰렸던 테슬라에 대해 5년 안에 주가 4,000달러(5 대 1 액면분할 전 기준)를 넘어설 것이라고 관측했는데 단 2년 만에 목표가에 도달했다. 그녀는 2021년 3월 테슬라가 포함된 ETF를 거론하며 이런 말을 했다.

"우리 ETF 매니저들은 계속 테슬라를 추매하고 있다. 여러분들은 5년 후면 우리가 투자한 기업들이 거품(고평가)이 아니었다는 것을 알게 될 것이다."

캐시 우드는 2025년 테슬라가 주당 3,000달러에 이를 것으로 보고 있다. 테슬라가 올해 미국 바이든 정부의 전기차 보조금 등 친환경 정책에 힘입어 전기차 판매량이 크게 느는 것은 주가에 긍정적이나, 2021년 4월 캐시 우드가 테슬라 주식을 판 것을 볼 때 머쓱해진다. 테슬라가 자율주행이나 우주산업 등 일론 머스크의 야심찬 계획을 현실로 전환시킬 때 주가가 성장할 수 있지 않을까? 상대적으로 가격이 낮은 전기차 모델 3과 모델 Y 판매 비중이 커져 테슬라 수익성이 악화할 수도 있다. 어떤 이들은 테슬라의 미국 전기차 시장 점유율이 2020년 정점을 찍은 뒤 올해부터는 하락할 가능성이 크다고 말한다. 그러한 견해에 의하면 테슬라는 아직 전기차 시장에서 본격적 경쟁이 벌어지지 않은 데 수혜를 보고 있을 뿐이다. 이른 시일에 여러 자동차 기업의 전기차가 시장에 출시되면 테슬라의 기업 가치에 부정적 영향을 미칠 수 있다. 그래도 코인 이슈로 신뢰를 잃은 일론 머스크의 이 말을 되뇌이며 전기차편을 마치고자 한다.

"무엇인가가 중요하다면, 가능성이 마음에 들지 않더라도 실행하라."

일론 머스크 증후군, 모두가 불가능하다고 생각한 그의 도전이 테슬라의 주가를 좌우했고, 앞으로도 좌우할 것이다. 이 장에서 전기차가 대중 시장으로 발전하는 과정에서 새로운 시장 플레이어는 어떤 영역에서 어떤 모습으로 등장할 수 있을지에 대해 살펴보았다. 자동차 동력이 내연기관에서 전기로 바뀔 때 사동차 시장 구조 또한 변할 가능성이 높다. 이 변화를 누군가는 제로섬(zero-sum)으로 받아들일 수 있지만 사실은 그렇지 않다. 전혀 상상하지 못하는 영역에서 새로운 플레이어가 등장할 때 자동차 시장뿐 아니라 모빌리티 시장 전반에 걸친 변화에 대한 사회 수용성이 높아질 수 있다. 서비스로서의 모빌리티(Mobility as a Service), 보편적 기본 이동권(Universal Basic Mobility)처럼 모빌리티에 대한 새로운 규칙과 새로운 사회 디자인은 전기차로 촉발된 시장 역동성과 사회 수용성 증가를 전제할 때 비로소 가능할 수 있다. 판이 흔들려야 변화의 기회가 생기는 법이다.

세계 자동차 시장의 성격을 규정하는 힘은 중국, 미국 그리고 유럽연합이다. 세계 자동차 시장에서 한국 자동차 시장은 가격 수용자일 뿐이다. 그러나 한국 자동차는 새로운 역사를 쓸 수 있다고 믿는다.

이 장을 마치며 전기차 충전 회사인 차지포인트(ChargePoint Holdings)를 소개하고자 한다. 이 회사는 충전 설비, 소프트웨어 및 서비스 통합 플랫폼 제공을 통해 수익을 창출한다. 테슬라뿐만 아니라 모든 브랜드, 유형에 상관없이 충전이 가능한 개방형 네트워크가 강점이다. 소프트웨어를 통해 충전 시설들의 사용 가능 시간, 효율적인 전력 배분, 원격 관리, 기계 결함 알림과 같은 서비스를 제공한다. 서비스형 소프트웨어(SaaS) 구독 모델로 100퍼센트 반복 매출이 발생한다. 운전자용 앱도 제공해 실시간으로 어디서 충전이 가능한지 알려주며 이를 통한 예약과 결제도 가능하다. 현재 4,000여 개가 넘는 고객사를 보유하고 있으며 미국과 유럽 시장 점유율은 73퍼센트다. 북미 지역에서 이미 강력한 네트워크를 확보하고 유럽 지역에서 사업을 확장하는 중이다.

미국과 유럽의 전기차 충전 인프라 관련 투자금액은 2030년

600억 달러, 2040년 1,920억 달러까지 증가할 것으로 예상한다. 전기차 침투율이 상승함에 따라 차지포인트의 성장도 지속될 것이다. NH투자증권은 차지포인트의 매출이 2021~2026년 연평균 58퍼센트씩 증가할 것이라고 전망하고 있다. 전기차 침투율의 빠른 상승과 막대한 충전 인프라 투자 금액을 고려했을 때 충분히 달성 가능한 숫자라고 판단한다. 울산 북구 이화산단에 현대모비스가 위치하고 있다. 현대차그룹의 E-GMP 전기차에 들어가는 핵심 부품은 모두 현대모비스 울산·대구 공장에서 생산하고 있다. 배터리팩과 배터리 관리 시스템(BMS), PE 모듈 조립은 울산에서, 모터와 제어기는 대구에서 맡는다. 울산이 전기차 밸리를 형성해 전 세계로 뻗어가는 꿈을 꿔본다.

수소 모빌리티,
자동차를 넘어 선박과 항공까지

니콜라의 수소 트럭은 허구인가?

2021년 4월 22일 지구의 날을 맞아 기후정상회담이 개최되면서 친환경 관련주가 상승했다. 수소차 관련주인 니콜라(Nikola)는 수소연료 충전소 개발 소식에 주가가 11.77달러로 14.38퍼센트나 치솟아 눈길을 끌었다. 니콜라의 수소 협업 이슈는 과거에도 한때 흘러나왔던 이야기로 여전히 확인해야 할 부분이 많다. 이날 니콜라의 주가 급등에는 신중하게 접근해야 했다. 2020년 전기차 대표주 테슬라 주가의 상승으로 일론 머스크가 한때이지만 아마존의 제프 베이조스를 제치고 세계 최대부호가 됐다. 한편에서는 봉이 김선달식 부호 탄생도 화제였다. 니콜라는 2020년 6월 4일 상장해 상장된 지 4거래일 만에 시가총액이 300억 달러를 넘으면서 116년 역사의 자동차 제조사 포드를 앞서 화제가 됐다. 당시 주가가 상승한 요인은 무엇인지 살펴보자.

니콜라의 주가가 고공행진을 한 이유는 두 가지였다. 첫 번째 이유는 트럭, 버스 등 상용차 시장에서 수소차의 가능성이 높기 때문이다. 상용차는 차량 자체가 무겁고, 고중량 화물과 다수의 승객을 운송하므로 높은 출력을 요구한다. 기존 전기차 형태로 리튬이온 배터리를 탑재해 트럭과 버스를 만들면 차량 무게가 급격히 늘어난다. 테슬라가 공략하지 못하는 상용차 시장에 대한 기대 심리가 니콜라 상장을 계기로 폭발한 것이다.

미국 에너지부와 컨설팅 업체 맥킨지가 40톤급 트럭의 파워트레인 무게를 비교했다. 기존 디젤엔진은 7.5톤인데, 전기차용 배터리로 대체하면 10톤으로 중량이 늘어난다. 하지만 수소차는 7.0톤이면 충분한 것으로 나타났다. 전기차와 수소차의 중량 차이는 전기를 저장하는 데 쓰이는 배터리와 연료전지의 무게 차이 때문이다. 순수 전기 트럭의 경우 배터리가 4.5톤을 차지한다. 수소 트럭은 연료전지 0.15톤, 보조 전력 공급용 배터리 0.6톤이 쓰인다. 주행 거리를 늘리는 데에도 수소차가 유리하다. 전기차는 배터리 무게 때문에 한계가 있는 반면, 수소차는 고압수소탱크만 더 달면 되기 때문이다.

일본 후지경제는 「연료전시 전망 보고서」에서 수소차용 연료전지 시장이 2017년 1,757억 엔에서 2025년 1조 엔, 2030년 4조 9,275억 엔으로 급격히 성장할 것으로 내다봤다. 또한 2021~2025년 수소 충전소 인프라가 대거 확충될 것으로 예상했다. 후지경제는 특히 트럭, 버스 등 상용차 수요가 늘어날 것으로 봤다. 수소차 생산 비용을 낮추는 데 핵심 역할을 상용차가 할 것이라는 예상이다.

두 번째 이유는 니콜라가 픽업트럭 출시 계획을 내놓으면서 수소트럭이 대형 트레일러뿐만 아니라 미국 가정에서 많이 보유한 픽업트럭까지 확산될 가능성이 높아졌기 때문이었다. 미국에서 가장 많이 팔리는 픽업트럭이 포드 'F-150'인데 니콜라의 목표는 픽업트럭 시장에서 F-150을 넘어서는 것이었다. 픽업트럭 시장에 진출하면 매출액을 급격히 늘릴 수 있다. 하지만 수소 충전소 등을 대규모로 건설해야 하므로, 투자 부담도 늘어날 수 있다. 당시 니콜라는 실탄을 충분히 확보한 듯했다.

지구의 날 주가가 급등했지만 니콜라의 시가총액은 45억 달러를 조금 상회하는 수준이었다. 2020년 6월에는 주가가 93.99달러까지 치솟았는데 11.77달러라니 주가가 천당에서 지옥으로 떨어진 느낌이다. 2020년 니콜라는 수소 트럭을 시판하지도 않은 상태에서 기대감만으로 포드의 시가총액을 앞섰다. 세간에 말이 많을 수밖에 없었다. 니콜라는 차량·에너지 투자 분야 기업인수합병 업체인 벡토아이큐(Vecto IQ)가 먼저 상장한 후 니콜라를 합병하는 '우회 상장' 방식으로 나스닥에 등장했다. '제2의 테슬라'를 꿈꾸는 수소 에너지 트럭 제조 업체 니콜라는 과거에 수소연료전지도 만들지 않고도 수소 트럭을 만든 것처럼 광고했다. 미국 물리학자 겸 발명가인 '니콜라 테슬라'의 이름을 딴 니콜라는 김동관(김승연 한화그룹 회장의 장남) 한화솔루선 부사장이 2018년 1억 달러를 투자한 사실이 알려져 국내 개미 투자자의 뜨거운 관심을 받았다. 좀 더 정확히 말한다면 상황은 이렇다. 니콜라는 2014년 설립된 스타트업이다. 당시 니콜라는 1회 충전으로 1,920킬로미터를 갈 수 있는 수소 트럭을 개발했다는 점을 전면에 내세우며 이름을 알렸다. 이에 한화그룹은 한화에너지와 한화종합화학 명의로 2018년 이 회사에 1억 달러(1,190억 원)를 투자했다.

수소 트럭 제조 분야는 이미 다임러·볼보·스카니아 등 다른 기존 업체들이 선제적으로 진행해 경쟁이 만만치 않아 니콜라가 우위를 점할 수 있을지 의문이 들기도 했으나 GM이 2020년 9월 니콜라와 전략적 제휴를 맺었다. GM이 지분 11퍼센트를 취득해 니콜라에 차량용 배터리를 공급하기로 했다. 그런데 GM과 니콜라가 이 같은 계획을 발표한 직후 공매도 투자자인 '힌덴버그리서치(Hindenburg Research)'가 보고서를 통해 "니콜라는 수십 가지 거짓말에 기초한 복잡한 사기행각을 벌이고 있다"고 밝히며 논란이 됐다. 니콜라가 수소 관련 기술을 보유하고 있지 않다는 것이다. 힌덴버그리서치는 니콜라가 공개했던 세미트럭의 고속도로 주행 영상은 언덕 꼭대기로 트럭을 견인한 뒤 언덕 아래로 굴러가는 장면을 촬영한 것이라고 주장했다. 아울러 니콜라가 본사에 설치했다는 태양광 패널이 실제로는 존재하지 않는다는 항공사진을 들추어내었고, 자체 개발했다고 했던 핵심 부품 대부분이 외부로부터 매입했거나 면허를 받은 것이라는 공급 업체들의 증언도 있다고 발표했다. 이후 GM은 니콜라 지분을 인수하기로 한 계획을 철회했고, 한화그룹도 2021년 3월 보유 지분 50퍼센트(1,105만 주)를 매각하기로 결정했다. 수익권에 있는 상황에서 주가가 더 떨어져 투자와 관련해 향후 대두될 수 있는 손실책임론을 사전에 차단하기 위한 포석으로 해석된다. 현대자동차의 경우 니콜라 경영자가 직접 현대차의 사업 참여를 희망했지만 정의선 현대차그룹회장은 이를 거절한 것으로 알려졌다.

논란에도 불구하고 니콜라는 2021년 2월 수소 트럭(FCEV) '트레 캡오버(Tre Cabover)'와 '투 슬리퍼(Two Sleeper)'를 공개하며 2023년과 2024년에 양산에 돌입하겠다고 발표했다. 그러나 2021년 3월 트레버 밀턴(Trevor Milton) 니콜라 창업자가 주식 350만 주(4,900만 달러)를 매각하고, 곧이어 기술 담당 임원이 회사를 떠나는 등 악재가 거듭되었다.

지구의 날에 니콜라의 주가가 상승한 진짜 이유는 행동주의 투자가로 알려진 제프 우번(Jeff Ubben)의 영향력 때문이었다. 행동주의 투자는 사업의 실적을 예측해 투자하는 소극적인 투자와 대비된다. 특정 기업의 주식을 대량 매수한 후 주주로 등재해 기업의 혁신, 구조조정 등 기업 경영에 관여해 수익을 내는 적극적인 방식의 투자 전략을 말한다. 우번은 엑슨모빌과 니콜라의 이사회 멤버로서 수소차의 성공 조건 두 가지를 말하고 있었다. 바로 수소 충전소와 수소연료전지 트럭이고 니콜라는 이 두 가지 통합 솔루션을 구축해야 한다. 전기차는 전기를 만드는 과정에서 필연적으로 이산화탄소를 발생시킨다. 반면 수소차는 매연 대신 수증기를 내뿜는 '달리는 공기청정

기'이기에 친환경차로서 거부할 수 없는 매력을 보인다. 2021년 6월 영국 광고심의위원회는 현대의 넥쏘가 배기가스를 발생시키지 않지만, 브레이크 작동과 타이어 마모 등으로 공해의 원인인 미립자를 발생시킨다며 '달리는 공기 청정기' 문구 사용을 금지했다. 전기차의 2차 전지도 급속 충전 기술이 발전해 충전 속도가 빨라지고 있지만, 고압수소를 활용하는 연료전지보다 충전 속도가 느리다. 수소자동차의 충전 속도는 3~5분에 불과하다. 수소차의 매력이 돋보이긴 하지만 그 점유율은 아직도 미약하다. 배터리식 전기차에 비해 좀 더 긴 항속 거리와 가동 시간을 확보할 수 있고, 시간 경과에 따른 자연 방전 문제도 좀 덜 수 있다는 이점이 있다.

버스나 트럭 등 상용차용 수소 충전 인프라 구축을 위해 현대차 등이 공동출자한 특수목적법인인 코하이젠(KoHygen, Korea Hydrogen Energy Network)이 2021년 4월 19일 본격 활동을 시작했다. 코하이젠은 수소 충전소 전국 확대를 목표로 하고 있다. 현대차, 한국지역난방공사, SK에너지, GS칼텍스, S-OIL, 현대오일뱅크, SK가스, E1이 주주로 참여했다. 프랑스의 에너지 회사 에어리퀴드도 합류했다. 에어리퀴드는 현대차와 함께 2017년 스위스 다보스 세계경제포럼(WEF)에서 출범한 수소 관련 글로벌 CEO 협의체인 '수소위원회'의 공동회장사를 맡고 있다. 현대차, SK에너지, S-OIL, SK 가스 등 울산 기반 기업이 수소 사업과 관련하여 돋보인다. 우리나라에서는 현재 진행되고 있는 '수소 시대' 논쟁에서 전기차에 자동차 시장의 미래가 있다는 여론이 앞서고 있다. 수소경제는 긍정적이나 대중의 수용성 차원에서 수소 승용차가 전기차에 앞선다는 의미는 아닌 것이다.

전기차나 수소차나 지적되어야 할 사항이 있다. 전기나 수소를 생산하는 과정에서 상당한 양의 이산화탄소가 배출된다는 점이다. 수소차 고유 모델을 생산해 판매하고 있는 토요타는 자사가 판매 중인 미라이(MIRAI) 수소차의 온실가스 배출량을 평가한 결과 수소차의 온실가스 배출량이 휘발유를 연료로 사용하는 일반 하이브리드 자동차와 거의 같았다. 수소차 생산에 사용되는 절대 대부분의 수소가 화석연료인 천연가스를 고온고압에서 수증기와 반응시켜 얻기 때문이다. 그래서 우리는 2장에서 그린 수소에 주목했던 것이다. 캘리포니아 '퓨얼셀 파트너십(Fuel Cell Partnership)'의 평가에 의하면 캘리포니아에서 운행 시 수소차의 온실가스 배출량은 일반 자동차보다는 적지만 전기차보다는 많다. 수소차 자체에서 배출되는 이산화탄소는 없지만 수소를 생산하고 수송한 뒤 고압으로 충전하는 과정에서 상당한 에너지를 사용하며, 이 과정에서 이산화탄소가 배출되기 때문이다. 앞서 2장에서 살펴본 것처럼 수소연료전지는 전기를 생성하는 과정에서 많은 열이 발생해 에너지 효율이 낮다. 반면 전기차에 사용되는 배터리는 큰 열을 발생시키지 않고 전기를 공급해 에너지 효율이 높다. 수소연료전지차와 전기차의 탱크 투 휠(TANK-TO-WHEEL, 연료탱크에서 차량 주행에 따르는 소비)의 온실가스 발생량은 사실 제로에 가깝다. 하지만 최초 연료 추출과 정제 운송을 포함한 전기 생산 과정인 웰 투 휠(WELL-TO-WHEEL)을 보면 온실가스가 적지 않게 발생한다.

어떤 이들은 수소차는 수소를 태워서 구동되는 차냐고 물어볼 수 있겠지만 2장에서 수소연료전지를 공부한 독자의 경우라면 그런 대답을 하지 않을 것이다. 그런 방식도 한때 검토된 적이 있지만 수소차는 수소연료전지 전기차(FCEV, Fuel Cell Electric Vehicle)로 부르는 게 정확한 표현이다.

전지차라는 용어로 알 수 있듯이 구동계는 전기차(BEV, Battery Electric Vehicle)와 마찬가지로 전기모터다. 전기차는 외부 플러그를 이용해 배터리에 전기를 충전하고 그 전기 에너지로 모터를 구동해 동력을 얻는 것이다. 반면 수소차는 수소를 산소에 반응시켜 물과 함께 생산되는 전기를 에너지원으로 사용한다. 수소를 에너지원으로 보지 않고 전기처럼 에너지 전달자(Energy Carrier)로 말하기도 한다. 수소를 직접 연소시켜 그 폭발력으로 자동차를 구동하는 방식이 없었던 것은 아니다. 문제는 효율성과 안정성이 수소연료전지 전기차에 비해 떨어지고 기존 내연기관의 단점은 그대로 지니고 있어 현재는 추가 연구가 이뤄지지 않고 있다. 자동차 회사 입장에서는 수소연료 전기차 기술을 확보하면 전기차 기술 역시 보유하게 된다. 물론 수소차에는 수소연료 탱크를 장착해야 하기 때문에 차 내부 디자인이 다를 수밖에 없다.

연료전지만으로는 전기를 만들 수 없고 연료전지 주위에 운전에 필요한 주변 장치(BOP)를 장착해서 이 장치들이 자동차의 운전 상황에 따라 연료전지에 필요한 양의 연료와 공기를 공급해주고, 적절한 온도를 유지하기 위해 냉각수도 돌려주게 된다. 이렇듯 연료전지와 연료전지를 구동시키는 데 필요한 주변 장치를 합쳐서 연료전지 시스템이라고 한다는 것을 이미 2장에서 살펴보았다. 이하에서 좀 더 세부적으로 살펴보기로 한다.

연료에서 구동에 이르기까지 에너지 흐름의 관점에서 보면 연료 저장 시스템, 연료전지 발전 시스템, 전기 동력 시스템으로 나눌 수 있다. 고압수소탱크에서 연료전지로 연료인 수소가 공급되며, 전기화학 반응에 필요한 산소는 대기 중의 공기로부터 공급된다. 한 번 연료전지 스택에 공급된 수소는 대기 중으로 방출되는 것이 아니라 수소 이용률을 높이기 위해 수소탱크의 수소와 혼합되어 다시 연료전지 스택에 공급된다. 이런 방법을 통해 연료의 소비를 줄일 수 있을 뿐만 아니라 대량의 수소가 공기 중으로 방출되어 발생할 수 있는 위험도 줄일 수 있다. 공기와 수소의 반응에 의해 연료전지 스택에서 생성된 직류 전기는 인버터를 통해 교류 전기로 바뀐 뒤 전기 구동 모터에 공급된다. 구동 모터에서 발생하는 회전운동 에너지는 감속기를 통해 적절한 회전수로 감속되어 바퀴에 전달된다. 연료전지 시스템을 좀 더 상세히 살펴보면 자동차의 엔진 역할을 하는 연료전지, 발전 모듈에 연료인 수소를 공급하기 위한 연료 공급계, 산화제인 공기를 공급하기 위한 공기 공급계 및 연료전지 발전 모듈과 연료전지 시스템의 열·물 관리를 위한 열 및 물 관리계, 연료전지 시스템의 운전·제어를 위한 연료전지 제어기 및 제어 기술부로 구분할 수 있다.

도표 3-7 수소연료전지 자동차의 구조

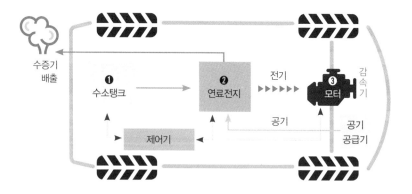

연료전지 자동차의 동력은 연료전지가 전기 에너지 외의 별도의 기
계적인 구동력을 발생시키지 않기 때문에 회전력을 필요로 하는 모
든 섀시 부품들이 전기로 구동된다. 워터펌프, 에어컨 컴프레셔 등은
전기 모터로 구동되며 진공을 형성하기 위해 별도의 진공펌프가 필
요하다.

　울산의 대표 기업인 롯데케미칼의 친환경 행보로서 수소탱크 연
구에 대한 열정을 살펴보자. 롯데케미칼은 2014년 현대자동차가 내
놓은 수소차 콘셉트카 '인트라도'에 쓰일 차량 경량화 소재를 공급한
뒤 수소차 등에 쓰이는 수소탱크 연구개발에 매진해왔다. 롯데케미
칼은 2020년 4월 녹색채권을 발행했다. 이후 2021년 2월 ESG 경영
전략과 친환경 목표인 '그린 프로미스(Green Promise) 2030'을 내놓고
미래 신사업 검토 방향으로 '수소 에너지 가치사슬 확보'를 주요 전략
가운데 하나로 꼽았다. 기후변화에 대응할 수 있는 관련 기술 확보를

먼저 추진해 사업 기회를 지속해서 잡겠다는 것이다.

2014년부터 오랫동안 공들여온 수소탱크 제작 기술을 통해 시장이 빠르게 커지고 있는 수소 사업 확장에 본격적으로 나설 수 있을 것으로 보인다. 롯데케미칼은 수소탱크 상용화를 위한 과정을 진행하고 있으며 수소 사업 관련 연구개발을 활발히 진행하고 있다. 친환경 사업 강화 차원에서 재생 소재, 바이오 소재, 자원 선순환 확대에도 집중하고 있다. 친환경 사업 확대는 석유화학 산업의 급격한 업황 변화와 친환경 전환 기조에 따른 리스크를 줄이기 위한 목적에서 비롯되었다. 롯데케미칼의 사업보고서에 따르면 50리터급 차량용 수소탱크 신기술을 개발했다. 수소탱크는 수소연료전지에 쓰이는 고압수소를 저장하고 전기를 만드는 스택으로 수소를 보내는 역할을 한다. 수소탱크는 수소차의 핵심 부품으로 국제 인증을 받으면 정식 상용화가 가능해진다.

전기차 vs. 수소차 무엇을 선택할 것인가?

연료전지 부분에서 논의했지만 수소 전기차를 이용할 경우 에너지 효율 논쟁이 일어난다. 수소차의 경우 천연가스나 물을 분해하는 데 이미 많은 에너지가 소비된다는 점은 앞에서 설명했다. 하지만 그 이후에도 많은 에너지가 소비된다. 현재 수소차에서 사용되는 수소가스는 700기압이라는 높은 압력으로 압축된다. LPG 차량에 공급하는 가스의 압력이 20기압임을 감안하면 매우 높은 압력이다. 이렇게 높은 압력으로 압축하는 데에는 당연히 많은 에너지가 소비된다. 이에 더해 압축된 수소를 탱크에 싣고 운송하는 데에도 추가로 에너지가 소비된다. 이런 복잡한 과정을 거쳐 차량에 공급된 수소가 연료전지를 통해 전기 에너지로 변환되는 과정에서도 수소에 저장된 에너지의 일부가 열 등 다른 형태의 에너지로 손실된다.

이렇게 에너지의 생산에서 소비에 이르기까지 전 과정에 걸친 에너지 효율의 추정치는 대략 30퍼센트 수준으로 알려져 있다. 최초로 투입된 에너지의 30퍼센트 정도만 실제로 차를 움직이는 데 사용되고 나머지 70퍼센트의 에너지는 손실된다. 물론 이점도 있다. 단위 무게당 수소 자체의 고유 전력 에너지는 전력 그리드 충전을 통한 리튬이온 배터리 에너지보다 200배 이상 크다. 이러한 물리적 특성이 배터리보다 빠른 충전을 가능하게 한다. 단위 고유 에너지량 대비 무게가 수소 쪽이 월등히 가볍다. 구동체의 에너지 효율에 가장 큰 영향을 미치는 전체 중량 증가 측면에서 수소가 이점이 있는 것은 사실이다. 그래서 수소를 효율적으로 얻을 수 있는 방법을 찾을 수 있다면 수소모빌리티 역시 충분히 경쟁력이 있다. 게다가 반전은 여기에 있다. 전기차 배터리 에너지 효율은 현재 수준으로는 장거리 고중량 이동체에서 수소에 비해 떨어진다. 전기차의 에너지 효율은 소형 난거리에서 강점이지만 운행 거리가 길수록 그리고 대형(고중량)일수록 에너지 효율이 급격히 감소한다. 전기차와 연료전지차의 에너지 효율을 제대로 비교하려면 단위거리(Km)와 단위중량(Kg)당 소모되는

에너지 효율성

배터리 전기차

수소차

내연기관차

거리

전기차 배터리 효율은 장거리를 운행하면 수소차에 비해 큰 폭으로 떨어지게 된다.

에너지의 관점으로 비교해야 한다.

　거리를 감안하지 않고 단순화하면 전기차의 경우 전 과정에 걸친 에너지 효율 추정치는 70퍼센트가 넘는 것으로 알려져 있다. 전기차는 같은 양의 에너지로 수소차에 비해 두 배 정도의 거리를 갈 수 있다. 에너지는 형태가 자꾸 바뀔수록 손실이 증가하므로 복잡한 에너지 전달 과정을 거쳐야 하는 수소차가 전기차의 에너지 효율을 넘어설 수는 없다. 수소차 기술이 발전해 이 격차가 좁혀질 수는 있을지 여러모로 생각하게 된다. 에너지 효율은 친환경성과 정비례한다. 우리가 사용하는 모든 에너지를 태양광이나 풍력과 같이 오염 물질 배출이 없는 재생에너지로 100퍼센트 공급할 수 있는 상황이 아니라면 에너지 효율이 높은 방식을 선택하는 것이 친환경성 측면에서 올바른 선택이다. 수소차는 전체 에너지 효율이 10퍼센트대 중반에 머무는 내연기관차에 비하면 훨씬 친환경적이지만 전기차에 비하면 덜 환경친화적이다. 몇 가지 기준을 제시해 전기차와 수소차의 상대적 비교 우위를 살펴보고 미래차의 방향성을 논해보자.

먼저 두 차 모두 충전과 관련한 번거로움이 있다. 충전 시간은 수소가 훨씬 적으나 수소 충전소는 흔하지 않다. 충전 시간 자체만을 생각하면 수소차가 낫다. 수소차의 경우 노즐을 꼽고 10분이면 충전이 가능하기 때문이다. 압력에 따라 차이가 있어 700바 정도로 고압인 경우에는 더 빨리 충전되기도 한다. 하지만 내연기관과 비교하면 수소차 충전이 다소 번거롭게 느껴질 수 있다. 게다가 앞차가 충전하면 압력이 낮아져 뒤차의 충전 속도가 좀 더 느려지기도 한다. 수소차가 늘어날수록 압력 저하가 심하게 발생할 것이며, 결국 충전 시간이 늘어나게 될 것이다. 이 경우를 방지하려면 충전소에서는 수시로 재압축해 저장탱크 안의 압력을 유지해야 한다. 그 결과 대기 시간이 발생하고 에너지도 추가로 소비한다. 충전 시간에 있어서 수소차가 가졌던 우위는 수소차가 더 많이 보급될수록 그 의미가 퇴색된다.

반면에 전기차가 수소차와 동등한 수준인 10분 내로 충전을 완료하려면 충전기의 전력 용량도 높아야 할 뿐만 아니라 공급되는 전력을 흡수할 수 있는 배터리의 성능도 뒷받침되어야 한다. 현재의 리튬이온 배터리뿐만 아니라 앞으로 개발될 다른 유형의 배터리도 이 정도 수준의 성능을 기대하기는 어렵다. 다만 전기차의 주행 거리가 늘어나면 충전해야 하는 빈도수가 줄어들게 되고 충전기가 보급됨에 따라 주차 중에 수시로 충전할 수 있어 충전 시간에 따른 전기차 이용자가 겪을 불편은 줄어들 것이다.

다음으로, 전기차와 수소차의 주행 거리를 비교해보자. 한 번 충전으로 주행할 수 있는 거리는 수소차가 더 길다. 압축수소는 배터리보다 매우 높은 에너지 밀도를 갖기에, 압축수소를 이용하는 수소차가 주행 거리 측면에서 유리해 보인다. 미래의 발전 가능성을 고려해도 같은 결론에 도달할까? 상황이 조금 달라질 수 있다. 현대차가 내놓은 수소차는 주행 거리를 늘리기 위해 700기압으로 압력을 높였다. 수소 공급 인프라는 모두 이에 맞춰 건설된다. 하지만 충전소 인프라 시설이 건설된 이후에는 압력을 더 이상 높이기 어렵다. 압력을 높이려면 인프라 설계를 변경해야 한다. 주행 거리를 늘리려면 수소탱크 용량을 늘리거나 연료전지의 에너지 변환 효율을 높여야 한다. 앞에서도 언급했지만 상용화된 연료전지의 에너지 변환 효율은 약 40퍼센트 수준이다. 폐열을 활용할 수 있는 발전소에서는 종합적인 에너지 효율이 80퍼센트에 이르기도 하지만 자동차에서는 대부분의 폐열을 라디에이터를 통해 방출하므로 전력으로의 변환 효율은 그에 미치지 못한다.

이는 앞에서 다뤘던 에너지의 생산부터 소비에 이르기까지의 전체 과정에 걸친 에너지 효율과는 다른 개념이다. 폐열이나 수소가스 누출로 손실이 크다. 연료전지의 효율을 개선하기 위한 연구가 진행되고 있지만 아직 상용화할 수 있는 수준의 뚜렷한 개선 효과를 얻지는 못하고 있다. 수소탱크의 용량을 늘리는 것도 차량 내의 공간이 제한적이므로 한계가 있다. 결과적으로 수소차의 주행 거리는 현재 상태에서 향상될 여지가 크지 않다.

　반면에 전기차의 경우 리튬이온 배터리의 성능이 지속적으로 향상되고 있다. 리튬이온 배터리에 비해 훨씬 높은 에너지 밀도를 가진 전고체 배터리 같은 신기술도 개발되고 있어 주행 거리 개선 가능성이 수소차에 비해 높다. 그렇게 된다면 수소차와 전기차의 주행 거리 격차는 앞으로 빠르게 좁혀지지 않을까.

　그다음으로 소비자가 민감해하는 차량 가격이다. 보조금을 제외할 경우 차량 가격은 전기차가 우위에 있다. 수소차는 비싼 백금을 사용해야 하는 연료전지 스택이나 탄소섬유를 휘감아 만드는 수소 연료 탱크 부품 때문에 차량 가격이 전기차에 비해 훨씬 높다. 연료전지 스택에서 사용하는 백금의 양을 줄이거나 백금을 대체할 수 있는 새로운 물질을 찾아내야 가격을 낮출 수 있다. 물론 차량 가격을 좌우하는 더 큰 요인은 규모의 경제 달성 여부다. 수소차와 전기차는 제한된 수요를 놓고 경쟁하는 대체재 관계에 놓여 있는데, 전기차는 대중화 단계에 진입해 규모의 경제 달성이 유리하다. 각국의 차량 보급 목표 대수를 보면 전기차와 수소차의 격차는 크다.

　마지막으로 에너지 비용과 인프라 보급을 생각해보자. 에너지 비용은 차량이 단위 거리를 주행하는 데 소비되는 에너지의 가격이다. 1킬로미터를 주행하는 데 소비되는 에너지 비용은 현재 수소차가 전기차의 세 배 이상이다. 하지만 수소 대량 생산과 수소 생산 공정 효율성이 개선된다면 수소 가격이 낮아질 가능성이 높다. 수소의 생산 단가도 수소차의 보급 대수에 영향을 받을 것이므로 수소차가 규모의 경제를 달성할 수 있을지 여부가 에너지 비용에서도 큰 관건이 될 것이다.

전기차와 수소차의 인프라는 비교가 안 된다. 전기차를 위한 인프라는 이미 구석구석까지 구축되어 있는 송배전망의 말단에 충전기만 설치하면 된다. 하지만 수소차 인프라는 충분하지 않다. 충전소 설치에 많은 비용이 드는데, 수소 충전소를 많이 짓기 위해서는 그만큼 많은 수소차가 보급되어야 한다. 하지만 수소 충전소가 충분히 보급되어 있지 않은 상태에서 소비자들이 수소차를 선뜻 구입하기는 쉽지 않다. 수소 충전 인프라를 구축하는 비용을 줄이기 위해 현재 구축되어 있는 도시가스와 LPG 인프라를 활용해 수소를 공급하더라도 추가적인 비용이 든다. 기존 가스 인프라에 수소가스를 주입한다면 배관, 저장탱크 같은 구조물의 내구성이 저하될 수도 있다.

이상을 고려하면 향후 10년 이상은 글로벌 시장에서 전기차의 비중이 수소차의 비중을 압도할 것이다. 수소차의 경쟁력을 갖추고 세계 자동차 시장의 흐름을 보면서 우선순위와 순서를 염두에 두어야 할 것이다. 세계 최고의 수소차 기술력을 갖고 있는 현대기아차가 자랑스럽지만 수소차는 글로벌 수요가 더욱 증가해야 한다. 하나 더 고려할 사항이 있다. 유럽에서 수소차량을 쓰더라도 수소연료전지를 안 쓸 수도 있다는 점이다. 수소와 이산화탄소를 합성한 액체 연료를 사용할 수 있다. 그린 수소로 합성 액체 연료를 만들어 기존의 휘발유·경유 등 화석연료를 대체할 수 있다. 처음에는 기존 화석연료에 일부 섞는 방식이 될 수도 있지만, 최종적으로는 합성 액체 연료만 쓸 수도 있다. 내연기관차에 합성 액체 연료를 사용하게 된다면 어떻게 될까? 2030년 이후 도입이 예상되는 LCA 규제하에서는 내연기관차의 화석연료를 합성 액체 연료로 바꿈으로써, LCA에서 차량 이산화탄소 배출량을 크게 줄일 수 있다는 것을 이미 살펴보았다. 합성 액체 연료를 쓰면 기존 엔진이나 급유 인프라를 많이 공유할 수 있고, 엔진 공장 등을 유지해 유럽의 고용을 유지할 수 있는 이점도 있다. 또한 도심에 세우기 어렵고 건설비도 매우 비싼 수소 충전소를 짓지 않아도 된다. 아직 생산비가 비싼 데다 누가 투자해 생산 체제를 구축할지 확실치도 않다. 다른 대안은 수소를 직접 엔진의 실린더 안에 집어넣어 태우는 방식의 차, 즉 수소엔진 자동차다. 원래 BMW가 개발했다가 중도에 접은 사례가 있는데 다시 주목받고 있다.

세계 최대 자동차 부품 회사인 독일 보쉬는 배기량 2리터 4기통 수소엔진을 발표했다. 비슷한 배기량의 디젤엔진과 동등한 성능을 낼 수 있다고 한다. 수소연료전지 전기차는 순도 99.97퍼센트 이상인 고가의 수소를 써야 하지만, 수소엔진차는 값이 상대적으로 저렴한 저순도를 쓸 수 있다는 장점도 있다.

유럽은 디젤엔진이 강했시만, 2015년 폭스바겐 디젤게이트 이후 디젤차가 퇴출되고 있다. 그렇다고 기존 디젤엔진 인프라를 모두 버린다면, 고용 등 피해가 너무 크다. 전기차 배터리는 아시아 기업의 독무대라서 유럽의 고용에 디젤만큼 큰 도움이 되지 못한다. 수소엔진의 구성 부품은 디젤엔진과 크게 다르지 않아 기존 공장을 유지시킬 수 있다는 게 큰 장점이다. 다만 과도한 조기착화(수소를 실린더 내부에 쌌을 때 의도된 시점보다 미리 폭발하는 것), 냉각 손실이란 기술적 난제를 해결해야 하고, 합성 액체 연료와 달리 수소 충전 인프라의 대량 보급이 필요하다는 것이 과제다. 수소를 자동차에 활용하는 것에 이 두 가지를 염두에 둬야 하는 것은 이 방식이 유럽의 산업을 유지·성장시키는 데 유리할 수 있기 때문이다.

수소차에는 연료전지만 들어가는 게 아니라 전기차와 비슷한 용량의 배터리까지 들어간다. 이 경우 유럽 정책 당국은 아시아 배터리 기업의 배만 불려준다는 비난에 직면할 수 있다. 유럽에서 수소연료전지차의 대안으로 고려되는 두 가지도 기술적 과제를 안고 있지만, 기술적 난제로 따지면 수소차도 마찬가지다. 결국 수소차 보급의 열쇠는 유럽의 수소경제하에서 어떤 방식이 유럽의 산업을 더 살릴 수 있을지와 연결될 수 있어 수소차가 무조건 유리하다고 말할 수는 없다. 당장의 유럽 자동차 회사들은 배출가스 제로 승용차를 전기차로 일원화하는 상황이다. 벤츠 등은 원래 현대차는 물론 토요타보다도 연료전지 개발 역사가 길지만, 약 30년간 개발해온 승용 수소차 개발을 중단했다. 버스·트럭 등 상용차에서는 몇몇 유럽 업체가 여전히 개발을 이어가고 있지만, 아직 본격적인 것은 아니다. 그럼 왜 안 하는 걸까? 도심 밖에서는 수소차도 괜찮으나 도심 안에서는 전기차로 보편화하는 것이 더 낫다고 여기기 때문이다. 도심에 수소 충전소를 세워 승용 수소차를 대량 보급하는 것도 사실상 포기했다고 봐야 한다. 다만 버스·트럭처럼 몸집이 크고 정해진 곳을 주로 달리는 차는 앞으로 보급이 진행될 가능성이 있다. 이 역시 그 규모가 어느 정도일지는 불확실하다. 버스·트럭 역시 작은 것은 수소차보다 전기차로 바뀌는 게 더 효율적일 수도 있기 때문이다. 중요한 것은 수소를 자동차에 활용할 방법은 승용차 이외에도 많다는 것이다.

현재 수소연료전지 승용차를 본격적으로 생산하는 나라는 한국과 일본 두 곳이다. 현대차의 수소차 넥쏘는 전 세계 국가별 수소차 판매에서 1등이다. 토요타라는 막강한 수소차 기술력을 보유한 기업이 있는 일본에서도 수소 승용차 보급대수는 많지 않다. 도심의 수소 충전소 건설·운용이 잘 안되기에 소비자가 수소 승용차를 원하지 않는다. 한국도 상황이 크게 다르지 않다. 도심에 수소 충전소를 늘리는 것이 대단히 어려운 상황이다. 유럽의 수소 전략 등에서도 알 수 있듯, 수소경제가 확립된다고 해도 수소연료전지 전기차, 특히 수소연료전지 승용차 보급이 늘어나지 않을 가능성이 있다. 승용차가 안 되면 상용차에서라도 어떻게든 자사 연료전지 시스템 저변을 넓혀야 한다는 절박함이 크다. 그래서 토요타는 중국 정부의 친환경 전략에 맞춰주고, 그동안 외부 공유를 꺼려왔던 수소연료전지 기술을 중국 자동차 핵심 업체들과 공유하는 식으로 중국에 실익을 챙겨주면서까지 보급에 나서고 있다.

현대자동차의 야심과 울산의 수소 모빌리티 혁명

수소차와 전기차의 장단점을 비교하면 전기차의 장점과 수소차의 한계가 선명하게 드러난다. 그렇다면 과연 수소차가 장점을 발휘할 수 있는 영역은 없는 것일까? 지금까지 검토한 내용은 묵시적으로 승용차를 전제로 한 것이었다. 승용차는 주로 개인들이 정해지지 않은 경로를 임의로 다니는 데 사용하기 때문에 에너지를 재보급하는 인프라의 존재 여부가 차량 보급의 중요한 관건이 된다. 하지만 정해진 노선으로 운행하는 버스나 트럭이라면 상황은 달라진다. 경로상의 주요 포인트에만 충전소를 설치하면 되므로 수소차 적용의 현실성이 훨씬 높아진다.

미국에서 운행되는 대형 트럭처럼 엄청나게 먼 거리를 며칠에 걸쳐 이동해야 한다고 가정하자. 이 경우라면 수소차가 이미 갖고 있는 긴 주행 거리와 짧은 충전 시간의 장점이 극대화될 수 있다. 장거리 트럭이나 버스의 운행 경로를 중심으로 수소 충전소를 차근차근 늘려나가면 어느 순간 승용차 운전자들도 큰 불편 없이 수소차를 몰 수 있게 된다. 그 시점부터는 수소차도 승용차 시장에서 전기차와 경쟁할 수 있게 될 것이다. 물론 이것도 성공이 보장된 시나리오는 아니다. 테슬라를 비롯해서 다수의 전기차 업체들이 배터리를 이용하는 대형 트럭을 내놓고 있어 수소 트럭이 전기 트럭과의 경쟁에서 승리해야만 가능하다.

현대차 공장은 우리나라에 여럿 있지만 수소차는 울산에서만 만든다. 넥쏘는 20여 년간 이어져온 현대차의 수소연료전지 기술이 집약된 차다. 글로벌 수소차 시장에서 경쟁하는 토요타 미라이와 비교해 여러 면에서 우위를 점한다. 차량 출력의 경우 넥쏘는 120킬로와트로 113킬로와트인 미라이를 앞선다. 항속거리 역시 미라이가 502킬로미터인데 비해 넥쏘는 609킬로미터에 이른다. 독일의 유력 자동차 전문지 『아우토모토운트슈포트』는 벤츠의 수소차 GLC 에프셀(F-Cell)과 넥쏘의 성능을 비교 분석했다. 주행 가능 거리와 충전 옵션, 연비, 실내 공간 등 여섯 개 항목에서의 점수를 종합한 결과 벤츠 GLC 에프셀은 100점 만점에 66점을 받았고 넥쏘는 95점을 받았다. 넥쏘는 유럽의 신차 안전도 평가인 유로 NCAP 테스트에서도 수소차 가운데 처음으로 최고 등급인 별 다섯 개를 기록했다. 현대차가 집중하는 것은 수소연료전지 스택의 내구성 강화다. 스택의 내구성 확보는 촉매에 좌우된다. 투싼 시절(2013년 출시한 세계 최초 양산형 수소차 투싼 FCEV)에는 스택 막의 중요성을 잘 몰랐다. 촉매를 오래 살리려면 막이 얼마나 버텨주느냐가 중요한데 이를 해결하면서 넥쏘의 시대가 열렸다.

현대자동차가 세계 최초로 수소전기 대형 트럭 양산 체제를 구축해 본격적인 유럽 친환경 상용차 시장 공략에 나서고 있다. 2020년 광양항에서 세계 최초로 양산한 수소전기 대형 트럭 '엑시언트 수소전기 트럭(XCIENT Fuel Cell)' 10대를 스위스로 수출했다. 승용차와 달리 트럭은 차체가 크고 수소를 저장하기 위한 공간적 여유가 있다. 니콜라가 미국 대형 화물운송 트럭 시장을 타깃으로 설정한 이유기도 하다. 글로벌 컨설팅 전문 업체 맥킨지는 2030년까지 약 300~400만 대의 운송용 수소전기 트럭이 전 세계에 보급될 것으로 전망했다. 수소차에서 승용차가 아닌 상용차 '트럭'이 새삼 주목받는 이유는 상용차 트럭 중에서 디젤 차량 비중이 90~98퍼센트라는 점 때문이다. 현대차가 주요 경쟁사들보다 한 발 앞서 수소전기 상용차 시장을 선점하는 발판을 마련했다는 점에서 그 의미는 남다르다.

엑시언트 수소전기 트럭은 34톤급 대형차고 트럭으로 190킬로와트급 수소연료전지 시스템과 최고 출력 350킬로와트(476ps/228kgf·m)급 구동모터를 탑재했다. 1회 충전 시 주행 거리는 약 400킬로미터, 수소 충전 시간은 8~20분이 소요된다. 현대차는 2025년까지 단계적으로 총 1,600대를 공급할 계획이다. 스위스 수출을 필두로 유럽의 독일, 네덜란드, 오스트리아, 노르웨이 등에 수출하고 북미 상용차 시장에도 진출하고자 한다. 현대차는 엑시언트 수소전기 트럭의 원활한 보급을 위해 단순한 차량 공급 전략을 넘어, 수소의 생산·유통·소비가 함께 순환되는 수소 생태계 구축을 목표로 한다. 수소 생산 기업과 수소 충전 인프라 구축 연합체, 대형 트럭 고객사까지 유기적으로 연결돼 있는 '수소전기 대형 트럭 생태계' 구성이 수소경제 성공 가능성에 불을 지필지는 두고 볼 일이다.

차량과 충전소를 패키지로 파는 '리스' 형식의 판매는 유럽에서 현대차가 구상하고 있는 모델이다. 앞서 니콜라도 이 방식으로 수소 트럭을 판매하겠다고 밝힌 바 있다. 상용차의 상당수는 '물류'에 사용된다. 운행 노선도 일정하고 주행 가능 거리도 사전에 예측 가능하다. 주행 거리가 길고 수소탱크 크기가 커서 수소차가 더 적합한 대형 트럭은 '리스 형식'이 통할 수 있다. 구입자가 충전과 정비를 담당하기보다 관련 인프라를 가진 자동차 회사가 해결해준다면 더 효율적일 수 있기 때문이다.

정부는 버스·택시와 화물차를 수소차로 전환하면 2023년부터 연료보조금을 지급할 계획이다. 수소 연료비 중 기존 LPG, 디젤 차량의 연료비를 초과하는 부분은 정부가 부담한다. 현재 수소는 1킬로그램당 8,000원인데 연료보조금을 받으면 3,500원 수준으로 떨어진다. 현대차의 수소차인 넥쏘는 수소 1킬로그램으로 약 96킬로미터를 주행할 수 있다. 사업용 수소차 연료보조금은 화물트럭 분야에 수소 트럭 도입을 앞당길 것으로 보인다.

수소차를 상용차에 적용하려는 회사는 니콜라나 현대차만은 아니다. 토요타는 수소 승용차 미라이에 이어 상용차 부문에서 중국에 진출하고 있다. 중국은 2030년까지 수소차를 200만 대 보급하겠다는 글로벌 1위 수소차 시장이다. 토요타는 중국에서 연료전지와 시스템, 수소차량의 밸류체인의 일원화에 성공했다. 연료전지그룹 호라이즌의 수소 트럭은 미국에서 본격적으로 수소차를 보급하고, 많은 미국·유럽 회사들도 너도나도 수소 트럭 시장에 눈독을 들이고 있다. 일본 토요타는 2020년 4월 수소 버스 '소라(SORA)'를 상용화해 실제 노선에 투입했나. 토요타의 소라는 수소 승용차 미라이의 114킬로와트급 연료전지와 113킬로와트 출력의 모터를 각각 두 개씩 탑재하고 있다. 현대차는 수소 버스와 수소 트럭을 위해 여러 가지 다양한 합금 촉매 같은 신기술 개발에 매달리고 있다. 승용차용 스택을 버스나 트럭에 넣으면 버스는 감당이 되는데, 트럭은 두 개를 넣어도 용량이 감당이 안 된다. 트럭은 350킬로와트급 출력이 필요한데 넥쏘 분량 두 개를 합쳐봐야 170킬로와트밖에 안 된다. 승용이 2톤, 버스가 16톤, 트럭이 40톤이다. 용량에 맞는 스택을 만들고 내구력이 담보되면 수소 트럭도 얼마든지 가능하다고 보는 것이 현대차의 입장이다.

유럽은 수소 트럭 시장에서도 앞서 있다. 유럽의 트럭 연비 규제와 이산화탄소 배출량 규제에 주목해야 한다. 전기 트럭은 충전 용량과 주행 거리 면에서만 본다면 수소 트럭의 경쟁상대가 되지 못한다. 환경 규제를 강화하면서 가장 먼저 영향을 받는 분야가 수소 트럭이다. 환경 규제를 충족하려면 일단 운송 단계에서 이산화탄소를 줄일 수밖에 없다. 생산 공정에는 보통 전기밖에 들어갈 게 없어 감축 여지가 크지 않다. 이산화탄소 배출을 줄일 여지가 가장 큰 영역이 운송이고, 수소 트럭 같은 친환경 운송수단을 쓸 수밖에 없다. 현대차는 3~4년 안에 수명을 두 배 이상 늘리고, 원가는 절반 이하로 낮춘 차세대 수소 시스템을 개발해 시장을 선도하겠다고 공언한다. 이 시스템은 선박이나 열차, 도심형 항공기는 물론 빌딩, 발전소 등 생활 모든 영역과 군사용으로도 활용할 수 있다.

현대차는 전기차 배터리와 연료전지 시스템 기술을 활용한 공중 이동 수단도 염두에 두고 있다. 2028년 상용화해서 '하늘 위에 펼쳐지는 이동 혁명'을 이끌어나가겠다는 현대차의 비전을 지켜보자.

자율주행 트럭(Self Driving Trucks)

"자율주행, 트럭이 먼저다" 구글 모기업 알파벳의 자율주행차 부문 '웨이모'
는 자율주행 기술을 차량 공유보다 트럭에 먼저 적용하겠다는 뜻을 밝혔다.
MIT도 '2017년 10대 혁신 기술'로 자율주행 트럭을 꼽았다. 자율주행 기술을
적용할 차에 가장 적합한 차량은 무엇일까? 복잡하고 예상치 못한 상황이 상
대적으로 자주 발생하는 도심 내 운전을 위한 일반 승용차보다는 고속도로를
장거리로 운행해야 하는 트럭을 대상으로 하는 것이 상대적으로 기술 구현과
상용화를 위해 용이할 것으로 판단된다. 자율주행 승용차는 자율 의지로 움직
이는 운전자, 각양각색인 차량 상태, 갑자기 바뀔 수 있는 도로 상황, 변화무
쌍한 날씨 등 변수가 다양해 사고로 이어질 수 있다. 반면 자율주행 트럭은 정
해진 구간을 주로 운행하기 때문에 변수가 승용차보다 적다. 사고 가능성을
대폭 줄일 수 있다는 뜻이다. 물류 회사라는 대규모 판매처가 있는 것도 장점
이다.

실제로 자율주행 트럭의 경우 시범 운행도 성공적으로 진행되고 있다. 우버는
자율주행 트럭 기술을 보유한 스타트업 오토(Otto)를 인수하고 볼보와의 제
휴를 통해 자율주행 시스템에 대한 투자를 확대하고 있다. 오토사의 자율주행
기술의 핵심은 트럭 주변의 상세한 데이터를 수집하기 위해 펄스 레이저를 이
용하는 라이다 시스템이다. 오토사는 운전자가 없는 트럭은 10년 뒤에나 가
능할 것으로 예상한다. 이러한 자율주행 트럭 시스템을 통해 운전자들이 배
송 중 충분한 휴식을 취할 수 있어 피로에 의한 운전자 과실을 줄일 수 있다.

자율주행 트럭의 추가적인 장점은 경제성, 연료 절감 등을 들 수 있다. 군집주행(Platooning)은 트럭이 자율주행 기술을 활용해 일정한 간격을 두고 줄지어 주행하는 기술이다. 군집주행은 주로 먼 거리를 이동하고 화물차용 도로가 확보된 고속도로에서 이뤄진다. 여러 대의 화물차가 좁은 간격을 유지하며 운행하면 공기 저항이 감소해 차량의 연비가 개선될 수 있으며, 이를 통해 물류 비용 감소, 이산화탄소 배출과 미세먼지 감소 효과도 기대할 수 있다.

이러한 이유로 군집주행이 상용차 자율주행 발전의 척도가 된 가운데 선진국은 물론 국내에서도 군집주행 관련 기술 개발이 한창이다. 자율주행 트럭과 관련해 역설이 존재한다. MIT는 트럭 운전자들은 단순히 운전만 하는 것이 아니므로 고도로 자동화된 트럭 내에서 사람의 역할은 여전히 중요하다고 본다. 탑승, 하역, 유지보수와 같은 다른 이유로 인해 사람의 역할은 여전히 필요할 것으로 평가한다. 2021년 5월 미국 자율주행 트럭 스타트업 '코디악 로보틱스(Kodiak Robotics)'는 SK(주)와 파트너십을 체결했다. 양사는 코디악 자율주행 기술이 상용화된 이후 파트너십 논의를 구체화해나갈 예정이다. 코디악은 2018년 설립된 스타트업으로 트럭 자율주행 기술을 개발 중이다.

울산은 수소 모빌리티 규제자유특구 도시로 지정돼 있다. 승용차를 넘어 다양한 분야의 모빌리티에 대한 실증화 사업을 심도 있게 추진해 수소경제의 성공을 앞당기기 위한 다양한 도전을 시도하고 있다. 울산시는 수소자동차에 이어 선박에도 수소 인프라를 활용해 기존 조선 산업에 탈출구를 마련할 계획이다. 선박 제조에도 수소 규제 특례가 국내 최초로 울산에서 시현되고 있어 향후 울산시가 '친환경 선박' 제조 도시를 선점하는 데 기여할 것이다.

일본 디젤엔진 회사 얀마는 수소연료전지를 사용한 선박을 제작해 실증 시험을 하겠다고 발표했다. 토요타와 손잡고 토요타가 개발한 수소연료전지를 선박용으로 확대·개조하겠다는 것이다. 이 수소연료전지는 토요타의 수소차 미라이에 쓰인 것이 거의 그대로 들어간다. 얀마는 요트, 소형 선박용 디젤 엔진 분야의 강자로 꼽힌다. 얀마가 수소 선박 기술에 관심을 기울이는 이유는 배기가스 규제 때문이다. 선박에 대한 환경 규제가 강화되면서 중유와 경유 등 석유 제품을 가지고 선박을 구동하는 것이 한계에 도달했다는 판단이다. 얀마는 해상에서도 배기가스 규제가 강화되는 상황에서, 석유나 LNG 같은 화석연료에 사로잡히지 않은 새로운 동력원이 필요한 상황이다.

수소 산업이 성장하면서 오랫동안 수소차 기술을 개발해온 일본 토요타와 현대자동차는 자동차와 선박뿐 아니라 항공기와 도시 에너지 공급 사업까지 영역을 더욱 확대하고 있다. 수소연료전지를 동력원으로 삼는 이동 수단은 사실상 모두 두 회사의 신사업 영역인 셈이다. 토요타와 현대차가 수소 연료전지로 사업 영역을 확장하겠다는 자신감은 어디에서 오는 것일까? 먼저 수소연료전지가 내연기관보다 구조가 간단해 모빌리티 종류에 관계없이 두루 사용될 수 있다는 강점을 말할 수 있다. 수소연료전지를 얼마나 쌓느냐에 따라 모빌리티 종류별로 원하는 출력 확대도 용이하고, 특정 속도로 장비를 구동할 수 있다. 항공기나 선박 설계에 전문성이 있는 업체와 손을 잡으면 된다.

다음으로 수소연료전지 사업이 경쟁력을 갖추려면, 다양한 영역에 수소연료전지를 공급해 '규모의 경제'를 갖춰야 한다는 점이다. 수소 산업처럼 성장성이 빠르고, 초기 선점이 중요한 산업의 경우 누가 먼저 비용 절감에 성공했느냐가 성패를 가른다. 두 회사가 자체적인 이동 수단 제조뿐만 아니라 다른 회사와 제휴해 부품 공급 업체의 역할을 하고 있다.

토요타의 경우 수소 드론을 개발하고 있다. 미국 항공 전문지『더 드라이브』와 인터넷 커뮤니티 레딧은 미국 모하비 공항에서 토요타가 개발하고 있는 드론을 공개했다. 이 드론은 픽업트럭 두 대 반 정도의 길이인 무인 드론이다. 토요타는 공식적으로 수소 드론이나 항공기 개발 계획을 밝히지는 않았다. 토요타는 이 드론을 지난 2019년 9월 미국 연방항공청(FAA)에 등록했다. 드론에는 토요타가 미국에서 진행하는 수소 트럭 개발 프로그램 '프로젝트 포털' 로고가 꼬리 날개에 선명하게 그려져 있다.

현대차도 항공 산업 진출을 본격화하고 있다. 현대차는 2019년 11월 도심항공모빌리티(UAM) 사업본부를 출범시켰다. 현대차는 UAM 사업부 인력을 확충했다. 현대차의 미래 매출의 30퍼센트는 플라잉카가 차지할 것으로 예상된다. 2020년 6월 출범한 도심항공교통 민관 협의체 'UAM 팀 코리아'에 현대자동차, 한화시스템, 대한항공, SK텔레콤, 두산모빌리티이노베이션 등 민간 기업과 항공우주연구원, 항공안전기술원을 포함하여 지방자치단체, 학계 등이 참여하고 있다. 팀 코리아는 UAM 비행 인증 방식, 기술 연구개발 계획, 버티포트(일종의 UAM 공항) 운영 방안 등을 중점적으로 살펴보며 UAM 생태계 구축을 위한 기업 간 협력 방안을 논의하고 있다.

현대차와 토요타는 다른 회사와의 협력에도 적극적이다. 토요타는 중국 자동차 회사들과 제휴해 수소연료전지 생산 합작 회사를 세웠다. 토요타가 65퍼센트를 출자하고, 나머지 중국 회사가 5~15퍼센트 지분을 갖는 구조다. 수소차 분야에서 중국과 일본의 협력이 공식화된 것은 공공연한 사실이다. 현대차도 연료전지 사업을 본격화하고 있다. 현대차는 이미 미국 디젤엔진 회사 커민스(Cummins)와 손을 잡고 상용차와 중장비용 수소연료전지를 공급하는 협력 관계를 늘려가고 있다.

수소 모빌리티의 투자 포인트

국내 수소차 부품 기술 수준은 해외와 비슷하거나 혹은 그 이상이지만, 소재 기술은 미흡한 수준이다. 예를 들어 수소차 가격의 40퍼센트를 차지하는 핵심 부품인 스택을 만들기 위해서는 막전극접합체라는 화학 소재가 필요한데, 이 소재는 대부분 미국 등 해외 업체가 생산한다. 수소 저장 장치의 핵심인 고압용기 역시 부품 국산화에는 성공했지만, 핵심 소재인 카본복합소재(탄소섬유)는 대부분 수입에 의존하고 있다. 소재의 수입 의존도가 높으면 수소차 보급이 확대되더라도 국내 기업이 창출하는 부가가치가 작아 경제적 효과가 크지 않을 수 있다. 그뿐만 아니라 수소차 완성품의 가격 경쟁력도 떨어질 수밖에 없다. 이에 수소 산업 육성 과정에서 국내 기업들이 소재 국산화에 나설 수 있도록 지원하는 것이 중요하다. 수소차는 성장 초기 산업이기 때문에 소재 업체의 초기 투자에 대한 불확실성을 해소하기 위해 소재 수요 기업이 구체적인 기술 사양을 제시하는 것이 중요하다. 소재 기업의 성장을 지원해 관련 생태계를 강화해야 한다.

코오롱인더스트리는 수소차의 심장 격인 스택의 막전극접합체 핵심 소재를 개발해 현대자동차가 생산하는 수소차 '넥쏘'에 공급하고 있다. 2014년부터 막전극접합체 개발을 시작한 코오롱인더스트리는 연료전지에 들어가는 막전극접합체 상용화를 위한 인증 절차도 진행하고 있다.

한화솔루션도 수소차 복합소재 개발에 뛰어들었다. 첨단소재 부문이 태광후지킨의 고압탱크 사업을 양수하면서 수소차에 들어가는 고강도·초경량 연료 탱크를 생산하기 시작했다. 한화솔루션 탱크사업팀의 '타입-4' 탱크는 고강도 플라스틱 라이너에 탄소섬유를 감아 만든 초경량 복합소재로, 기존 탱크보다 무게가 가볍고 복원력이 뛰어난 것이 특징이다. 일진다이아 계열사 일진복합소재 역시 수소연료 탱크를 생산하고 있다. 삼양사는 수소차 이온교환필터에 사용되는 이온교환수지 개발에 성공해 주목받고 있다. 이온교환수지는 이온교환필터의 핵심 소재로, 수소차의 이온교환필터는 냉각수와 냉각수 배관에 포함된 극미량의 이온을 제거하는 핵심 부품이다.

마지막으로 수소 선박과 수소를 연료로 사용하는 항공기에 대해 알아보자.

현대중공업은 2021년 기업공개(IPO) 주관사들로부터 실제보다 높고 회사가 원하는 기업 가치를 제안받았다. 현대중공업이 글로벌 트렌드인 ESG 기업경영 기조 덕에 조선업의 게임체인저가 될 수 있다는 청사진은 울산 현대중공업을 방문하면 이해가 갈 만하다. 선박도 친환경으로 전환이 이뤄질 것인데 독자 엔진 제작 기술을 갖춘 현대중공업이 선두에 서는 것은 당연하다. 조선업이 시간의 문제일 뿐 친환경 선박으로 대체될 수밖에 없기에 성장 모멘텀을 주목한 밸류에이션 산정은 당연하다 하겠다. 우리나라는 조선 강국이다. 현대중공업이 글로벌 1위이며 핵심 경쟁사인 삼성중공업과 대우조선해양도 모두 국내 기업이다. 울산 소재 현대미포조선은 2021년 엄청난 주가 상승을 자랑한다. 현대중공업은 국내 조선사 중 유일하게 엔진을 자체생산하고 있으며 글로벌 경쟁력도 뛰어나다. 중형 엔진 브랜드인 힘센(HiMSEN)의 글로벌 점유율이 25퍼센트로 세계 1위다.

글로벌 선박 시장은 향후 수소나 암모니아 등 친환경 연료로 움직이는 선박으로 교체될 전망이다. 이때 엔진 기술력을 갖춘 현대중공업이 시장 변화를 선도할 수 있다는 관측이다. 현대중공업은 단계적 사업 확장을 계획하고 있다. 우선은 수소 수송선을 개발하고 있는데, 이는 세계적으로 국가들이 수소경제 시스템을 갖추고 있는 것을 주목한 데서 비롯했다. 현대중공업그룹은 2020년 10월 한국선급(KR)과 선박 등록 기관인 라이베리아 기국으로부터 2만 입방미터

(㎥)급 액화수소 운반선에 대한 기본인증서(AIP)를 받았다. 이 선박은 세계 최초 액화수소 운반선이다. 대량의 수소를 선박으로 운송하기 위해서는 부피를 800분의 1로 줄이고 안정성을 높이는 액화 공정이 필수다. 수소는 영하 163도에서 액화하는 LNG보다 더 낮은 영하 253도의 극저온이 필요하다. 이 온도를 유지하기 위해서는 첨단기술을 요한다.

현대중공업은 다음 목표인 수소·암모니아 선박 시장 진출로 현재 관련 엔진을 개발하고 있다. 친환경 선박은 장기간 준비해야 할 사안으로 단기 실적엔 기여하지 못할 수도 있다. 전기차 1위 테슬라도 상용화에 오랜 시간이 걸렸다. 현대중공업은 앞으로 특히, 2023년은 상당한 매출이 발생할 것이다. 조선 사업은 수주를 받은 이후 2~3년 후에 매출이 발생하기 때문에 2023년부턴 실적 반등을 기대해볼 만하다. 세계 최대 메탄올 추진 컨테이너선을 만드는 울산 조선소를 보며 조선업의 호황을 기대해본다. 풍력으로 기치를 올릴 조선 기자재업체 세진중공업도 울산에서 분주한 날을 보내고 있다.

유럽 다국적 항공사 에어버스가 수소를 연료로 쓰는 항공기 '제로E' 개발에 돌입했다. 에어버스가 계획대로 오는 2035년 상용화에 성공하면 승객 200명 이상을 태우고 1,850킬로미터 장거리 비행이 가능한 '대형 수소 여객기' 시대가 열리게 된다. 영국 항공 스타트업인 '제로에이비아'는 지난 2017년 창업한 신생 업체임에도 2020년 9월 세계 최초로 6인승 상업용 수소 항공기 시범 비행에 성공했다.

수소 항공기 개발은 수소 '영토'가 항공·우주 분야까지 확장하고 있음을 의미한다. '항공연료'로서 수소는 액체 상태로 유지돼야 하고 연료 탱크도 일반 항공기보다 네 배 이상 커야 하는 등 제약이 많다. 그럼에도 선진국들은 '탄소 다(多)배출' 항공 산업을 탈바꿈하기 위한 혁신적 도전을 주저하지 않고 있다.

두산모빌리티이노베이션(DMI)은 네덜란드 NHN과 드론을 활용한 솔루션 개발 프로젝트를 진행한다. NHN은 네덜란드 정부 산하 지역 발전 기구다. DMI는 두 시간 이상 비행 가능한 수소 드론을 보유 중이다. 이 드론으로 육지에 있는 에너지 기업 본사에서 40~60킬로미터 떨어진 해상 허브까지 긴급구호품 등 물품을 배송한다. 해상 허브에 도착한 드론은 바다 한가운데 있는 가스 시추 시설 등에 물품을 전달하는 역할을 맡는다. 이 외에 인명구조, 설비 점검, 안전 모니터링 등 임무도 수행한다.

현대차도 2019년 도심항공모빌리티 사업에 진출했는데, 현대차가 100인승 정도의 개인용 비행체(PAV, Personal Air Vehicle)를 띄우려면 스택을 더 가볍고 효율성 있게 만들어야 한다. 비행 구간의 거리에 따라 연료통도 달라질 수 있는데, 액체 수소를 넣을지, 고압탱크를 넣을지 등에 대해서 계속 연구 중이다. 개인용 비행체 개발은 아직 초기 단계다. 비행체 콘셉트와 연료전지를 어떻게 맞출지 더 연구를 해야 한다. 선진국들도 이제 착수한 분야다. 독일항공우주센터(DLR, German Aerospace Center)에서는 전문가를 모아 항공용 연료전지 연구팀을 구성했다. 여러 비행체들을 많이 만들어본 나라들도 막 연구개발에 착수했다는 의미다. 앞으로 기술 개발이 요구되는 지점들이 수두룩하다. 비행체 자체는 연료전지 용량이 크게 필요하지 않지만 수직 이착륙에는 에너지가 워낙 많이 들기 때문에 고효율 연료전지가 절실하다. 현대차는 UAM 구축에만 2025년까지 1조 8,000억 원을 투자한다. 총 6조 원의 미래 모빌리티 연구개발비 중 상당 부분은 개인용 비행체 개발에 집중할 방침이다. 현대차 그룹의 또 다른 100년을 위한 투자에 나서는 셈이다.

하늘이든 지상이든 미래 모빌리티 실현 속도를 결정하는 건 수소연료전지의 성능이다. 수소연료전지를 기반으로 수소 사회로 간다는 것은 너무나 명확하고 예측 가능한 결과다.

지상과 하늘에서 함께 사용할 수 있는 모빌리티의 기술 확보도 시급하다. 자율주행차 기술이 융합된 미래형 비행체인 지상·항공 겸용 모빌리티(GAM, Ground & Air Modular Mobility)가 차세대 교통수단의 패러다임 전환을 선도하고 있다.

제4장

무엇으로 전기를
얻을 것인가?

변화가 힘든 것은 새로운 아이디어를 생각해내야 하기 때문이 아니라
기존의 틀에서 벗어나야 하기 때문이다.

_존 메이너드 케인스(John Maynard Keynes)

재생에너지,
자연이 우리에게 주는 녹색 선물

신재생에너지의 의미와 화석 에너지에 과도하게 의존하는 인류

수소는 재생에너지가 아니다. 신재생에너지라는 이름으로 재생에너
지처럼 오해하고 있는 경우가 허다하다. 재생에너지 혹은 재생 가능
에너지라고 번역되는 'renewable energy'는 단어의 뜻처럼 시간
이 지남에 따라 자연스럽게 보충되는 에너지를 뜻한다. 날마다 뜨
는 태양, 그 태양의 빛으로 인해 불어오는 바람, 태초부터 지각에서
나오고 있는 지열 등이 대표적인 재생에너지다. 햇빛, 물, 바람뿐만
아니라 옥수수, 사탕수수와 같은 식물과 동물의 배설물, 우리가 사
용하고 버린 폐기물까지 모두 에너지원으로 사용할 수 있다. 재생
에너지는 자연발생적인 에너지이며, 에너지원이 거의 고갈되지 않

기 때문에 지속적으로 이용이 가능하고 화석연료에 비해 환경오염이 적은 친환경 에너지다. 국제에너지기구는 세계적으로 풍력과 태양광이 2030년에는 2020년 대비 네 배 수준 증가할 것으로 전망하고 있다.

반면 신에너지는 이러한 재생에너지와 무관하게 새롭게 개발되고 있는 에너지다. 법률적으로 신에너지는 '화석연료를 변환시켜 이용하거나 수소나 산소의 화학 반응을 통해 전기나 열을 이용하는 에너지'로 정의된다. 수소 에너지는 물론이고, 석탄 액화, 석탄 가스화 에너지가 여기에 포함된다. 신에너지와 재생에너지의 가장 큰 차이는 신에너지는 시간이 지나도 보충되지 않는다는 점이다. 지속불가능한 에너지인 것이다. 재생에너지는 결국 화석연료와 원자력을 대체할 수 있는 무공해 에너지로, 일반적으로는 대체에너지를 구성하는 한 요소로 이해된다. 한국에서는 '대체에너지 개발 및 이용·보급 촉진법' 제2조에서 대체에너지를 석유, 석탄, 원자력, 천연가스가 아닌 11개 분야의 에너지로 규정하고 있다. 11개 분야는 크게 태양열, 태양광 발전, 바이오매스, 풍력, 소수력, 지열, 해양 에너지, 폐기물 에너지 등 재생에너지 8개 분야와 연료전지, 석탄 액화·가스화, 수소 에너지 등 신에너지 3개 분야로 구분하고 있다. 이 중 수소 에너지와 연료전지는 이미 살펴보았다. 반복하자면, 연료전지는 수소와 산소가 화학 반응을 통해 결합하고 물이 만들어지는 과정에서 생성된 전기와 열에너지를 활용한 것이다. 기존의 발전 방식과 달리 연료를 연소하지 않고, 화학 반응을 통해 전기가 발생하기 때문에 환경오염의 우려가 대폭 줄어들게 된다. 전기를 생산하는 과정에서 발생하는 열도 활용할 수 있다.

석탄 액화·가스화 에너지는 석탄과 같은 고체 저급 연료를 기화시켜 가스 터빈과 증기 터빈을 통해 발전하거나, 액화시켜 휘발유와 디젤유 등의 고급 액체 연료로 전환해 이용하는 에너지다. 석탄 액화 기술은 석유를 대체할 수 있는 액체 연료를 만들고, 석탄 가스화는 석탄으로부터 도시가스에 사용할 수 있는 기체 연료를 만드는 기술이다. 이는 발전 효율이 높고, 석탄에서 대기오염의 원인이 되는 황 성분을 제거하기 때문에 환경친화적 기술이다. 그러나 이러한 과정을 처리하기 위해서는 복잡한 장치가 필요하고 비용이 많이 들어가게 된다. 그래서 기술 발전을 통해 개량화가 필요하다. 재생에너지에는 태양 에너지, 풍력 에너지, 수력 에너지가 대표적인데, 태양 에너지는 태양광 발전이나 태양열 발전을 통해 이용할 수 있는 에너지다. 태양광 발전은 태양의 빛 에너지를 변환시켜 전기를 생산하는 발전 기술로, 햇빛을 받으면 전기를 발생하는 태양전지를 이용한 발전 방식이다. 태양열 발전은 태양열을 흡수해 건물의 냉난방과 급탕에 활용하는 기술이다. 태양광 발전과 태양열 발전 모두 태양 에너지를 이용하므로 지속적으로 발전할 수 있고, 공해를 일으키지 않는다. 풍력 에너지는 바람의 힘을 이용해, 수력 에너지는 물의 흐름을 이용해 전기를 생산한다. 수력 에너지는 물의 흐름을 이용해, 지열은 지구 안에서 땅 표면으로 흘러나오는 열인데, 지열을 이용해 전기를 만들거나 난방을 하기도 한다. 지열 발전은 땅속에 있는 고온의 지하수나

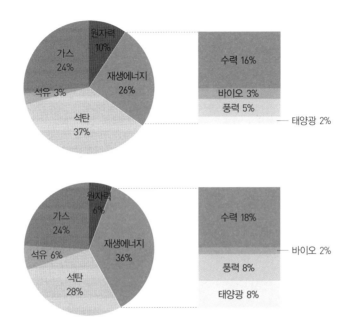

출처: IEA World Energy Outlook, 2020

수증기를 끌어올려 터빈을 돌려 전기를 생산하는 것이다. 태양 에너지나 풍력 에너지처럼 지열 에너지도 환경오염이 없고, 연료가 고갈될 염려가 없다. 좁은 면적에 발전 설비를 설치할 수 있고, 24시간 내내 전기를 생산할 수 있다는 장점도 있다. 하지만 판의 경계나 열점과 같이 지하에서 마그마가 상승하는 곳에서만 생산이 가능해 이용할 수 있는 지역이 한정되어 있고, 초기 조사와 설치에 비용이 많이 든다는 단점이 부각된다. 지하에서 직접 뜨거운 물을 끌어올려 난방에 이용하거나 지하에 설치한 열 교환기를 통해 지열 에너지를 흡수해 난방에 이용하는 것이 지열 난방이다. 유럽을 제외하고는 전 세계 주요 에너지에서 재생에너지가 차지하는 비중은 작다. 인류의 화석 에너지 사용이 여전히 높은 상황에서 탄소중립으로 재생에너지의 비율을 급격히 늘려야 하는 과제가 숙제로 남아 있다. 빌 게이츠에 의하면 연간 배출량 510억 톤의 온실가스 중 27퍼센트가 전기 생산 과정에서 나온다. 언제나 사용이 가능하며 저렴한 전기의 장점을 포기하지 않고, 탄소를 배출하지 않으면서도 더 많은 사람이 혜택을 누리는 방법은 없을까? 이번 장에서는 이와 관련된 이야기를 생각해본다.

누가 태양광을 훔쳤나?

태양전지(solar cell)가 발명되었을 때, 인류는 에너지 생산의 변화를 감지했다. 그 변화는 수많은 물리학자와 기술자의 손을 거쳐 수백 년에 걸쳐 반복된 결과다. 어린 시절 돋보기로 종이를 태워본 경험이 있는가? 누구에게는 그것이 재미있는 추억이고, 누군가에게는 신비한 과학의 기초였을 것이다. 태양 에너지는 어린 시절 추억처럼 사실 전혀 새로운 게 아니다. 사람들은 BC 7세기까지 역사적으로 태양 에너지를 사용해왔다. 가장 원시적인 상태에서, 태양으로부터의 에너지는 인간이 지구에서 살아온 역사만큼 존중되며 사용에 사용을 거듭해왔다. 태양열 발전의 최초 사용을 상상해보자. 불을 지피기 위해 돋보기로 태양 에너지를 집중시키는 시도가 있었다. 기원전 3세기에 그리스와 로마인들은 종교의식의 성스러운 횃불을 밝히기 위해 '불타는 거울'에서 햇빛의 반응을 제대로 살폈다. 고대의 태양 방(sun room)은 자연의 온기로 태양 에너지를 흡수하기 위해 발명되었다. 유명한 로마 목욕탕에서 아메리칸 원주민까지 햇빛을 흡수하고 집중적으로 모으기 위해 남향의 집을 지었다. 오늘날에도 여전히 많은 가정에서 남향집을 선호한다. 그리스 신화 '태양의 역사의 전설'을 살펴보면 과학자인 아르키메데스가 청동 방패를 이용해 로마제국의 나무로 만든 배에 태양 빛을 반사해 광선을 집중시켜 불을 지른 이야기가 나온다. 이 이야기가 아르키메데스의 시대에 실제로 있었던 일인지 아닌지는 검증되지 않았다. 하지만 1970년대에 그리스 해군이 이와 비슷한 태양력에 대한 실험을 했다. 그들은 전설적인 청동 방패와 태양광선 에너지만을 사용해 50미터 떨어진 나무로 만든 배에 불을 붙이는 데 성공했다.

이제 태양광 전지 기술의 발명을 생각해보자. 1839년 프랑스의 물리학자 에드몽 베크렐(Edmond Becquerel)은 금속 전극으로 만든 전지를 실험하는 동안 태양광 발전 효과를 발견했다. 그는 전지가 빛에 노출되었을 때 더 많은 전기를 생산한다고 생각했다. 1873년, 윌러비 스미스(Willoughby Smith)는 셀레늄이 광전도성을 나타내는 물체로 빛을 검출하는 소자인 광전도체의 기능을 할 수 있다는 사실을 발견했다. 주파수와 온도에 따라 차이는 있지만 넓은 파장 영역을 검출할 수 있고, 소형화와 경량화가 가능하다는 장점이 있다. 불과

3년 후인 1876년 윌리엄 애덤스(William Grylls Adams)와 리처드 데이 (Richard Evans Day)는 베크렐이 발견한 태양광 발전 원리를 셀레늄에 적용했다. 그들은 그 결과 햇빛에 노출되었을 때 전기를 발생시킬 수 있었다고 기록했다.

태양광 발전 효과가 발견된 지 거의 50년 후인 1883년, 미국의 발명가 찰스 프리츠(Charles Fritz)는 최초로 셀레늄 태양전지를 만들었다. 비록 현대의 태양전지판에는 셀레늄이 아니라 실리콘을 사용하지만, 이 셀레늄 태양전지는 오늘날 사용되는 기술의 선구자 역할을 했다.

알베르트 아인슈타인(Albert Einstein)은 태양 에너지의 잠재력에 세상이 주목하도록 하는 역할을 했다. 1905년 아인슈타인은 광전 효과 (photoelectric effect)와 빛이 에너지를 운반하는 원리에 관한 논문을 발표했다. 그 결과 세계적으로 태양 에너지에 대해 더 많은 관심과 수용이 일어났다. 태양전지 분야에서 가장 큰 도약이라 할 만한 사건의 발생은 1954년 벨 연구소에서 비롯되었다. 연구소에 근무하던 세 명의 과학자 데릴 채핀(Daryl Chapin), 캘빈 풀러(Calvin Fuller), 제럴드 피어슨(Gerald Pearson)은 실리콘을 사용해 더 실용적인 태양전지를 만들었다. 실리콘의 장점은 효율성 향상과 천연자원으로 광범위하게 사용할 수 있는 특성에 있다. 우주 시대가 발전함에 따라 태양전지판은 1950년대 후반과 1960년대에 걸쳐 우주선의 다양한 부분에 동력을 공급하기 위해서도 사용되었다. 첫 번째 위성은 1958년 뱅가드 1호 위성이었고, 그 뒤를 뱅가드 2호, 익스플로러 3호, 스푸트니크 3호가 따랐다. 1964년, NASA는 님버스(Nimbus) 위성을 발사했는데, 이 위성은 470와트의 태양광 패널을 사용해 운행되었다. 태양 에너지의 잠재력이 우주 공간에서 지구 위의 가정과 사업으로 주무대를 옮겨갈 때까지는 그리 오랜 시간이 걸리지 않을 것으로 보인다. 2050년 태양광과 풍력이 전력의 50퍼센트 이상을 차지할 대륙이 등장할 것을 전망하는 것은 무리가 아니다.

빅 그린 테크놀로지 7

고온 태양전지(Hot Solar Cells)

태양 에너지를 활용해 전기를 생성하는 방법에는 태양광 발전과 태양열 발전이 있다. 태양광 발전은 빛 에너지를 전기 에너지로 바꾸어 전기를 생산한다. 물질 표면에 일정 진동수(전기장이 1초에 진동하는 횟수로 빛의 파장을 환산한 개념) 이상 빛을 비추면 물질 표면에서 전자가 발생하는 '광전효과'가 나타난다. 이때 발생하는 에너지를 모아 전기를 만든다. 태양열 발전은 집열판에서 모은 태양열로 물을 끓여 증기를 발생시키고, 터빈을 돌려 전기를 생산하는 방식이다. 태양광에 비해 효율이 낮아 제한적으로만 쓰인다.

가장 널리 쓰이는 태양전지는 반도체 주성분인 실리콘 웨이퍼로 만든다. 여러 종류의 실리콘을 녹여 제작하는 다층 태양전지는 공정이 간단하지만 빛 에너지가 전기 에너지로 전환되는 효율이 18~19퍼센트에 불과하다. 태양빛이 머금고 있는 에너지의 80퍼센트 이상이 전기로 변환하는 과정에서 소실된다는 얘기다. 단층 태양전지도 이론상 평균 전환 효율의 최고 수준이 32퍼센트다. MIT는 실리콘 태양전지보다 두 배 이상 높은 효율로 발전이 가능한 다층 고온 태양전지를 시제품으로 개발했다. 태양전지의 근본적 한계는 햇빛 속 에너지의 일부 이상을 흡수하지 못하는데, MIT 과학자들은 통상적 광전지보다 더 많은 에너지를 흡수하는 장치를 개발해 에너지 효율을 높이려 했다. 이 기술은 새로운 소재를 사용해 햇빛을 전기로 전환하기 전에 먼저 고온의 열로 변환시킨다. 그다음에는 태양열 광전지(Solar Thermophotovoltaics, STPVs) 방식을 사용한 것이 핵심이다. 재래식 실리콘 광전지의 성능은 특정한 파장 범위 내에서 태양 에너지의 일부분만을 사용하기에 효율이 낮다. MIT 연구진은 빛뿐만 아니라 열을 사용해 더 많은 태양 에너지를 집적하는 태양 에너지 수확법을 찾아내 효율을 향상시키고자 했다. 이 고온 태양전지는 2017년 MIT 10대 유망 기술 중 하나로 선정되었다.

태양전지 기술의 에너지 효율이 높아지고 이에 따른 패널 보급이 확대되면 에너지 부족 현상을 완화하는 데 도움을 줄 수 있다. 테슬라는 2016년 지붕 타일과 분간하기 어려운 태양광 패널인 솔라루프(solar roof)를 선보였는데, 이역시 태양광 발전 확산에 기여했다. 한편 고온 태양전지는 아니지만, 울산과학기술원이 2019년 개발한 페로브스카이트 태양전지에 주목할 필요가 있다. 이는 값싼 무기물과 유기물을 혼합해 만들어 저렴하고 저온에서 용액 공정으로 손쉽게 제조할 수 있어 유력한 차세대 태양전지 후보로 손꼽힌다. 태양전지는 태양광을 직접 흡수해 전자를 생산하는 광활성층이 얼마나 튼튼하고 안정적인지, 빛을 전기로 바꾸는 효율이 얼마나 높은지가 상용화의 관건인데 페로브스카이트 태양전지가 세계 최고의 효율을 자랑하며 그 가능성에 도전하고 있다.

사람들은 기원전 5,000년경에 나일강을 따라 배를 띄우기 위해 풍력 에너지를 사용했다. 기원전 200년까지 중국에서 간단한 풍력 발전용 양수기가 사용되었고, 날이 엮인 풍차가 페르시아와 중동에서 곡물을 갈아내고 있었다. 풍력 에너지를 사용하는 새로운 방법은 전 세계적으로 퍼져나갔다. 11세기까지 중동 사람들은 풍력 펌프와 풍차를 식량 생산에 광범위하게 사용했다.

상인과 십자군은 유럽에 풍력 기술을 소개한 장본인이었다. 네덜란드는 라인강 삼각주의 호수와 습지를 배수하기 위해 큰 풍력 발전기를 개발했다. 이 풍력 에너지 기술을 이민자들이 미주 대륙으로 실어 날랐다. 미국 식민지 개척자들은 곡식을 갈고, 물을 퍼내고, 목재소에서 나무를 자르는 데 풍차를 이용했다. 정착민과 목장주는 미국 서부를 개발하기 위해 수천 대의 풍력 펌프를 설치했다. 1800년대 후반과 1900년대 초반에는 소형 풍력 발전기(풍력 터빈)도 널리 사용되었다.

풍력 펌프와 풍력 터빈의 수는 1930년대 들어 감소했다. 미국 대부분의 농장과 목장은 확장된 송전선으로 시골 지역을 전력화하는 프로그램의 혜택을 받았기 때문이다. 그럼에도 불구하고 목장들은 여전히 가축에 물을 공급하기 위해 풍력 펌프를 사용했다. 소형 풍력 터빈은 주로 외진 지역과 시골 지역에 전기를 공급하기 위해 다시 널리 사용되고 있다. 석유 부족과 환경 문제 이후 풍력 에너지 사용이 확대되었다.

1970년대의 석유 부족은 미국과 세계의 에너지 환경을 변화시켰다. 석유 부족은 풍력 에너지와 같은 대체에너지원을 사용해 전기를 생산하는 방법을 개발하는 데 관심을 불러일으켰다. 미국 연방정부는 대형 풍력 터빈의 연구개발을 지원했다. 1980년대 초, 수천 개의 풍력 터빈이 캘리포니아에 설치되었는데, 이는 주로 재생에너지 사용을 장려한 연방정부와 주정부의 정책에 기인한 것이다. 1990년대와 2000년대에 미국 연방정부는 환경오염에 대한 우려에 대응해 재생에너지원을 사용할 유인이 생겼다. 연방정부는 풍력 터빈 비용 절감을 위한 연구개발 기금을 제공하고 풍력 발전 프로젝트에 세금과 투자 인센티브를 제공했다. 주정부는 재생에너지원에서 발생하는 새로운 발전 요건을 정했고, 전력 회사 등 판매자는 풍력과 기타 재생에너지원에서 발생하는 전기를 고객에게 제공하기 시작했다.

이러한 정책과 프로그램 덕분에 풍력 터빈 수와 풍력 에너지에서 발생하는 전기의 양이 증가했다. 바람으로 인한 미국 발전 비율은 1990년 1퍼센트 미만에서 2020년 약 8.4퍼센트로 증가했다. 유럽의 인센티브는 풍력 에너지 사용을 크게 확대하는 결과를 초래했다. 중국은 풍력 에너지에 많은 투자를 했고 풍력 발전 분야에서 세계에서 가장 큰 손이 되었다. 1990년 16개국이 약 36억 킬로와트시의 풍력 전기를 생산했는데, 2019년에는 127개국이 약 1조 4,200억 킬로와트시의 풍력 전기를 생산했다.

재생에너지 생산이 활발한 곳은 유럽이다. 노르웨이는 주로 수력 발전으로 움직인다. 노르웨이의 혁신가들은 다른 재생에너지 기술 개발에도 매진하고 있다. 1800년대 말부터 노르웨이는 대부분 전기를 재생 가능한 에너지로 생산해왔다. 오늘날에도 마찬가지다. 수력이 우세하지만 노르웨이 기업들은 태양광, 부유식 해상 풍력 같은 재생에너지 분야에서 괄목할 만한 성장을 보인다.

노르웨이는 세계에서 일곱 번째로 큰 수력 발전을 이용하는 국가이자 유럽에서 가장 큰 수력 발전을 운영하는 국가다. 전기 공급과 산업화의 토대를 마련한 방대한 수자원이 전국적으로 퍼져 있다. 노르웨이 수력 발전은 1,500여 개의 발전소에서 이루어지는데 여기서 생산한 에너지로 노르웨이 총 에너지 수요의 약 60퍼센트를 감당한다. 그뿐 아니라 노르웨이는 계속해서 새로운 수력 발전소를 짓고 있다.

육상의 바람은 전 세계적으로 가장 중요한 재생에너지의 원천이다. 풍력 생산은 노르웨이의 재생에너지 생산의 일부를 구성하지만, 개발은 빠른 속도로 진행되고 있다. 해양, 특히 심해에 풍력 발전의 엄청난 잠재력이 있다. 수심이 50에서 200미터인 바다 위의 부유체에서 전력을 일으키는 것은 고도의 기술이 필요하다. 부유식 기반은 인류가 세계 최고의 풍력 자원이 있는 더 깊은 바다에 접근할 수 있게 한다.

세계에서 가장 먼저 부유식 해상 풍력을 상용화한 국가는 스코틀랜드다. 일찌감치 해상 풍력을 발전시킨 유럽에서는 부유식 해상 풍력의 잠재력이 4,000기가와트에 이른다는 분석에 주목하고 있다. 스코틀랜드 북동부 피터헤드 해안에서 25킬로미터 떨어진 '하이윈드(Hywind Scotland)' 발전 단지에는 수심 100미터 해상에 720~1600미터 간격으로 30메가와트급 풍력 발전기 5기가 설치돼 있다. 이는 에퀴노르라는 세계 유수의 부유식 해상 풍력 개발 업체가 만든 것이다. 2017년 10월 하이윈드 스코틀랜드를 시작으로 현재 2만 2,000명의 영국 가정에 전기를 공급하고 있다. 에퀴노르가 세계 최초로 석유·가스 플랫폼에 전력을 공급하는 부유식 해상 풍력 발전소인 하이윈드 탐펜을 건설한다. 이는 8메가와트의 풍력 터빈으로 연간 이산화탄소 배출량을 약 20만 톤까지 줄이는 세계 최대 규모의 부유식 풍력 프로젝트다.

태양 에너지는 깨끗하고 거의 무한함에도 불구하고, 태양 농장을 건설하려면 넓은 면적의 땅이 필요하다. 이는 종종 공간이 부족한 도시 근처에 태양광 발전소를 짓는 것을 어렵게 만든다. 물 위에서 태양 에너지를 생성하는 것이 이 문제의 해결책이 될 수 있다.

게다가 전 세계에 수력 발전소를 건설하는 노르웨이 에너지 회사들은 수력 저수지를 이용해 부유식 태양열로 전력의 생산성을 증가시킨다. 이들 기업은 전송 인프라가 이미 갖춰져 있다는 장점이 있다.

오션 선(Ocean Sun)은 노르웨이의 부유식 태양 전문 기업이다. 이 기업이 만든 대형 부유식 구조물에 설치된 실리콘 태양모듈로 구성된 특허 솔루션은 양식 산업에서 영감을 받아 개발했다. 오션 선은 알바니아에 있는 스타크래프트의 반자 저수지(Statkraft's Banja)에 부유식 태양광 플랜트로 태양광 전기를 생산한다. 부유식 태양광의 가장 큰 어려움은 최적의 부지에 현장에서 모은 고유 데이터를 기반으로 구조물을 어떻게 건설해 고정해야 할지를 정하는 것이다. 노르웨이 회사인 글린트 솔라(Glint Solar)는 미래의 부유식 태양 사이트에 대해 포괄적인 분석 틀을 제공해 이러한 과제를 해결하는 데 도움을 주고 있다.

규모의 경제와 기술로 태양광 산업 파이 키우는 중국

앞에서의 설명과 달리 현재 세계 태양광 시장의 메이저들은 대부분 중국 업체다. 이들의 기술력은 상당하다. 미국과 유럽 업체는 고임금·고비용 구조로 오히려 고전을 면치 못하고 있다. 이는 치열한 치킨게임이 벌어지는 이유다. 결국 태양광 산업 시장은 대량 증설이 답이다.

> "태양광은 반도체 산업처럼 치킨게임으로 갈 것이고, 거기에서 승리한 회사는 5년 후 시장을 독식할 것이다."

이 말은 몇 년 전 시장에서 바라보는 태양광의 미래에 대한 견해

였는데 이는 정확히 옳았다. 신재생에너지 분야를 대표하는 고성장 태양광 산업의 경우 값싼 중국산 제품이 전 세계 시장 점유율에서 절대적 우위를 차지하고 있다. 중국 태양광 전문포털사이트인 '북극성태양광에너지발전망(北極星太陽能光伏網, CPIA)'에 따르면 2019년 전 세계 시장에서 중국의 폴리실리콘, 웨이퍼, 태양광 셀(Cell), 모듈의 점유율은 각각 67퍼센트, 98퍼센트, 83퍼센트, 77퍼센트다. '폴리실리콘(태양광 원재료 가공) → 잉곳(폴리실리콘을 녹여 결정으로 만든 원통형 덩어리) → 웨이퍼(잉곳을 얇게 절단해 만든 기판) → 셀(태양전지) → 모듈(태양전지를 한데 모아놓은 패널) → 발전소(발전시스템)'로 연결되는 태양광 산업 생태계는 저가 공세를 펼치는 중국 기업들이 주도하고 있다. 중국의 태양광 제품의 생산 능력 또한 매년 강화되는 추세다. 2019년 중국 기업의 다결정(polycrystalline) 실리콘, 웨이퍼, 셀, 모듈 생산 능력은 각각 34만 2000톤, 134.6기가와트, 108.6기가와트, 98.6기가와트로 전년 동기 대비 각각 32퍼센트, 25.7퍼센트, 27.8퍼센트, 17퍼센트씩 늘었다. 이처럼 전 세계 태양광 시장은 가격 경쟁력을 앞세워 생산 능력을 늘려가는 중국 기업들을 중심으로 재편되고 있다. 룽지구펀(隆基股份)도 뜨거운 주식 중 하나다. 국내에서 론지솔라라는 이름으로도 잘 알려진 룽지구펀은 세계 최대 고효율 단결정(monocrystalline) 실리콘 제품 생산 업체로, 끊임없는 기술 증강과 비용 절감을 통해 제품 가격 경쟁력을 갖추고 중국 태양광 산업의 글로벌화를 선도하고 있다. 태양광 주식과 친환경 재생에너지 회사는 2020년 엄청난 성장 실적을 세웠으며 골드만삭스는 태

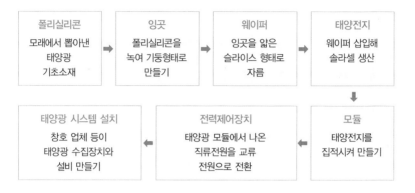

양광이 점점 더 인기를 얻음에 따라 더 많은 이익이 기대된다고 발표했다.

2021년 중국 시장에서 태양광·풍력주가 다시 주목받았다. 중국 정부가 2025년 태양광·풍력 사용량 비중을 16.5퍼센트로 목표를 세우면서 투자심리가 개선된 덕분이다. 중국 1위 태양광 업체인 융기실리콘자재, 응용소재 업체이자 태양광 관련주인 포스터, 홍콩 증시에서 풍력 발전 개발사인 용원전력, 중국 1위 풍력터빈 업체 금풍과기 등은 주요 투자 종목이다.

중국 국가에너지국은 2025년까지 전체 전기 사용량에서 태양광과 풍력 비중을 16.5퍼센트까지 확대할 것이라고 밝혔다. 2020년 9.7퍼센트였던 비중을 두 배 가까이 늘리기로 한 것이다. 중국 정부가 과거에도 신재생에너지 목표치를 제시했지만, 태양광과 풍력의 구체적 목표치를 제시한 것은 이번이 처음이다. 중국 신재생에너지의 절반 이상을 수력이 차지하고 있는 상황에서, 중국 정부가 태양

광·풍력에 대한 중장기 계획을 발표하면서 관련 기업에 대한 신뢰가
재차 확인됐다.

태양광 발전의 원리

태양광 발전에 대해 조금 더 설명해보자. 태양광 발전이란 발전기 도
움 없이 태양전지를 이용해 태양빛을 직접 에너지로 변환시키는 것
을 말한다. 태양광 발전의 원리는 광전효과에서 비롯된 것이다. 빛은
파동성과 입자성을 모두 가지는데 빛의 입자성 때문에 임의의 금속
에 빛을 가했을 때 금속으로부터 전자가 방출되는 현상을 광전효과
라고 하며, 이때 방출되는 전자를 광전자라고 한다.

　태양광 모듈은 핵심 요소인 솔라 셀의 집합이다. 이 모듈에 태양
의 빛을 쐬면 태양전지에 광전효과가 발생한다. 태양광 모듈은 P형
반도체와 N형 반도체의 접합으로 구성되어있는데 이 접합 지점에
태양광이 비치면 전자와 정공이 이동해 N층과 P층을 가로질러 전
류가 흐르게 된다. 좀 더 상세히 설명하자면, 전자는 N측으로 정공
은 P측으로 흐르게 되고, N형 반도체와 P형 반도체에는 전기장이
생기게 된다. 서로 다른 극성, 즉 '+'와 '−'가 생기게 되고 이 전위차
로 전자는 한쪽으로 이동하게 된다. 이렇게 생긴 전기는 인버터로
이동한다. 실제 태양광의 효율은 20퍼센트 정도이고, 나머지는 반
사되어버린다. 이 효율은 기술의 발전으로 좋아지고 있으며, 꿈의

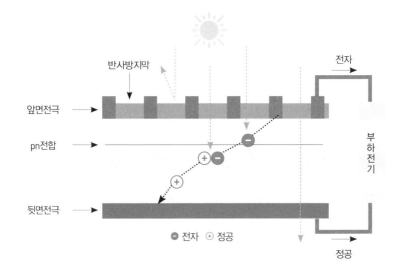

50퍼센트 소자가 개발되기 위해서 과학자들은 밤을 지새우며 연구하고 있다.

태양광 발전으로 생성된 전기 중 쓰고 남은 전기는 한국전력으로 보냈다가, 태양광이 발전되지 않는 시간이나 비가 오거나 흐린 날 다시 가져다 쓸 수 있다. 태양광 발전 사업은 반도체를 쓰는 실리콘계 태양전지로 반도체 소자에 의한 발전 방식이므로 유지 보수가 쉽고 소규모에서 대규모 용량까지 발전이 모두 가능하다. 태양광 발전 원리는 무한한 친환경 무공해 에너지지만 초기 시설 투자에 많은 비용이 든다. 그래서 정부는 태양광 발전은 소자본을 투자해 안정적인 수익 창출이 가능하게 하고 양도 시 세제 혜택을 받도록 정책 설계를 할 수 있다. 태양광 발전 설비 건설에 필요한 높은 수준의 융자를 받을 수 있으며, 저리 조건으로 이용할 수 있다. 태양광 모듈은 물리적인 충격만 없다면 거의 고장이 나지 않으며 유지 보수가 용이하다. 태양광 발전 설치 후에는 추가 비용이 거의 없이 약 25년 이상 장기간 운영이 가능하다.

미국 주택용 태양광 발전기 설치 업체 유망

앞에서 살펴본 것처럼 재생에너지는 각국 환경에 맞게 발달할 수밖에 없다. 적도 지역으로 갈수록 태양 에너지가, 극지방으로 갈수록 풍력 에너지가 강하다. 지역마다 활용 가능한 재생에너지원이 다르다는 의미다. 극지방에 가까운 덴마크는 강한 풍속을 활용해 풍력을, 노르웨이는 빙하에서 녹아내리는 풍부한 수자원을 활용해 전체 발전원 중 96퍼센트를 수력으로 충당하고 있다. 또한 드넓은 사막을 가진 미국 캘리포니아는 태양광을 대거 설치하고 있다.

미국 바이든 행정부의 친환경 에너지 정책에 힘입어 미국 태양광 시장은 높은 성장세를 지속할 것으로 전망된다. 바이든 대통령은 2050년까지 미국 내 총 에너지 비중의 50퍼센트를 친환경 에너지로 대체하겠다고 공약하며 향후 4년간 2조 달러를 투자해 청정 에너지 설비를 건설할 것을 약속했다. 또 미국 에너지정보청(EIA, Energy Information Administration)도 2050년 미국의 재생에너지 의존도가 42퍼센트까지 증가할 것으로 예측했다. 한화큐셀은 2020년 미국

도표 4-4 최근 3년 간 미국 주거용 태양광 시장 점유율

순위	기업명	2018	2019	2020
1	한화큐셀	14.4%	25.0%	24.8%
2	LG전자	12.6%	13.2%	12.8%
3	썬파워(Sun Power)	14.0%	11.6%	10.8%
4	알이씨(REC)	6.6%	7.4%	7.5%
5	진코솔라(Jinko Solar)	8.6%	6.5%	7.3%

출처: 우드 맥킨지(2021)

도표 4-5 최근 3년 간 미국 상업용 태양광 시장 점유율

순위	기업명	2018	2019	2020
1	한화큐셀	7.5%	14.2%	19.1%
2	제이에이솔라(JA Solar)	10.3%	11.5%	11.2%
3	썬파워(Sun Power)	5.6%	6.9%	10.7%
4	LG전자	14.4%	9.9%	5.9%
5	캐네디언솔라(Canadian Solar)	11.6%	4.1%	5.7%

출처: 우드 맥킨지(2021)

주거용과 상업용 태양광 모듈 시장에서 모두 점유율 1위를 달성했다. 미국 태양광 시장의 견조한 성장세에 발맞춰 한화큐셀은 엄격한 품질 관리로 프리미엄 제품을 선호하는 미국 시장에서 독보적인 지위를 이어갈 방침이다. 한화큐셀은 국제전기기술위원회(IEC, International Electrotechnical Commission)의 품질 검사 기준보다 최대 세 배 혹독한 조건으로 품질 관리를 진행한다. 2020년 12월 세

계적 검증 기관인 '티유브이 라인란드(TUV Rheinland)'의 신규 태양광 모듈 품질 검사(QCPV, Quality Controlled PV) 인증을 업계 최초로 획득했다.

태양광은 미국 투자가들에게도 인기가 있다. 애플과 아마존 주식을 사지 않은 것을 후회한 워런 버핏(Warren Buffet)은 태양광 같은 재생에너지 주식에 대해 어떻게 생각할까? 버핏은 오일이나 천연가스 관련 주식에 투자한 경험이 있다. 전통적인 에너지 관련 주식을 투자 포트폴리오에 담은 것은 당연해 보인다. 태양광 같은 재생에너지는 어떨까? 안정적 수익을 좋아하는 버핏은 신재생에너지 주식을 기피할 수도 있겠다. 그동안의 눈부신 주가 성장 궤적에도 불구하고, 신재생에너지 산업은 주기적으로 큰 변동성을 보였고, 심지어 수익성이 없을 수도 있기에 버핏에게 어울리지 않을 수도 있다. 지금은 아득한 기억 같지만 2016년은 태양광 산업의 침체였다. 태양광에 투자하는 ETF(Invesco Solar ETF)의 경우 1년 수익률이 마이너스 45퍼센트이기도 했다. 2020년 인베스트 솔라(Invesco Solar) ETF의 평균 주식은 230퍼센트 이상 상승했고, 퍼스트 트러스트 글로벌 풍력 에너지(First Trust Global Wind Energy) ETF의 평균 주식은 59퍼센트 상승했다. 산이 높으면 골이 깊다고 2021년 재생에너지 관련 주식의 주가 상승이 연초 크게 상승한 이후 조정을 받고 있어 2020년의 성장 이야기가 뒤집히는 것이 아닌가 하는 조짐도 보이나 실적이 좋은 주식은 'Buy&Hold' 전략을 취하는 것이 좋아 보인다. 재생에너지 분야의 주가가 크게 조정받은 것은 투자의 귀재 버핏에게 새로운 투자

유망 분야로 매력적인 진입 대상이 될 수도 있다. 재생에너지는 경기에 민감할 수 있지만, 생산 비용은 지속적으로 낮아지고 있고, 시장 선도 업체들은 수익을 더 잘 관리할 수 있다는 것을 보여주고 있다. 가파른 주가 상승 후에 충분한 가격 조정이 있었기에 재생에너지 관련 회사에 대한 장기적인 투자 전망은 그 어느 때보다 밝다. NV 에너지(NV Energy)는 워런 버핏 소유의 버크셔해서웨이 에너지(BHE, Berkshire Hatahway Energy)의 계열사다. 워런 버핏의 에너지 관련 포트폴리오는 버크셔해서웨이 에너지에 속해 있다. 이 회사는 미국과 유럽의 전력 생산과 송전, 신재생에너지 투자 회사로서 주로 미국과 영국에서 사업을 영위하고 있다.

태양광 산업은 ESS 등 새로운 고성장 시장의 등장으로 회사의 가치가 더욱 높아지고 있다. 태양광 섹터 내에서 주택용 발전기 설치에 중점을 둔 회사에 우선 투자할 필요가 있다는 주장이 제기된다. 대표적인 회사가 엔파스 에너지(ENPH, Enphase energy)다. 핵심 사업인 주택용 마이크로 인버터에서 시장 점유율이 계속 늘고 있고, 배터리 신제품의 성장세가 높은 한편, 해외 시장 개척으로 수요처를 넓히는 점이 성장 유망 요인으로 꼽힌다. 솔라엣지 테크놀로지스(SEDG, Solar Edge Technologys)도 태양광 관련 유망 업체다. 주택용 태양광 설치 업체에는 선런(RUN), 선노바(NOVA), 선파워(SPWR) 등이 있다. 세계 최대 태양광 패널 제조로 퍼스트 솔라(FSLR)가 있는데 중국 공급망에 취약한 구조라는 평가가 뒤따른다.

솔라시티의 기가팩토리(SolarCity's Gigafactory)

2016년 MIT는 10대 기술의 하나로 일론 머스크의 솔라시티를 선정했다. 솔라시티는 2006년 일론 머스크의 사촌들이 설립한 지붕용 태양열 시스템 설치 업체로, 인수 당시에 높은 부채로 많은 투자자들의 비난을 샀다. 테슬라가 솔라시티를 인수한 이유는 '태양 에너지로 움직이는 자동차를 만들기 위함'이었다. 일론 머스크는 솔라시티를 인수하며 세계에서 유일하게 에너지의 생산부터 저장, 수송까지의 모든 단계가 통합된 지속가능한 에너지 기업으로 자리매김한다는 포부를 밝혔다. 2017년부터 버팔로에 위치한 7억 5,000만 달러의 태양광 공장에서 연간 기가와트 단위의 고효율 태양광 패널을 생산한다. 이를 통해 가정용 태양광 패널을 더 매력적으로 만들어가려는 야심찬 계획이 펼쳐졌다. 미국 가정용 태양광 패널 시장을 주도한 솔라시티가 기가팩토리를 가동하면 태양전지 생산부터 설치에 이르기까지 거의 모든 태양광 관련 사업을 할 수 있었다. 태양광 산업이 화석연료와 경쟁하려면 저비용 제조 공정으로 고효율 태양광을 저렴하게 생산해야 하므로 규모의 경제가 필요했다. 당시 솔라시티, 선파워, 파나소닉 등이 태양광 패널 사업에서 경쟁하고 있었다. 게다가 시장에 유통되는 중국산 실리콘 태양광 패널이 최저가로 공급되는 상황에서 새로운 태양광 사업에 투자하는 것은 위험이 컸다. 종전의 적자만 보았던 솔라시티가 탈바꿈하려면 고효율의 패널, 신공장 가동에 따른 생산성 향상, 제조 공정 간소화를 통해 태양광 설치비를 대폭 줄일 필요가 있었다. 미국 주 단위에서 시행하는 전력 거래제(쓰고 남은 전력을 소비자가로 되팔 수 있도록 하는 것)와 연방정부의 태양광 보조금을 기반으로 솔라시티는 가정용 태양광 설비의 가격 인하를 주도하며 지붕용 태양광 패널의 인기몰이를 했다. 버팔로 공장 덕분에 태양광 발전 전기료가 화석연료 전기보다 저렴해졌다. 솔라시티는 기존 패널 사용량을 3분의 1이나 줄이면서도 동일 수준의 발전을 이루는 것을 목표로 했다. 패널을 줄이면 부품이나 전선도 줄고, 설치에 드는 시간도 절약할 수 있기 때문이다.

2016년 일론 머스크는 자동차 산업의 전망이 높다고 내다보고 그해 여름 수십억 달러를 들여 네바다주에 세계 최대 규모의 배터리 공장을 건설했다. 대중을 위한 첫 전기차 모델 3을 야심차게 출시할 준비를 하고 있었다. 그런 그가 태양광 패널 공급사인 솔라시티를 인수하고 블로그에 '마스터플랜 2(Master Plan, Part Deux)'라는 글을 올렸다. 이 글에서 태양광 패널을 내장한 세련된 지붕에서 고객을 위한 전력을 생산하고, 테슬라 배터리 모듈에 보관한 후, 일부를 테슬라 차량 운행에 사용하고자 하는 목표를 엿볼 수 있다.

'넥스트에라 에너지'는 1984년 설립된 미국의 대표적인 에너지 회사로서 풍력과 태양광의 대표 기업이다. 친환경 관련주의 대표주로 수익성이 좋고 배당도 증가하는 추세라서 워런 버핏에게 권할 만한 주식이란 평가도 받고 있다. 버핏은 친환경 사업으로 변신하고 있는 제너럴 일렉트릭이나 지멘스 같은 원조 장비 제조 업체에 투자할 수도 있다.

가상 발전소에 주목하는 시장 트렌드

국내 태양광 업계가 '분산형 전원' 시대에 대비하기 위해 효율적인 전력 유통이 가능한 '가상발전소(VPP, Virtual Power Plant)' 시장에 속속 진출하고 있다. 과거 국내 태양광 업체들이 셀(태양전지)이나 모듈을 제조하는 데 몰두했다면 이제는 태양광 발전을 중심으로 한 종합 에너지 공급 사업자로의 진화를 꾀하고 있다. 현대중공업그룹 계열사이자 태양광 업체로 주가를 올리는 현대에너지솔루션의 행보를 보자. 이 회사는 미국 시장에서 소규모 VPP 사업을 운영한다. 그동안 현대에너지 솔루션은 태양광 셀과 모듈 판매에 집중했다. 이제 시대 흐름에 따라 포트폴리오 다각화가 필요하다고 보았다. 그 결과 전력 유통이 가능한 VPP 사업 기반이 유망하다고 판단했다.

현대에너지솔루션은 미국, 호주에서 우선적으로 시범 사업을 실시하기로 했다. 기존 해외 태양광 모듈 판매망을 제대로 이용해 VPP 사업을 먹거리로 확대한다는 비전을 실현한다. 우리나라와 달리 미국을 비롯한 많은 국가에서 전력 유통 사업이 민영화되어 있는 만큼 전력 유통 사업이 중요한 사업으로 떠오르고 있다. VPP는 태양광 설비가 설치된 각 가정이 하나의 초소형 발전소가 돼 ESS에 저장된 전력을 효율적으로 활용하고 관리하는 시스템이다. 분산된 발전 설비와 전력 수요를 정보통신(IT) 기반의 소프트웨어로 묶어 하나의 발전소처럼 통합해 관리하는 일종의 가상발전소다.

개인들이 전력을 사고 팔 수 있어 많은 에너지 기업이 이를 중개

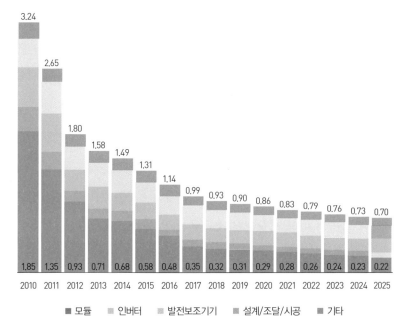

모듈   인버터   발전보조기기   설계/조달/시공   기타

출처: 에너지경제연구원

하는 역할을 한다. 국내 태양광 1위 업체인 한화솔루션도 마찬가지 행보를 걷고 있다. 2019년부터 독일, 일본에서 VPP 사업을 위해 에너지 판매 고객 기반을 구축해왔다. 2020년에는 독일에서 실제 10만 고객을 모집했다. 2020년 4분기에는 한화솔루션 자회사인 한화큐셀이 미국 에너지 소프트웨어 업체인 'GELI(젤리)'를 인수했다. 이 회사는 기존의 태양광 셀, 모듈 중심의 제조업에서 빅데이터, 인공지능(AI)을 활용하여 4차 산업 기반의 미래형 에너지 사업자로 거듭날 계획이다. 앞으로 태양광 기업들은 독일, 일본뿐만 아니라 미국, 호주

등에서 모듈과 플랜트 사업을 기반으로 한 장기전력 판매, VPP 사업 등으로 영역을 확대해 회사의 핵심 사업으로 성장시켜나갈 것으로 보인다. 분산형 전원 기반으로 한 전력 공급, 판매, 유통 사업을 확대할 추세다.

시장조사 기관 P&S 마켓리서치에 따르면 글로벌 VPP 시장은 오는 2023년 약 11억 8,700만 달러(한화 약 1조 3,200억 원)까지 성장할 전망이다. 아직 전체 시장 규모는 크지 않지만 전 세계적으로 재생에너지 비중이 늘면서 관련 시장이 대폭 확장될 것으로 업계는 기대하고 있다. 산재되어 있는 재생에너지 기반의 발전 설비와 전력을 통합하고 관리하는 과정이 중요해졌다. 과거 태양광 업체들이 셀과 모듈제조에만 집중했다면 이제는 판을 확대해 에너지 솔루션을 제공하는 서비스 기업으로 도약하고자 하는 시도들이 늘고 있다. 최근 10년 동안 태양광 소재 가격들이 대폭 하락하면서 더 이상 셀과 모듈 판매로만 사업을 영위하기 어려운 상황인 데다, 전 세계적으로 부는 재생에너지 확대 바람으로 전력 시장이 새롭게 변화하고 있는 만큼 태양광 업체들의 선제적 대응이 필요한 시점이다.

한반도 바다 위에 부는 바람과 태양의 반란, 울산 부유식 해상 풍력

우리나라도 바다 위의 태양을 훔치고 바람의 날개를 달아주고 있다. 정부와 발전 기업들이 육지 대신 바다 위에서 전력을 생산하는 부유

식 발전소에 주목하고 있다. 전력을 생산하는 발전소는 대규모 설비가 들어설 부지를 확보해야 하고, 운영 과정에서 소음과 오염 물질을 발생시키기 때문에 입지에 제약이 크다. 정부가 친환경 에너지로 보고 육성 의지를 밝힌 태양광과 풍력 역시 발전소 설립 과정에서 적지 않은 진통을 겪고 있다. 이에 수상 태양광과 부유식 해상 풍력 발전, 부유식 원전 등 바다에 발전소를 건립하는 움직임에 탄력이 붙고 있다. 우리나라에서도 삼면이 바다이면서 저수지가 많다. 이를 체계적으로 관리하는 공공기관들의 우수한 시스템을 기반으로 수상 태양광이 주목을 받고 있으며 각종 어려움에도 불구하고 지속적으로 국내 재생에너지 보급 확대에 기여하고 있다. 초기에는 산지에 태양광 발전 설비가 대거 들어섰지만, 산사태 등 부작용이 커지자 발전사들은 해수면에 태양광 패널을 띄우는 수상 방식으로 전환하고 있다.

수상 태양광은 농경지나 산림 훼손 없이 넓은 공간에 발전 시설을 설치할 수 있다. 경제적으로는 수면을 통한 냉각 효과로 육상 태양광보다 약 10퍼센트 높은 발전량을 기대할 수 있으며 임야 태양광과 달리 신재생에너지 공급인증서(REC) 가중치가 더 높아 사업 수익성이 높아지게 된다. 이를 통해 이격거리, 산지 제한과 같은 규제가 늘어난 육상 분야에서 부지 축소를 보완할 수 있으며 간척 지역, 호수 등을 활용해 한 곳당 수십 메가와트 이상의 발전 규모를 확보할 수 있다.

세계은행이 2019년 발간한 수상 태양광 리포트에 따르면 전 세계 저수지 수면 기준으로 1퍼센트의 면적에 수상 태양광 발전소를 설치한다면 설비 용량이 404기가와트에 달한다. 설비 용량 기준으로 석탄화력 발전소 404기(1기가와트급 발전소 기준)를 대체할 수 있는 셈이다. 세계은행은 수상 태양광이 육상 태양광, 건물 태양광에 이어 태양광 발전의 3대 축이 될 것으로 예상하고 있다. 국내의 경우 수상 태양광은 농어촌공사, 수자원공사 등이 관리하는 저수지와 댐이 많아 발전 잠재력이 높다는 평가다. 국토 면적이 상대적으로 좁은 국내 조건상 태양광 입지 확대를 위해 수상 태양광이 주도적으로 국내 재생에너지 보급에 힘써야 한다는 분석이다.

국내에서 가장 주도적으로 수상 태양광 기술 개발과 단지 확대에 앞장서온 기관은 수자원공사다. 수자원공사는 2012년 합천댐 수면 위에 0.5메가와트 규모의 태양광을 설치해 국내 최초로 수상 태양광 발전을 상용화했다. 이후 보령댐 2메가와트(2016년 3월), 충주댐 3메가와트(2017년 12월) 건설로 본격적인 수상 태양광 개발 시대의 서막을 올렸다. 합천댐 수상 태양광은 약 8년간의 환경모니터링으로 환경적 안전성에 대한 객관적 검증 절차까지 거쳤다. 이로써 수질 오염이나 물생태계 교란에 대한 우려를 완화시켰다. 수자원공사는 국내 최대 규모로 조성되는 경남 합천군 합천댐 수상 태양광 사업을 지역 주민들이 건설 단계부터 완공 이후 운영과 수익 배분에 함께 참여하는 '주민참여형' 사업으로 조성한다. 합천댐 수상 태양광 사업은 연간 약 6만 명이 사용할 수 있는 41메가와트의 설비 용량으로 한화큐셀이 시공을 맡았다. 이를 위해 먼저 수상 태양광 설비 공사에 필요한 토목과 전기 분야 인력을 지역에서 우선 고용했다. 완공 이후 약

20년 동안 운영에 필요한 유지보수 인력 역시 지역 주민으로 채용한다. 한화솔루션 자회사 한화큐셀은 국내 여러 사업을 수주하며 수상 태양광 사업 강자로서의 여러 면모를 보여주고 있다.

한화큐셀은 수상 태양광 전용 모듈인 큐피크 듀오 포세이돈(Q.PEAK DUO Poseidon)을 발전소에 설치해 친환경 자재를 사용하는 우수 회사로서의 저력이 돋보인다. 새만금 수상 태양광 발전 사업은 새만금개발공사, 발전 공기업, 민간 기업 등이 설립한 특수목적법인(SPC, Special Purpose Company)이 총 투자비 약 4조 6,000억 원(민간 자본)을 투입해 전북 새만금 방조제 내의 공유수면에 진행하는 사업으로서 총 설비 용량은 2.1기가와트다. 새만금 수상 태양광 발전 사업은 새만금 사업 지역 중 상대적으로 개발 수요가 낮은 공항 인접 새만금호의 약 30제곱킬로미터를 활용해 역대 수상 태양광 프로젝트 중 세계 최대인 2.1기가와트의 발전 단지를 조성하는 사업이다.

어업 권역 피해를 주장하는 주민과의 갈등으로 입지 선정에 난항을 겪고 있는 해상 풍력은 더 먼 해상으로 눈을 돌리고 있다. 부유식 해상 풍력은 수심이 깊은 해상에 설치되기 때문에 민원이 발생하지 않고, 대단지로 조성할 수 있는 데다 심해의 풍부한 바람 자원을 활용할 수 있다는 장점이 있다. 우리나라의 경우 넓은 바다를 이용한 해상 풍력을 확대해야 한다. 네덜란드, 덴마크, 노르웨이 등 해상 풍력 선진국을 방문하면 깊은 인상을 받는다. 네덜란드의 수도 암스테르담 해변 인어상 너머 해상 풍력 발전 단지가 보인다. 철로와 도로 변을 따라 설치한 풍력 단지를 보면서 우리나라도 지형적 입지 조건을 고려해 해상 풍력 발전을 서둘러야 한다는 생각이 든다.

울산은 산업도시지만 생태도시로서의 멋도 있다. 울산 남동쪽 육지에서 58킬로미터 떨어진 곳인 동해가스전 인근에 서울시 면적의 두 배에 달하는 '세계 최대 부유식 해상 풍력 단지' 조성을 목표로 한다. 이를 바탕으로 부유식 풍력 발전 세계 시장 선도, 생산·운송·저장·활용 등 해상 풍력을 활용한 그린 수소 전주기 생태계 조성, 기존 주력 산업의 원활한 사업 전환, 바다목장, 해양 관광 등 연계 사업을 발굴함으로써, 지역 경제를 활성화하고 청정 에너지 강국으로 도약하고자 한다. 울산시는 부유식 해상 풍력 단지에서 생산된 전력의 20퍼센트를 활용해 탄소 배출이 전혀 없는 '그린 수소'를 생산하는 혁신적인 산업 융합 전략을 추진한다.

그 첫걸음으로 울산시와 현대중공업, 세진중공업, SK가스, 유니스트 등이 '부유식 해상 풍력 연계 100메가와트급 그린 수소 생산 실증 설비 구축' 업무 협약을 체결하고, 수소경제 활성화에 적극 협력할 계획이다. 이를 통해 오는 2030년까지 21만 개 일자리 창출, 930만 톤 이산화탄소 감축, 그린 수소 8만 4,000톤 생산 등이 기대된다. 발전기를 바다 위에 띄워 먼 바다의 강하고 지속적인 바람을 사계절 활용하는 부유식 해상 풍력은 전력 생산 효율이 높고 시장 규모도 커, 세계적인 유망 신산업으로 주목받고 있다.

울산은 입지적으로 평균 풍속이 초당 8미터 이상의 바람이 사계절 불고, 넓은 대륙붕을 갖추고 있어 대규모 단지 조성에 적합하다. 또한 세계적인 조선해양플랜트 기업들이 다수 존재해 기술·설비 개발에 유리하고, 국가산업단지 등 대규모 전력 소비처도 입지해 있다. 이에 이미 다수의 해외 에너지 관련 기업들이(GIG-TOTAL, 에퀴노르, ShellCoensHexicon, CIP-SK E&S, KFWind 등) 울산의 가능성을 높이 평가하며 기술·사업 제휴 등에 적극 동참하고 있다. 수심 100~200미터 위에는 그 어느 누구도 해보지 못한 최대의 작업이 이루어지고 있고, 이를 바탕으로 울산은 대한민국 미래 먹거리를 확보하는 꿈을 꾸고 있다.

울산 부유식 해상 풍력 단지는 동해가스전 종료 시설을 활용해 조성된다. 순수 국내 기술로 개발한 우리나라 최초의 가스유전이자, 대한민국을 산유국 대열에 합류케 한 '동해가스전'을 폐기하지 않고 청정 에너지 신산업에 활용한다는 점에서 특별한 의미를 지닌다. 우리나라에서는 해상 풍력 관련주로 터번 관련 유니슨과 동국S&C, 씨에스윈드, 씨에스베어링이 유망하며, 부유체 관련 삼강엠앤티, 세진중공업 등도 유망 종목으로 꼽힌다.

풍력 발전의 구조와 원리에서 미래를 엿보다

풍력은 바람으로부터 얻는 에너지다. 우리나라에는 현재 제주도와 대관령에 풍력 발전기가 설치되어 있다. 풍력 발전이란, 자연의 바람을 이용해 풍차를 돌리고 이것으로 발전기를 돌리는 발전 방식이다.

효율적으로 전기 에너지를 얻기 위해서는 초속 5미터(해상은 초속 8미터) 이상의 바람이 지속적으로 불어야 한다. 결국 풍력 발전이란 바람에너지(기계적 에너지)를 이용해 전기를 생산하는 발전 방식이라 하겠다. 풍력 발전 시스템(WPGS, Wind Power Generation System)의 최근 동향은 대형화, 대규모화, 해상화다. 특히 바람이 우수하고, 소음이나 경관에 문제가 없는 해상 풍력 단지 개발이 활발하게 진행되고 있다. 풍력 발전은 바람이 많이 부는 지역에 터빈을 설치해 이루어진다. 사막이나 바다와 가까운 지역에 주로 세워지는 이유다. 터빈이 돌아가면서 바람 에너지를 전기 에너지로 바꿔주는 역할을 한다. 이때 생긴 회전력이 전기가 된다. 풍력 터빈은 전기를 생산하며, 생산된 전기는 연결된 송전과 배전망을 통해 운반된다.

풍력 발전기에는 보통 2~3개의 날개가 있다. 연구개발 결과, 성능과 건설비는 상당한 경쟁력이 있다. 풍력 발전을 통한 전력 생산 비율은 매우 빠른 속도로 증가하고 있다. 풍력 발전은 공기역학적 특성을 이용해 회전자를 회전시켜 기계적 에너지로 변환시키고 이 기계적 에너지로 전기를 얻는 기술이다. 바람은 높이 올라갈수록 강하게 불기 때문에, 풍력 발전기의 크기가 크면 클수록 기둥도 높아져야 한다. 우리가 흔히 보게 되는 풍력 발전기가 높고 커다란 이유가 여기에 있다. 대형 풍력 발전기는 기둥의 높이가 100미터가 되는 것도 있다. 풍력 발전기는 날개의 회전축 방향에 따라 수평형과 수직형으로 분류된다. 주요 구성 요소는 회전날개, 허브, 풍력 전달 장치, 발전기와 각종 안전장치의 제어 장치, 유압 브레이크 장치와 전력 제어

장치가 있다. 회전 날개가 바람의 운동 에너지를 기계적 회전력으로 변환시키고, 동력 전달 장치는 입력된 회전력을 증폭시킨다. 발전기가 이 회전력을 전기 에너지로 변환시키고 전력 변환 장치가 직류 전기를 교류 전기로 변환시켜 전력을 공급하는 것이다. 풍력 발전기는 왜 날개를 돌리는 것일까? 그 이유는 풍향에 위로 잡아당기는 힘, 즉 수직의 양력이 발생하기 때문이다. 바람이 불 때 날개의 윗면에 흐르는 공기가 밑면보다 더 빨리 움직이기 때문에 날개 윗면의 압력이 아랫면보다 낮아지면서 바로 양력이 발생하게 된다. 날개의 바람에 대한 각도가 점점 커지면 날개의 양력도 증가하게 된다. 풍력 발전기에는 양력만 작용하는 게 아니라, 풍향과 같은 방향으로 발생하는 항력이라 불리는 힘도 있다. 이 항력은 보통 운동 방향에 닿는 면적이 커질수록 증가한다. 양력은 풍력 발전기의 하중을 증가시키는 요인이 되는데, 회전날개를 개발할 때는 앞선 양력을 최대화하고, 항력을 최소화하는 것이 가장 중요하다.

풍력 발전은 발전소 운영 중에 오염 물질을 전혀 배출하지 않는다. 발전소 건설 시 환경보호와 인간의 공존에 가장 최적화된 발전소다. 혹자는 풍력 발전이 들어서면 저주파로 벌이 떼죽음을 당해 양봉 피해와 사과, 배 같은 과수 농작물 작황에 피해를 입힐 수 있다고 우려한다. 하지만 풍력 발전기에서 발생하는 저주파는 이와 전혀 관계가 없다는 것이 전 세계적으로 알려진 사실이다. 풍력 발전은 비행기의 날개처럼 바람의 양력을 이용하는 원리다. 강한 바람이 불 때 날개가 바람을 가르는 소리가 발생하는데 이를 '풍절음'이라고 한다.

풍력 발전의 풍절음은 약 400미터 떨어진 거리에서 40데시벨 정도로 나타나는데, 주거 지역의 사업장과 공장 생활 소음 규제 기준보다도 낮은 수준이며, 가정용 냉장고보다 조용하다. 게다가 저주파음은 어디에나 존재한다. 나무에 바람이 불 때도, 자동차가 도로를 달릴 때도, 일상생활 중에서도 자주 저주파음이 발생한다. 저주파 소음을 엄격히 관리하기 때문에 인체에 영향을 미치지는 않는다. 풍력 발전을 관광 자원으로 발전시켜 주변 지역의 경제 활성화에도 기여할 수 있다. 덴마크 연구 결과에 따르면 해상 풍력으로 인한 생태계 변화는 거의 없으며 제주도 풍력 단지에서 조성한 바다목장 역시 어류에 부정적인 영향을 미치는 사례는 나타나지 않았다. 미국의 연구조사에 따르면 풍력 발전기로 인한 야생 조류의 치사율은 건물, 송전선, 자동차, 살충제, 송신탑으로 인한 치사율보다 훨씬 낮은 것으로 나타났다. 야생 조류는 풍력 발전기에 접근하면 인지능력으로 비행경로를 변경한다.

풍력 발전에서는 일부러 일부 에너지를 흘려보내기도 한다. 풍력 발전기가 받는 충격을 최소화하기 위해서 설계 범위 이상의 바람 에너지는 흘려버리는 것이다. 풍력 발전의 효율은 바람 속도의 세제곱에 비례한다.

$$Pw = \frac{1}{2}mV^2 = \frac{1}{2}(pAV)V^2 = \frac{1}{2}pAV^3$$

Pw: 운동 에너지[W]   m: 질량[mg]
p: 공기밀도   A: 로터 단면적   V: 평균 풍속[m/s]

풍력 에너지는 무한정의 청정 에너지원이다. 풍력 발전은 설치 비용이 가장 적게 들면서 건설 기간과 설치 기간이 짧다. 풍력 발전 시설단지는 농사, 목축에 있어 토지 이용의 효율성을 높인다. 우리나라 전 지역의 연간 평균 풍속은 초속 4미터를 넘지 못한다. 하지만 바닷가나 섬, 산간 지역의 경우 풍속이 높아 제주도를 비롯한 남해, 서해, 동해, 대관령, 진부령 등의 지역에서는 풍력 발전이 가능한 바람이 분다. 때문에 바람이 많이 부는 대부분의 해안과 대관령, 지리산, 태백산, 치악산, 소백산 등의 내륙 지역에 풍력 발전기를 주로 설치한다.

앞으로 10년간 미국에서 불어올 거대한 바람

바이든 행정부가 2021년 5월 미국 전역에 풍력 에너지의 새로운 시대를 예고하는 프로젝트를 최종 승인했다. 미국 내 최초의 상업용 해상 풍력 발전소 건설이 시작된다.

『뉴욕타임스』기사에 따르면 바인야드 풍력 프로젝트(Vineyard Wind project)는 최대 84개의 터빈을 대서양에서 약 12해리 떨어진 곳에 설치한다. 약 800메가와트의 전기를 생산할 수 있고, 40만 가정에 전력을 공급할 수 있다. 이 대형 프로젝트가 출범함에 따라 버지니아와 로드아일랜드 앞바다에 현존하는 두 개의 풍력 발전 단지 규모는 축소될 것이다. 두 곳은 합해서 42메가와트의 전기를 생산하는 수준이다.

바인야드의 풍력 외에도, 연방정부는 동해안을 따라 12개의 다른 해양 풍력 프로젝트를 검토하고 있다. 앞으로 10년의 세월이 흐른 미국을 상상해보자. 미국 내무부의 예측대로 약 2,000개의 터빈이 매사추세츠주에서 노스캐롤라이나주에 이르는 해안을 따라 우뚝 서 있는 모습을 생각하는데 내무부 장관의 목소리가 진지하게 들린다.

"미국에서 깨끗한 에너지의 미래가 우리에게 달려 있다. 이 프로젝트의 승인은 기후변화와 싸우고, 미국에 힘을 실어주면서 질 높은 일자리를 창출하려는 정부의 목표를 진전시키기 위한 중요한 실험이다. 더 많은 미국인에게 경제적 기회의 문을 열기 위해 취한 중대한 결정이다."

매사추세츠주 연안의 풍력 발전소 아이디어는 20년 전 구상되었는데 해안 근처의 부동산 소유주들이 이 프로젝트를 반대해 어려움에 부딪혔다. 이제 바이든 행정부는 기후변화에 대처하기 위한 대규모 프로젝트 추진의 풍력 발전 단지 조성 계획을 부활시켰다.

이 계획은 온실가스 배출을 줄이고 재생에너지를 통해 새로운 경제적 기회를 창출할 것이라는 정부의 약속을 이행하려는 노력이다. 미국 행정부는 2030년까지 미국에 3만 메가와트의 풍력 단지 건설을 약속했다. 백악관은 앞으로 10년 동안 연간 120억 달러의 자본을 투자해 7만 7,000개의 직간접 일자리 창출을 지원하고자 하는데 이 사업은 그 일환이다.

풍력 발전 건립이 순탄하지만은 않을 것이다. 어민 단체와 해안 근처 토지 소유주들이 사업 중단 소송을 제기할 것으로 보인다. 일부 환경 단체들은 풍력 단지가 해양 생물에 해를 끼칠 것이라고 우려를 표명한다. 일부 경제학자들은 풍력 발전소가 바이든 행정부가 예측한 규모의 일자리를 창출할 수 있다는 데 회의적이다. 풍력 발전소를 위한 공급망과 관련한 제조업 일자리는 대부분 유럽이 차지하고 있다. 이런 제조업 분야의 일자리가 미국에서도 성공할지를 장담할 수 없다.

바이든 행정부의 강력한 지지를 받는 노동조합 지도부의 입장을 보자. 그들은 대규모 프로젝트 사업으로 기업이 미국에서 대규모 풍력 터빈 관련 장비를 생산할 수 있다고 낙관하고 있다. 노조 측은 정부가 이 사업을 승인한 것에 대해 찬사를 보내고 있다. 행정부는 이 프로젝트가 약 3,600개의 일자리를 창출할 것으로 추산하고 있다. 28억 달러 규모의 프로젝트는 에너지 회사인 아방그리드 리뉴얼블스(Avangrid Renewables)와 코펜하겐 인프라 파트너스(Copenhagen Infrastructure Partners)가 합작한 프로젝트다.

"우리는 미국을 위해 믿을 수 없을 정도로 중요한 신산업 탄생에 참여하게 되어 매우 흥분되고 자랑스럽습니다."

아방그리드 최고경영자의 감회어린 발언이 특별하게 느껴진다. 바인야드의 풍력 터빈에 의해 생성된 전기는 해저에 묻힌 케이블을 통해 케이프 코드(Cape Cod)로 이동하며, 그곳에서 변전소와 연결되어 뉴잉글랜드(New England) 그리드에 공급된다. 이 프로젝트를 통해 2023년부터 풍력 발전으로 전기 공급을 시작할 것으로 기대한다. 바이든 행정부는 대서양 연안의 다른 프로젝트에 대한 허가도 신속하게 추진할 계획이다. 해상 풍력 프로젝트에 연방정부 대출 보증을 30억 달러 제공하고 풍력 터빈 건설을 지원하기 위해 미국 전역의 항구의 현대화에 투자할 것이다. 조 바이든의 해상 풍력 목표가 충족되면 7,800만 미터톤의 이산화탄소 배출을 감축할 수 있다. 이는 2035년까지 미국의 배기가스를 대략 반으로 줄이겠다는 대통령 공약의 상당 부분을 달성하는 데 일조할 것이다.

주요 재생에너지의 정책과
미래 전망

재생에너지 확대 정책에서 보여준 재생에너지의 미래

재생에너지 확대는 우리나라의 주전력원이었던 석탄화력 발전을 줄이고 청정 에너지 발전을 늘리겠다는 정책으로 에너지 전환을 통해 맑은 공기를 기대하는 시민들의 바람과도 맞물려 있다. 정부는 기후 변화에 따른 세계적인 에너지 정책 기조 변화에 발맞추고 전통 에너지 수급 불안정에 대비하기 위해 2030년까지 재생에너지 발전량 비중을 30.2퍼센트까지 확대한다는 방침이다. 이 중 신규 설비 95퍼센트 이상을 재생에너지원 중에서도 가장 청정 에너지로 꼽히는 태양광과 풍력으로 공급한다. 이를 위해 국민 참여형 발전 사업과 대규모 프로젝트를 추진한다.

정부는 재생에너지 정책의 기조를 국민 모두가 참여하고 누리는 에너지 전환 정책으로 결정했다. 도시 국민 참여 발전소, 농촌 발전소에서 높은 수준의 발전을 추구한다. 기존 폐기물, 바이오 발전은 상대적으로 대규모 시설을 필요로 하는 경우가 많아 국민이나 소규모 사업자들의 진출이 어려웠다. 이에 비해 태양광 발전은 소규모 사업자들의 진입이 비교적 수월하다고 할 수 있다.

정부는 발전 사업의 주체도 외지인과 사업자에서 지역민과 일반 국민 중심으로 개편한다. 이를 위해 그간 제기됐던 국민 수용성 문제에도 대응한다. 대규모 프로젝트를 통해 입지 부지 난개발 문제를 계획적으로 해결하고, 국민이 쉽게 태양광 사업에 참여할 수 있도록 상계거래 제도를 개선한다. 종전 자가용 태양광 생산 전력은 사용 후 이월만 가능했지만 이월 후 현금 정산을 가능하게 해 가정의 전기요금에서 차감한다. 그동안의 노력으로 자가용 태양광 설비 설치비를 지원하는 신재생 보급 사업의 단독주택 신청 건수는 늘어나고 있다. 제로에너지 건축물 인증 의무화를 통해 재생에너지가 기반이 되는 건축물을 확산해 자발적인 발전 참여도 이끌고 있다. 또한 강제적인 조항을 두어 정책 진행 속도를 높인다. 연면적 3,000제곱미터 미만 공공 건축물에 적용하는 제로에너지 건물 인증(2020년 기준)을 2025년 민간, 공공 건축물 5,000제곱미터 미만 건축물까지 확대하고 2030년에는 모든 건축물에 인증을 의무화한다.

2011년 폐지된 발전 차액 지원 제도(FIT, Feed In Tariffs)는 2018년 하반기 부활했다. 이 제도는 신재생에너지의 종주국인 독일에서 최초로 시작됐는데, 신재생에너지 발전 사업자에게 일정 기간 동안 정해진 최소한의 금액을 직접적으로 보조해 발전 사업자가 안정된 수익을 보장받을 수 있도록 한 것이다. 생산한 전기의 거래 가격이 에너지원별로 표준 비용을 반영한 기준 가격보다 낮을 경우 그 차액을 정부에서 보전하는 제도다. 우리나라에서는 협동조합, 농민(100킬로와트 미만), 개인사업자(30킬로와트 미만)를 지원하는 방식으로 우리 실정에 맞게 바꿔 5년간 한시적으로 도입했다. 이 제도는 신재생에너지 공급인증서(REC, Renewable Energy Certificates) 입찰과 같은 절차가 생략되고 기존 신재생에너지 의무할당제(RPS, Renewable Energy Portfolio Standard)하에 공급 의무자인 발전 사업자가 소규모 사업자의 생산 전력을 20년 계약으로 의무적으로 구매하게 한 것이다. 제도 도입으로 절차가 간소화되고 불안정한 수익으로 인한 사업자의 불안이 줄어 중소발전 사업자와 국민의 호응을 이끌 수 있다.

사회적경제기업(협동조합)과 시민펀드형 발전 사업에는 REC 가중치 설정 등 인센티브를 부여한다. 계획입지제도로 환경평가에 미리 대응하고 지역민의 수용성을 선제적으로 확보해 분란을 해소하고 개발 이익을 공유한다. 기존 방식과 달리 광역지자체가 부지를 발굴하고 중앙정부가 승인하면 민간 사업자에게 부지를 공급하는 방식이다. 사업자가 지구개발 실시 계획을 수립해 정부의 승인과 허가를 받는다. 이 과정에 마을 공모 방식을 도입해 계획을 심의할 때 주민 수용성을 중점적으로 평가하는 장치를 마련한다. 환경성 검토를 위해 지구개발 기본 실시 계획 심의 전에 환경영향평가 실시를 의무화한다. 사업자가 얻은 개발 이익은 지방자치단체에 지불해 공유하는 지원 사업으로 지역경제에도 기여한다.

대규모 재생에너지 발전 프로젝트의 단계적 추진을 살펴보자. 우선 민간과 공공기관이 추진 사업을 선제적으로 검토하고 사업을 지원한다. 장기적으로 대형 발전사의 공급 의무화 비율을 단계적으로 상향 조정해 원전 유휴부지, 석탄 발전 부지를 통한 대규모 프로젝트 참여를 높인다. 대규모 발전 부지에 발전소를 건설하면 재생에너지 발전 단가는 전반적으로 낮아지고 경제성은 높아져 다른 발전원과의 경쟁력도 높아질 수 있다.

재생에너지가 중심 전력원이 되어야 하는 시기다. 과거 재생에너지는 원자력, 석탄화력 발전을 2차적으로 보조하는 역할을 담당했다. 주력에너지 발전원이 아니어서 정부 정책도 해외 동향이나 유가, 사회적인 이슈에 의해 좌우됐으며 일관성이 부족했다. 정부는 에너지 전환을 위해 재생에너지를 미래 에너지원으로 선포하며 재생에너지 발전 비중을 늘리기 위해 태양광과 풍력 발전 확대를 중간목표로 삼았다. 달성 수단으로는 지역과 국민 생활 중심의 '소규모 발전 시설 확대'와 전국 차원의 '대규모 발전 시설' 건설 두 가지를 제시하고 있다.

소규모 발전 사업자들의 진출을 돕기 위해 정부는 도시형 태양광 시설과 농가 태양광 확대 등 한국형 발전차액지원제도를 한시적으로 도입한다. 전력 거래제도 개선과 규제 완화를 통해 소규모 인프라 구축을 확대함으로써 기존 사업자 중심에서 국민 생활 참여형 재생

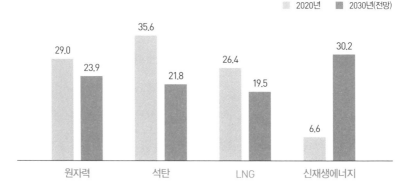

도표 4-7 **주요 전원별 발전량 비중 변화**(단위: %)

■ 2020년　■ 2030년(전망)

원자력: 29.0 / 23.9
석탄: 35.6 / 21.8
LNG: 26.4 / 19.5
신재생에너지: 6.6 / 30.2

출처: 산업통상자원부

에너지 정책을 추진하고자 한 것이다. 대규모 발전은 공급 의무화 비율을 최고 20퍼센트까지 높여 대규모 전력 사업자의 참여를 이끈다. 기존의 대규모 재생에너지 발전은 폐자원이나 바이오매스 발전이 대부분을 차지했다. 재생에너지는 기존 전통 발전의 부산물이나 쓰이지 않는 에너지를 사용해 필요시 간헐적으로 사용한다는 인식이 존재했다. 전력 대기업이나 발전 자회사도 돈이 적게 드는 방식을 찾고 이에 투자했다.

이제 대규모 재생에너지 발전 프로젝트는 순차적으로 시행될 것으로 보인다. 전국에서 사용될 대규모 전력은 대형 발전사나 대기업들의 참여를 추진한다. 재생에너지 업계에서 REC 가중치 재산정은 항상 민감한 현안이다. 신재생에너지 사업자들은 REC 가중치가 정해져야 사업의 손익 계산과 투자 결정 판단이 가능한데, 산업 활력을 위해 REC 가중치 상향 조정이 불가피하다. 이는 대규모 발전프로젝트의 성공을 위해 필수적이다.

RPS 제도와 REC 개선으로 재생에너지 발전 증가 유도

RPS 제도는 2012년 국내에 처음 도입되었다. 그 이전까지는 발전차액지원제도가 운영되고 있었다. 신재생에너지 발전 설비로 생산한 전력을 정부가 고정된 가격으로 구입하기로 한 것은 신재생에너지원으로 생산한 전력 가격과 기성 에너지원으로 생산한 전력 생산 단가의 차액을 정부가 보상해주자는 개념이었다. 그러나 신재생에너지 시장의 급성장으로 인해 정부가 보상해야 하는 차액에 대한 부담이 급격하게 증가하기 시작하자 정부는 새로운 대안으로서 RPS 제도를 시행하게 된다. 기존 발전차액지원제도가 가지는 '재정 부담'이라는 한계점을 보완하고 신재생에너지의 보급 확대와 관련 산업을 육성하기 위해 이 제도를 도입한 것이다.

RPS 제도에 따르면 50만 킬로와트(500메가와트) 이상의 발전 사업자는 총 발전량의 일정 비율 이상을 신재생에너지로 공급할 의무를 갖게 된다. 50만 킬로와트(500메가와트) 이상의 발전 사업자를 '공급 의무자'라고 지정하며, 매년 공급 의무자와 의무공급량이 공고된다. 2021년 개정 전까지는 해당연도의 의무공급량은 전년도 총 발전량(신재생에너지 제외)×당해 의무공급 비율(%)로 계산했다. 2012년 RPS 제도 시행 당시, 2023년 10퍼센트를 목표로 해 연도별 의무공급 비

율을 책정했다. 공급 의무자가 의무공급량을 채울 수 있는 방법은 두 가지인데, 직접 신재생에너지 발전 설비를 도입하거나 다른 신재생에너지 발전 사업자로부터 공급 인증서를 구매하는 것이다. REC는 신재생에너지 발전 설비로 얻어내는 1메가와트시의 전기 생산에 대한 인증서를 의미한다. 1메가와트시의 신재생에너지 전력을 생산하면 REC가 한 개 발급된다. 공급 의무자가 직접 발전 설비를 도입하는 데에는 각종 현실적인 제약이 따르기 때문에 의무공급량 이행은 많은 경우 REC 구매를 통해 이루어진다. 정부는 REC를 바탕으로 공급 의무자의 의무 이행 여부를 판정하고 이행하지 못했을 경우 평균 거래 가격의 150퍼센트 이내의 과징금을 부과한다. 우리나라 재생에너지 관련 제도의 핵심은 결국 REC 가격과 가중치다. REC는 정부의 주력 정책 방향을 가리키는 동시에 기존 발전원 대비 낮은 수익성을 반증하기도 한다. 결국 적절한 REC 가격이 신재생에너지 발전 사업자 수익성을 담보하게 되며 발전 시장 신규 참여자 규모를 결정한다. 2021년 발전 공기업 등 공급 의무자를 대상으로 RPS 의무 비율 상한이 10퍼센트 이내에서 25퍼센트 이내로 조정되면서 발전 사업자들은 REC 시장이 활성화되는 계기가 될 것으로 기대하고 있다.

공급 의무자들의 경우 기존보다 재생에너지 구매에 대한 부담이 더욱 커지는 상황이다. 중장기 신재생에너지 발전 비중 목표를 고려해 RPS 제도를 운영해나갈 수 있는 기반이 마련되었다는 평가다. RPS 의무 비율 현실화로 REC 수급 여건이 개선되고 현물시장 가격

안정화를 통해 중소 사업자의 안정적인 사업 추진에도 긍정적인 영향이 있을 것으로 기대한다.

그동안 REC 물량 적체로 침체를 겪고 있던 중소 규모의 발전 사업자들은 향후 시장 활성화로 인한 수익 상승에 기대를 걸고 있는 상황이다. REC 현물시장에서의 판매량이 급증해 그동안 적체된 물량 문제도 해결하고 바닥까지 떨어진 가격도 상승하는 등 재생에너지 구매 시장 활성화가 이어질 수 있다. 의무공급사들에게는 부담이 늘어나는 결과를 피할 수 없을 것으로 보인다. 주 수입원인 석탄발전 가동을 줄이고 있는 상황에서 재생에너지 의무 비율까지 증가할 경우 경영에 있어 어려움을 겪을 수도 있다. 공급 의무자들의 의무 이행을 위한 재생에너지 구매비용이 늘어날 경우 이는 결과적으로 한국전력의 전기료 인상으로 이어지는 것은 아니냐는 우려도 나온다. 결국 RPS 의무 이행량이 늘어나더라도 신재생에너지 기술혁신에 따른 발전 원가 하락과 프로젝트 대형화에 따른 규모의 경제 효과로 인해 RPS 이행 비용에 미치는 영향을 줄여나가야 한다. 발전사들의 적자 상황이 심각한 상황에서 제도의 연착륙 묘수를 만들어나가야 하는데 그게 쉽지만은 않아 보인다. 발전 공기업의 수익성 악화를 예상한 것은 석탄 발전에 대한 규제가 강화되고 전력 도매 가격이 낮은 수준에 머무를 것으로 예상되기 때문이다.

새로 만든 산식은 기존산식 × 환산 비율(REC 발급량 / REC 발전량)이다. 과거 3개년간 REC 발급량과 발전량의 비율(환산 비율)이 계수로 적용된다. 기존 의무 이행량은 산식에서 도출된 메가와트시와 동일했지만 이제는 환산 비율만큼 수요가 추가로 증가한다. 향후 REC 수요는 탄력적으로 늘어나기 때문에 추가 제도 개선 없이 의무 공급 비율 상향만으로도 REC 수급 개선이 가능할 전망이다. REC 가중치는 정부 재생에너지 목표와 운영실적, 기술 개발 수준을 고려해 결정한다. 정부는 3년마다 변화하는 신재생에너지 산업 상황과 기술 수준을 검토해 REC 가중치를 높이거나 낮춘다. 신재생에너지 외의 에너지원은 전력 판매 시 가격에 계통한계가격(SMP, System Marginal Cost)만 적용되지만 신재생에너지는 계통한계가격에 REC 가격까지 포함돼 전력 판매 수익을 얻는다.

계통한계가격이란 발전소에서 생산된 전력의 시간대별 가격이다. 계통한계가격은 거래시간별로 원자력이나 석탄 화력을 제외한 일반 발전기에 대해 적용된다. 계통한계가격에 따라 발전소의 수익 여부가 결정된다. 각 발전소의 전력은 한국전력 거래소를 통해서 가격이 책정된다. 전력 가격은 용량 가격(CP, Capacity Payment)과 계통한계가격으로 구성된다. 용량 가격은 전력 설비에 이미 투입된 고정비를 보전하고, 계통한계가격은 변동비를 보전한다. 시간대별로 발전하도록 되어 있는 발전기의 유효 변동비 가운데 가장 높은 것의 가격으로 결정된다. 밤이나 새벽 시간에는 원자력이나 석탄 화력만 가동해도 되기 때문에, 발전 단가가 아주 낮은 발전소까지만 가동하면 된다. 하지만 오후에는 전력 수요량이 늘어나기 때문에 발전 단가가 높은 복합발전소까지 가동해야 한다. 각 계통한계가격은 그 당시 발전 단가가 가장 비싼 발전소를 기준으로 설정된다.

2018년 REC 가중치 개편이 있었다. 이때 정부의 해상 풍력 육성 정책에 따라 해상 풍력 REC 가중치가 상향됐다. 2030년 '세계 5대 해상 풍력 강국' 목표를 밝히면서 정부의 해상 풍력 육성 기조가 커졌다. 재생에너지원에 REC 가중치가 높다면 REC 발급량이 많아 수익성이 향상될 수 있다. 실제로는 REC 가중치에 따라 생산한 전력량과 REC 발급량이 다르게 나타난다. REC가 1보다 크면 실제 발전량보다 REC 발급량이 많이 나온다. 하지만 전체 REC 발급량이 많아지면서 전체 REC 가격이 하락하는 요인이 될 수도 있다. 신재생에너지원 산업별로 REC 가중치 조정에 시장은 민감하다.

RE100이 몰고올 ESG 경영의 파고

RE100은 '재생에너지 100퍼센트'의 약자로 기업이 사용하는 전력량의 100퍼센트를 2050년까지 풍력·태양광 등 재생에너지 전력으로 충당하겠다는 목표의 국제 캠페인이다. 여기서 재생에너지는 화석연료를 대체하는 태양열, 태양광, 바이오, 풍력, 수력, 연료전지, 폐기물, 지열 등에서 발생하는 에너지를 말한다. 2014년 영국의 비영리단체인 기후그룹(The Climate Group)과 탄소공개프로젝트(Carbon Disclosure Project)가 처음 제시했다.

국내 기업 중에서는 SK그룹 계열사 여덟 곳(SK㈜, SK텔레콤, SK하이닉스, SKC, SK실트론, SK머터리얼즈, SK브로드밴드, SK아이이테크놀로지)

이 2020년 11월 초 한국 RE100위원회에 가입신청서를 제출했다. RE100의 세계적 확산에 따라 2020년 말부터 LG화학, SK하이닉스, SK텔레콤, 한화큐셀 등도 잇따라 RE100 참여를 선언했다.

RE100은 정부가 강제한 것이 아닌 글로벌기업들의 자발적인 참여로 진행되는 일종의 캠페인이라는 점에서 의미가 있다. RE100을 달성하기 위해서는 크게 태양광 발전 시설 등 설비를 직접 만들거나 재생에너지 발전소에서 전기를 사서 쓰는 방식이 있다. RE100 가입을 위해 신청서를 제출하면 본부인 '기후 그룹'의 검토를 거친 후 가입이 최종 확정되며, 가입 후 1년 안에 이행 계획을 제출하고 매년 이행 상황을 점검받게 된다.

수출 의존도가 높은 우리 기업들이 RE100 도입 추세를 따라가지 못할 경우 새로운 무역 장벽이 될 것으로 보인다. 애플, BMW 등 적지 않은 글로벌 기업이 협력 업체에까지 RE100 동참을 요구하기 때문이다. 실제 BMW가 2018년 LG화학에 부품 납품 전제 조건으로 RE100을 요구하면서 계약이 무산됐다. 삼성SDI는 국내 공장 생산 물량을 신재생에너지 사용이 가능한 해외 공장으로 옮겼다. 애플도 2020년 반도체 납품 물량을 놓고 SK하이닉스에 RE100을 맞출 것을 요구한 것으로 알려졌다. 환경캠페인으로 시작한 RE100이 지금은 국내 기업에 새로운 무역 장벽이 된 셈이다. 한국에서는 2020년 초까지만 해도 RE100 참여 기업이 전무했다. 제조업의 에너지 사용량 중 전력에 대한 의존도가 48퍼센트나 돼 기업이 부담해야 할 에너지 비용이 막대했기 때문이다.

기업은 이제 RE100을 위해 녹색 프리미엄, 자가발전, 인증서 구매, 지분 투자, 제3자 전력구매계약(PPA, Power Purchase Agreement) 등 다섯 가지 방식을 사용할 수 있다. 하지만 국내에선 제도적 맹점 탓에 RE100 달성이 사실상 불가능하다. 기업이 RE100을 달성하는 직접적인 방법은 자체 신재생에너지 생산시설을 갖추는 것이지만 이는 비용 부담이 막대하다. 현실적인 대안으로는 한국전력으로부터 신재생에너지로 생산한 전력을 구입하는 것인데 이도 현재로는 불가능하다. 한국전력이 생산된 전력을 원자력, 화력, 태양광 등으로 구분해 팔지 않기 때문이다. 2021년 들어 기업들이 한전이 아닌 신재생에너지 발전 사업자로부터 전력을 직접 살 수 있는 '제3자 전력구매계약' 방안을 마련했다. PPA는 전력 판매 시장에서 한국전력 비중을 줄이는 결과를 불러오는 등 논란도 큰 사업이다.

　기업들이 RE100 달성을 할 수 있는 방법은 신재생에너지 공급인증서를 구입하거나 한국전력에서 파는 '녹색 프리미엄' 요금제를 이용하는 것이 주가 된다. REC는 한국남동발전 등 국내 발전 공기업만 구매가 가능했는데, 2021년 제도가 개편돼 민간 기업도 구매를 할 수 있게 되었다. 하지만 REC는 산업용 전기요금보다 크게 비싸다. 남는 대안인 녹색 프리미엄 요금제는 가격과 유효성 문제를 극복해야 한다. 녹색 프리미엄은 기업이 원자력, 화력 등으로 생산한 전기에 프리미엄을 지불하고 해당 금액만큼 재생에너지 사용확인서를 발급받는 제도다. 즉, 재생에너지 공급 의무화와 발전차액지원제에 따라 생산된 재생에너지 전력을 일반 전기보다 비싸게 기업이 프리미엄을 주고 사는 것이다. 참여 희망 기업은 입찰을 하는데, 입찰은 필요한 재생에너지 전력 구매량과 지불할 프리미엄을 함께 제시하는 방식으로 이뤄진다. 하지만 애플의 경우 RE100을 이러한 프리미엄으로 채우는 걸 인정하지 않아 실효성이 떨어진다.

균등화발전원가와 그리드 패러티

석탄화력 발전과 같은 전통 에너지의 전력 생산 단가와 재생에너지의 전력 생산 단가가 동일해지는 시점을 그리드 패러티(Grid Parity)라고 한다. 이 그리드 패러티를 가늠하는 척도가 바로 균등화발전원가(LCOE, Levelized Cost of Electricity)다. 예를 들어 태양광 발전 산업이 경제성을 갖춘 시점인가 아닌가를 알아보는 기준이 균등화발전원가에 있다. 균등화발전원가란 쉽게 말하면 전력 생산에 드는 모든 비용을 의미한다. 특정 발전소에서 생산된 전력 단위(kWh)당 평균 실질 발전 비용(원)으로, 발전 시설 총 비용의 현재 가치를 총 발전량의 현재 가치로 나누어 계산한 값이다. 균등화발전원가 기준은 발전 원가를 계산해 발전 설비 간 전반적인 경쟁력을 평가하는 지표가 된다. 해당 설비를 설치하고 운영할 때 전력 시장에서 최소한도로 받아야 하는 수익을 의미한다.

균등화발전원가를 계산할 때는 자본 비용, 연료 비용, 고정 운영 및 관리 비용, 변동 운영 및 관리 비용, 금융 비용, 이용률 등이 고려

된다. 이러한 요인들은 지역과 시기에 따라 가치가 불확실하고 발전 기술의 종류에 따라 다르다. 가령, 태양광과 풍력의 경우 연료 비용이 거의 들지 않고 운영 유지 관리 비용이 상대적으로 적어서 발전 단가는 주로 발전 용량에 대한 자본 비용에 비례한다. 연료 비용이 큰 기술의 경우 연료 비용이 발전 단가에 직접 영향을 끼친다. 미국 에너지정보청이 2022년 미국의 발전원별 균등화발전 비용을 전망한 결과 원전은 1메가와트시당 99.1달러, 탄소포집장치를 장착한 석탄화력 발전소는 123.2달러였지만 태양광은 66.8달러, 육상 풍력은 52.2달러인 것으로 나타났다. 미국 에너지정보청은 매년 5년 후의 발전원별 균등화된 발전 비용을 발표하는데, 모든 발전원의 건설비와 운영비, 송전비용을 추정해 주기적으로 발표하고 있다.

영국도 미국과 비슷한 전망을 했다. 영국 기업·에너지·산업전략부(BEIS)가 전망한 결과에 따르면 2025년 발전 비용은 1메가와트시당 원자력이 95파운드, 탄소포집장치를 갖춘 석탄화력 발전소는 131파운드였지만 태양광은 63파운드, 육상 풍력은 61파운드로 예측됐다. [도표 4-8]처럼 세계적(글로벌 벤치마크)으로 신재생에너지의 발전 비용이 꾸준히 줄어들고 있고 앞으로도 하락세를 이어갈 것이란 전망이 나오면서 화석연료를 기반으로 하는 발전은 더 위축될 것으로 예상된다. 불과 10년 전만 해도 태양광 발전에 대한 비용은 메가와트시당 300달러를 웃돌았고 육상풍력 발전 역시 가격이 100달러대에 머물렀지만 발전 설비 규모가 커지고 최신 기술이 도입되면서 재생에너지 발전 비용이 급감하고 있다. 도표에서 고정형 태양광은

도표 4-8 **재생에너지 LCOE 변화 추이** (단위: $/MWh)

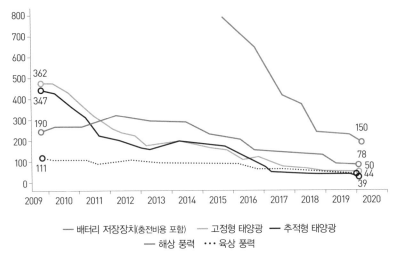

출처: 불룸버그 뉴에너지 파이낸스(BNEF)

도표 4-9 **국내 육상 풍력 균등화발전원가 추세 및 전망** (단위: 원/MWh)

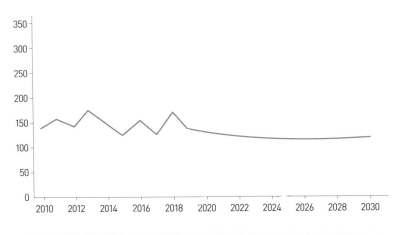

우리나라의 육상 풍력 균등화발전원가는 2030년 120원/kWh 수준으로 하락 전망

출처: 신재생에너지의 현재와 미래 발표자료(에너지경제연구원)

태양광 발전소의 모듈 설치 구조물을 25도 내외의 각도로 고정시키는 형태다. 태양광 모듈이 고정되어 있으면 발전효율이 떨어진다. 추적형 태양광은 태양광 모듈의 각도를 계절별로 조절할 수 있는 형태다. 우리나라 역시 여건에 맞게 원전과 신재생에너지 등 발전 연료의 균등화발전원가를 산정해 공개할 필요성이 대두되고 있다. 2021년 6월 한국에너지기술평가원은 현재 태양광의 LCOE는 석탄과 가스복합 발전의 LCOE보다 낮아 국내에서 그리드 패리티를 달성한 것으로 발표했다. 나아가 2030년경에 가정집 태양광 LCOE가 원자력 발전보다, 육상풍력의 LCOE가 석탄과 가스복합 발전보다 낮아질 것으로 전망했다. 한편, 발전업계에서 사용하는 균등화회피비용(LACE, Levelized Avoided Cost of Energy)은 발전 설비의 '가치'를 간접적으로 표현한다고 볼 수 있다. 만일 우리가 도입하려는 기술('A 기술'이라고 하자)을 선택하지 않았을 경우 A 기술이 전체 시스템에 제공했던, 혹은 제공할 수 있는 서비스를 다른 경로나 방식으로 보충해야 한다. 그러기 위해서는 비용이 들어간다. 이를 A 기술의 회피비용이라고 한다. A 기술을 선택하지 않음으로써 발생하게 되는 비용이므로 A 기술이 제공할 서비스의 가치라고 할 수 있다.

예를 들어 신규 도입을 계획했던 가상의 천연가스 발전소를 짓지 않기로 했다고 하자. 그러면 그 가상의 신규 발전소가 공급할 수 있었던 에너지와 발전 용량만큼의 다른 전원을 도입하거나 기존 발전소의 활용도와 그에 따른 연료 소비량을 늘려야 한다. 이를 위해서 들어가야 하는 비용이 그 가상의 천연가스 발전소의 회피 비용이다.

에너지경제연구원의 태양광과 풍력 자료를 보면 우리나라의 발전 단가는 선진국에 비해 비싼 수준이라 이를 충분히 낮출 기술이 필요하다. 재생에너지 보급 확대를 위해 가격 경쟁력을 조기 확보할 기술과 제도적 기반 마련이 그래서 중요하다. 그래야 글로벌 수준 대비 높은 균등화발전원가의 하락이 가능할 것으로 보인다.

분산전원과
블록체인 기술의 적용

블록체인의 에너지 시장 적용 필요성

화석연료에서 청정 에너지로 전환되면서 각 지역별 에너지 자립 마을이 구축되어 분산전원 체제와 지역 단위의 에너지 수급 시장을 형성하게 된다. 정부는 새로운 청정 에너지 시대를 열기 위해서 에너지 신산업에 대한 기술 개발과 함께 청정 에너지 시대에 요구되는 각종 제도적인 장치를 서둘러 마련해야 한다. 앞으로 에너지 시장은 재생에너지를 기반으로 한 소규모 분산전원이 확산되면서 양방향 송배전 시스템으로 활용되는 마이크로그리드가 구축된다. 에너지 신산업은 '에너지프로슈머, 블록체인, 홈에너지 관리시스템' 3대 키워드로 규정해 새로운 에너지 시장을 열어나가게 될 것이다. 앞에서 우리는 이미 전기를 모아 사고파는 소규모 전력 중개 시장이 본격 가동하게 되고, 소규모 분산전원에서 생산한 전력을 가상발전소에 수집해 전력 시장에 판매하는 전력 거래 중개 서비스 시장이 본격적으로 만들어지는 상황을 살펴보았다. 소규모 분산전원에서 직접 에너지를 생산·저장해 사용하고, 필요한 이웃에게 이를 판매·공유하는 '에너지 프로슈머' 시장이 펼쳐진다. 기업들은 네트워크와의 연결성과 데이터 보안성을 모두 갖춘 솔루션·플랫폼 서비스 개발을 통해 시장을 선점할 필요가 있다. 이 과정에서 블록체인 기술로 에너지를 신속하고 안전하게 주고받을 수 있는 거래가 이뤄지게 된다. 블록체인이란 관리 대상 데이터를 '블록'이라고 하는 소규모 데이터들이 P2P(Peer to Peer, 개인 간 거래) 방식을 기반으로 생성된 체인 형태의 연결고리를 기반으로 데이터 저장 환경에 저장하는 기술이다.

이는 누구도 임의로 수정할 수 없고 누구나 변경의 결과를 열람할 수 있는 분산 컴퓨팅 기술 기반의 원장 관리 기술이다. 이런 블록체인 기술을 통해 에너지 수급과 거래 정보를 분산원장에 공유함으로써 여러 형태의 탈중앙화된 서비스가 에너지프로슈머 시장(전력을 생산하면서 소비하는 시장)에 도입된다. 그 결과 중앙서버 없이 사용자 간 에너지와 관련 데이터의 실시간 교환이 가능해 비용이 절감되고, 보안성과 신속성이 높아 다양한 에너지 서비스에 응용될 수 있다. 영국에서는 블록체인 기술을 활용한 개인 간 에너지 직거래가 2018년 이미 도입되었다. 우리나라로 치면 한국전력과 같은 전력 회사 없이 개별 가정이 직접 전기를 사고파는 에너지 직거래가 시작된 셈이다. 새로운 에너지 거래 방식 도입 후 거주자들은 송전사업자의 개입 없이 시간대별로 가장 값싼 전기를 구매해 사용할 수 있다. 많게는 전기료를 절반 가까이 아끼는 효과를 누리게 됐다. 주택단지 옥상에 태양광 전지판을 설치하고 각각의 블록에서 생산된 전기를 실시간으로 점검한 후에 가구별 에너지 수요·공급에 따라 자동으로 사고팔 수 있게 했다. 생산된 전기는 각 건물 복도와 엘리베이터 같은 공용 전력으로 우선 사용하고 남는 전기는 이웃 블록에 판매하는 방식이다. 거래 지불 수단은 가상화폐를 사용했다. AI·사물인터넷 기술과 연계한 블록체인 기반 에너지 거래 플랫폼을 태양광 발전 등 P2P 에너지 직거래에 적용함으로써 거래 비용을 획기적으로 낮춰 에너지 사용에 대한 경제성과 효율성은 물론 거래 과정의 투명성, 보안성도 높일 수 있게 됐다.

에너지 거래 시장에 '탈중앙화'와 '공공 장부'를 특징으로 하는 블록체인 기술이 주목받기 시작한 건 원자력·화력 발전으로 대표되는 중앙집중식 에너지에서 신재생, 집단에너지 열병합(CHP) 등 지역 기반 분산형(Decentralized) 에너지 전환이라는 전 세계적인 에너지 패러다임 변화 추세와 맞물려 있다. 그 결과 발전 → 송전망 → 전력회사(공급 업체) → 소비자로 이어지는 구조에서 중간 거래 비용이 획기적으로 줄어들고 결국 이것이 전기료 절감으로 이어지게 된다. 거래 내역이 모두 네트워크상에 기록되고 시장 참여자가 공유해 거래의 투명성도 높일 수 있다. 전력 거래에 있어 보안성, 투명성, 경제성 등을 모두 확보할 수 있게 되는 셈이다. 게다가 재생에너지의 약점으로 거론되는 간헐성(기상 여건에 따른 전력 생산량 변동) 문제도 블록체인 기술을 활용한 P2P의 에너지 거래 시스템으로 해결할 수 있다. 에너지 블록체인 기술은 전력 거래뿐만 아니라 전기차 충전, 탄소 배출권 거래, 신재생에너지 인센티브 등 다양한 에너지 분야에 활용할 수 있어 신산업으로 육성할 수 있는 분야다. 한국남부발전은 풍력 발전 분야 효율 증진을 위해 블록체인 기술을 접목하고 있다. 이를 통해 보안 위협 대응, 풍력 발전 예측 진단 시스템 접목으로 디지털·그린 융복합 뉴딜의 초석을 다지고 있다.

자동차 업계에 블록체인이 적용된다면 어떨까? 지금까지는 차량 소유권 이전이나 중고차 거래에 블록체인 기술 적용을 생각했다. 스마트 계약을 도입하면 현존하는 기술만으로도 충분히 구현이 가능하다고 생각했다. 예를 들어 소비자가 중고차를 거래했는데 주행 거리가 조작됐거나, 사고 기록이 있는데 밝히지 않았거나 하는 문제들을 쉽게 해결할 수 있다. 복잡한 서류를 제출해야 하는 보험 보상 처리에도 도입할 수 있다. 차량을 하나의 노드로 보고 IoT 기기들 혹은 차량 간 데이터를 주고받는 기술도 생각해볼 수 있다. 지체되고 있는 교통 상황, 주행 경로에 있는 사고 정보, 좌회전 불가 지역 등을 차량 간 정보를 주고받는 블록체인에 얹어 상호작용하게 하면 지금보다 자동차에서 보내는 시간이 훨씬 안전하고 즐거워질 수 있다. 이외에도 자율주행차 해킹 방지, 공유 자동차 등 정보가 널리 알려지거나 무결성을 검증하는 다양한 시스템에 활용할 수도 있다.

전기차 충전에 블록체인을 도입하면 어떨까? 충전 잔량을 사람의

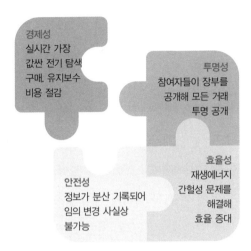

개입 없이도 고객센터에서 인지하거나 스마트폰으로 알림을 주는 게 가능할 것이다. 한국전력에서 추진하고 있는 개인 간 전기 거래와 결합하면 더 쉽게 전기차를 충전할 수 있겠다.

에너지 관리 시스템의 진화

에너지 관리 시스템(EMS, Energy Management System)은 전기, 열, 가스 등의 에너지의 시각화나 설비의 최적 운용 등을 실현하는 시스템이다. 정보통신 기술을 이용해 에너지 사용 상황을 최적으로 파악하고 관리할 수 있기 때문에 에너지를 합리적으로 사용하기 위해 필수적인 솔루션으로 평가받고 있다. 빌딩에 적용되는 건물 에너지 관리 시스템(BEMS, Building Eenergy Management System)은 업무용 빌딩의 공조, 조명, 동력 등의 에너지 관리를 진행하는 시스템이다. 대규모 빌딩에서는 빌딩 설비 관리 시스템과 정보를 연계해 에너지 설비나 부하의 원격 제어를 진행하는 역할을 한다. 이 시스템이 주목받게 된 배경은 전기요금이 크게 상승해 전력 비용이 증대될 가능성에 대비하기 위한 것이다. 기업은 에너지 비용의 상승이 경영상 큰 부담이 되어 이를 해결해야 할 중요 과제로 인식하고 있다. 사무실, 빌딩, 점포 등은 에너지 소비율이 커 건물 에너지 관리 시스템의 에너지 절감 효과를 이용해 문제를 해결할 수 있다. 건물 에너지 관리 시스템을 활용하면 피크전력과 전력 사용량을 절감해 에너지 비용의 삭감을 실현할 수 있다.

집과 건물이 진화하고 있다. 이전에는 휴식을 취하고 일을 하는 단순한 공간을 제공하는 역할만 했다면 지금은 온도와 습도를 조절하고 화재 등 위험을 감지하며 쓸데없는 에너지 낭비도 방지해 쾌적한 삶을 위한 활동까지 알아서 관리한다. 집과 빌딩이 스마트해지고 있는 것이다.

여기에는 홈 IoT(사물 인터넷) 기술이 주요 역할을 하고 있다. 홈 IoT는 홈오토메이션의 지능화된 서비스 개념이며, IoT 기기를 통한 자동화를 지원하는 주택을 의미한다. 스마트홈에는 홈 IoT 지능형 컨트롤 시스템이 필요하다. 이 시스템이 IoT 홈에서 에너지 관련 정보를 포함한 다양한 정보와 사용자의 의도를 파악해 자동으로 작동해 사용자 편의성과 효율성을 높이거나 에너지 사용량을 절감할 수 있도록 해준다. 가정 내 가전, 센서, 스마트 기기, 서비스 등을 제어하는 지능형 컨트롤 시스템 관련 제품 등이 여기에 포함된다.

홈 IoT 지능형 컨트롤 시스템에는 어떤 것들이 있을까? 인공지능을 적용한 화재감지용 모듈 제어 방법, 도어 연동 기술, AI 기반 지능형 사물 인식 기술, 가상환경 제어 장치, IoT 기기 트윈을 통한 홈 네트워크 기기 통합 플랫폼, 클라우드 기술을 적용한 가정 내 에너지 절감 제어 기술, 전원 원격 제어 가능한 IoT 시스템, 온습도 모니터링과 제어 기술 등이 있다. 이러한 기술은 AI를 활용해 화재 등 사고를 예방하고 모바일로 가전제품 등을 제어할 수 있으며, 전력 IoT 시스템을 개발할 수도 있다. 침대에 누워 책이나 스마트폰을 보다가 잠을 자야겠다고 생각했을 때 전등을 끄는 게 고역이다. 벽에 달린 스위치를 누르려고 침대에서 일어나는 일도 귀찮다. 이 모든 것을 홈 IoT 지능형 컨트롤 시스템이 해결해줄 수 있다.

스마트홈 가전기기와 소규모 분산전원 간 통합된 네트워크가 구축되어 가정과 지역의 에너지 절감과 수급 관리를 위한 홈에너지 관리 시스템 시장이 활성화되고 있는 상황이다. 이 경우 분산형 에너지 발전은 더 신나는 일이다. 기존의 에너지 관리 시스템이 가정 단위에서 절약을 돕는 수준이었다면, 앞으로는 지역 단위에서 에너지 수급을 최적화하는 수준으로 발전하게 된다. 스마트미터(원격 전력 검침 및 관리 장치)와 지능형 계량 인프라를 통해 클라우드에 수집된 데이터를 분석한다. 이를 활용해 각 가정의 에너지 소비 패턴과 지역 내 전력 수요를 예측하게 된다.

에너지 효율을 극대화하도록 세상은 더 진화하고 있다. 재생에너지로의 변화가 과연 가능할까 생각하며 좋아하는 경제학자 존 메이너드 케인스를 불러본다. 그는 이렇게 말했다. "변화가 힘든 것은 새로운 아이디어를 생각해내는 것보다 기존의 틀에서 벗어나야 하기 때문이다." 우리는 변화의 여정을 충분히 극복해나가야 한다. 전에는 재생에너지가 보완적이었다면 이제는 메인 역할을 할 수 있는 여건을 마련해야 한다.

제5장

핵융합과 핵분열 :
인공태양과 소형 원자로

만물은 물, 불, 공기, 흙의 네 가지 원소로 이뤄져 있다.

_엠페도클레스(Empedoklēs)

인공태양의 시대는
언제쯤 이루어질까?

태양의 후예 그리고 인공광합성

인간을 보면 참 배은망덕하다고 생각되는 때가 있다. 2018년 타계한 천재 물리학자 스티븐 호킹(Stephen Hawking) 박사도 마찬가지 생각을 한 건 아닐까? 그는 한때 코미디 프로의 유행어가 된 "지구를 떠나거라"라는 말처럼 인간에게 무시무시한 경고장을 날렸다. "인간은 지구를 떠나야 한다." 그의 논리는 무엇일까? 그는 지구를 망치고 있는 주범이 인류라는 강력한 메시지를 전하면서 동시에 지구가 당면한 가장 큰 위험으로는 공룡 멸종의 원인인 소행성의 지구 충돌과 금성 기후가 될 지구 온난화를 언급했다. 그리고 최고의 해법으로 핵융합 에너지를 제안했다.

태양계의 심장인 황색별, 이글거리는 가스로 이루어진 뜨거운 공. 은하계에는 태양과 같은 수십억 개의 이름 모를 별들이 흩어져 있다. 태양계는 항성인 태양과 그 중력에 이끌려 있는 주변 천체가 이루는 체계를 말한다. 그중 지구는 티끌에 불과하다. 태양계의 전체 질량에서 태양이 차지하는 비중은 99.86퍼센트로 절대적이다. 지구와 여타 행성은 그저 태양이 형성된 후 남겨진 잔재에 불과하다고 말할 수 있다. 태양 안에는 지구만 한 행성이 100만 개나 들어갈 수 있어서 지구와 1억 5,000만 킬로미터나 떨어져 있음에도 그 존재감은 막강하다.

우리는 이 장에서 태양의 핵융합을 살펴볼 것이다. 태양의 핵융합 과정에서 만들어진 빛과 열이 46억 년 지구 진화사를 이끌어왔다. 태양을 중심으로 공전하는 행성을 살펴보자. 소행성대를 기준으로 안쪽에 있는 네 개의 고체 행성인 수성, 금성, 지구, 화성, 즉 지구형 행성과 바깥쪽에 있는 네 개의 유체 행성인 목성, 토성, 천왕성, 해왕성, 즉 목성형 행성이 있다. 수성은 너무 가까워 생명체가 타버린다. 토성은 너무 멀어 충분한 빛과 열이 가닿지 못한다. 오직 지구만이 생명이 번성하는 행성이다. 지금도 태양은 변함없이, 아낌없이 지구에 생명력을 베풀며 건투를 빌고 있다. 태양 에너지가 지구까지 도달하는 데 걸리는 시간은 후에 살펴보겠지만 8분 20초 정도다. 잠시 내리쬐는 태양 에너지가 전 세계 모든 사람이 1년 동안 소비하는 에너지보다 더 많다. 매일 지구로 보내지는 태양 에너지와 같은 양의 에너지를 생성하기 위해서는 대형 화력 발전소를 억 단위 이상으로 지어야 한다고 생각하니 태양 에너지의 작동 원리를 조금만이라도 닮은 전기는 없을까 하는 생각이 든다.

모든 생명의 발상지를 거슬러 올라가면 물이 존재한다. 식물과 동물의 진화를 이룬 게 빛과 열의 힘이라면, 물과 불의 조화를 이루어야 생명의 탄생과 진화가 이루어진다는 것을 알 수 있다. 물의 순환은 어떻게 이루어질까? 물의 순환을 일으키는 에너지원 역시 태양에너지다. 태양열과 태양광은 우주 공간으로 분산되기도 하고, 대기에 흡수되어 기상 현상에 영향을 주기도 한다. 태양이 우주 날씨와 지구 날씨에 직접적인 영향을 미치는 것이다. 지표면에 닿는 태양 에너지를 효율적으로 활용하는 활동이 바로 광합성(Photosynthesis)이다. 지구상에서 스스로 에너지를 생산할 수 있는 유일한 생물이 식물이다. 광합성이 일어나려면 햇빛을 흡수해 태양 에너지의 산물인 물 분자를 분해하는 엽록소의 역할이 필수적이다. 물 분자가 분해되면 산소, 수소, 전자가 생긴다. 산소는 공기 중으로 방출되고, 수소와 전자는 또 다른 재료인 이산화탄소와 화학 반응을 한다. 그 결과로 생물의 기초 에너지원인 포도당이 만들어진다. 광합성은 이산화탄소 배출량을 줄이고, 또한 청정 에너지를 생산할 수 있는 지구상에서 일어나고 있는 가장 경이롭고 중요한 생명 현상이다. 광합성을 통해 식물은 지표면을 온통 녹색으로 뒤덮는다. 잎, 줄기, 꽃, 씨, 뿌리 같은 정교한 기관은 태양 에너지를 최적으로 활용하기 위한 진화의 소산이다. 그 식물에 축적된 에너지를 먹으면서 동물이 살아왔다. 이 동식물을 먹으며 생활하고 생각하는 사람은 태양 에너지가 만물의 근원이라는 것도 헤아릴 수 있는 존재로 진화했다.

우리는 이 대목에서 식물의 광합성을 모방해 인공광합성 환경을 만들 수는 없는지 생각하게 된다. 과학 전문 외신 『싱귤래러티허브(SingularityHub)』에 의하면 인공광합성은 식물의 광합성을 모방해 연료를 생산하는 과정을 말한다. 인공광합성은 식물의 광합성처럼 화학 반응에 필요한 재료가 햇빛과 이산화탄소밖에 없어서 오염 물질이 발생하지 않으며, 오히려 온실가스인 이산화탄소를 줄일 수도 있다. 나노(nm, 10억 분의 1미터) 크기의 광촉매가 엽록소의 역할을 대신하는데, 광촉매가 햇빛을 흡수해 물 분자를 분해하면 산소, 수소, 전자가 발생한다. 다만 포도당 대신 수소, 메탄올 같은 연료나 일산화탄소 같은 기타 산업 원료를 최종적으로 생산한다. 인공광합성과 태양광 발전을 비교하다 보면 인공광합성에 마음이 더 가는 게 사실이다. 하지만 빛 에너지가 화학 에너지로 전환되는 효율이 낮은 것과 상용화까지의 먼 길은 여전히 과제로 남아 있다. 그래도 이론상 매력은 거부할 수 없다. 태양광 발전은 빛을 전기로 바꾼 후에 이를 저장하기 위해 화학 에너지로 다시 바꿔야 해서 에너지 전환에 따른 손실이 발생하고 배터리 용량에도 한계가 있다. 반면 인공광합성은 빛으로 화학 연료를 만들기에 저장과 운반이 용이하고 에너지 생산에도 더 유리하다.

태초에 태양이 있었다. 이 땅을 살아가는 우리는 모두 그 근원에서는 태양의 후예다. 태양은 우리에게 늘 희망이다. 문득 태양과 관련한 영화나 드라마 제목들이 생각난다. 「태양은 없다」, 「태양의 후예」, 「미스터 션샤인」.

그렇다면 태양은 영원할까? "내일은 내일의 태양이 떠오를 거야" 하는 대사를 읊조리며 어린 시절 배운 물리학의 추억을 더듬어보자. 우리를 환히 비추는 태양은 핵융합을 하고 있다. 태양은 가벼운 원소의 핵자(원자핵을 구성하는 기본 입자)들이 결합해 핵융합을 일으키면서 발생한 빛과 열을 외부로 방출한다. 더 이상 핵융합을 위해 연소시킬 가벼운 원소들이 없어지면 태양 역시 소멸하게 된다. 그때쯤 생명의 근원인 태양의 소멸과 함께 우리도 소멸할지 모른다. 태양이 연료인 수소를 다 태워 적색거성이 된다면 지구에는 어떤 변화가 올지 무시무시해진다.

오래전 두 명의 과학자가 있었다. 프리츠 후터만스(Fritz Houtermans)와 로버트 앳킨슨(Robert d'Escou-rt Atkinson). 그들은 두 개 수소의 원자핵인 양성자가 결합하는 과정을 연구했다. 그 결과 두 개의 양성자가 가까이 다가가면 전기적 반발력이 생겨 서로를 밀어내지만, 양성자들이 10^{-15m}(원자핵의 크기)까지 다가가면 전자기력에 비해 약 100배나 강한 핵력이 작용해 밀어내는 힘 대신 오히려 결합하는 힘이 생겨나는 것을 알아냈다. 완전한 의미의 수소 핵융합 과정은 1932년 중성자가 발견된 후 한스 베테(Hans Bethe)에 의해서 밝혀졌다. 후터만스가 연구를 수행할 당시에는 중성자의 존재가 알려지지 않았다. 중성자는 양성자와 더불어 원자핵을 구성한다. 두 원소 간의 결합으로 핵융합이 발생할 때 생기는 질량결손으로 엄청난 양의 에너지를 방출한다. 그 원리의 중심에 태양이 존재한다. 태양은 수소에서 시작된 핵융합 반응으로 엄청난 열과 빛의 에너지를 지속적으로 뿜어내고 있다. 위키피디아에 의하면 태양에서는 가벼운 수소가 핵융합을 일으키면서, 매초 6.2억 톤의 수소가 6.16억 톤의 헬륨으로 변환되고 있다.

그 차이인 400만 톤(0.7퍼센트)의 질량이 빛과 열, 곧 에너지로 바뀐다. 에너지=질량×빛의 속도의 제곱($E=mc^2$)이므로 질량결손과 빛의 속도(초당 약 30만 킬로미터)를 감안하면 태양은 초당 상상 이상의 에너지를 방출하는 셈이다. 태양은 중력이 작용해 대부분의 에너지는 태양에 머무르나 일부는 이탈해 태양빛의 형태로 지구에 도달한다. 태양은 강한 중력으로 핵융합 반응에 필요한 고밀도와 고압력의 환경이 형성되어 있다. 이와 똑같은 원리로 지구에 인공태양을 만들 수는 없을까? 그렇게 된다면 화석연료 에너지의 한계를 극복하고 인류에 골치 아픈 에너지 문제와 탄소 배출로 인한 지구 생존 문제를 풀수 있을 텐데 말이다. 지구에서도 인공적인 핵융합을 위해서는 중력 대신에 강한 자기장이나 관성을 통해 핵반응을 일으킬 수 있는 조건을 만드는 것이 필요하다. 실제로 지구상에서 태양의 핵융합 원리를 재현해 거의 무제한의 전기를 공급할 수 있다면 놀랄 만한 일이 아닌가. 핵융합의 연료로 쓰이는 수소는 바닷물에서 추출할 수 있으므로, 이론적으로는 온실가스를 배출하지 않고 미래 에너지 소비량을 충족시키고도 남을 만큼 무한한 궁극적인 에너지원 생산 방식이 될 수 있다.

도표 5-1 **수소와 태양의 핵융합 원리**

태양 에너지의 1초 방출량은 인류가 100만 년 이상을 쓸 수 있는 양이라니 그런 희망을 가지는 것도 무리는 아닌 듯하다. 우주와 천문학 뉴스를 전하는 '유니버스 투데이(Universe Today)'에 의하면 태양은 핵융합 반응으로 초당 3.846×1026와트의 에너지를 만들어낸다. 이는 다른 식으로 표현하면 눈 깜작할 사이에 전 세계가 1년 동안 사용하는 전기 에너지인 약 1,164테라와트(IEA 추정, 2019년 11월 기준)를 만들어내는 셈이다. 태양은 이런 수준의 에너지를 잠깐도 아니고 수십억 년 동안이나 끊임없이 생산해왔다. 인공태양이 태양과 같은 양의 에너지를 생산할 수 없다고 하더라도, 인류가 실제 태양을 닮은 인공태양을 만들려는 이유가 바로 여기에 있다. 그런데 몇 가지 난제가 엿보여서 이 지속가능한 에너지를 확보할 수 있을지에 대해 여러 생각을 하게 된다.

태양보다 중력이 훨씬 작은 지구에서 인공적인 핵융합을 하기 위해서는 태양의 중심인 태양핵 온도, 즉 1,500만 도의 일곱 배인 1억

도 이상의 높은 온도가 필요하다. 태양핵은 태양의 중심부에서 태양 반경의 20퍼센트 정도 되는 범위에 해당하는 곳이다. 태양 사진에서 개기일식 때 하얗게 보이는 표면을 흑점이라고 부르는데, 이 부위가 태양에서 가장 시원한 부분으로 4,000도씨다. 인공적으로 1억 도 이상을 만드는 것이 과연 가능할까? 이 정도의 고온을 견딜 수 있는 소재 개발은 핵융합 에너지 상용화에 있어서 아주 중요하다. 핵융합이 일어나기 위해서는 에너지 장벽 극복이 필수다. 원자핵은 내부의 양성자로 인해 양전하를 띠므로 두 개의 원자핵이 서로 접근하게 되면 전기적인 척력에 의해 서로 밀어낸다. 원자핵을 초고온으로 가열하면 어떻게 될까? 오히려 원자핵의 운동에너지가 전기적 척력을 이겨내 두 원자핵이 서로 충돌하게 된다. 그리고 이후에는 두 원자핵 사이에 강력한 인력이 작용해 하나의 원자핵으로 결합될 수 있다.

인공태양이라 불리는 핵융합의 다른 장점은 환경에 미치는 영향이 적다는 점이다. 핵융합과 비슷해 보이는 핵분열 반응은 무거운 방사성 원소를 쪼개어 새로운 방사성 원소로 변화시키는데, 이 과정에서 에너지를 얻는다. 이 때문에 사용 후 핵연료와 같은 방사성 물질을 안전하게 처리하는 방법을 고민해야 한다. 핵융합은 반대로 수소처럼 가벼운 원소를 융합시켜서 다른 원소로 만드는 과정에서 에너지를 얻는다. 핵융합 결과 만들어진 원소 역시 방사성을 띠기는 하지만 우라늄이나 플루토늄처럼 무거운 원소에 비해 방사능이 매우 적다. 실제로 수소 핵융합 반응에서 발생하는 헬륨은 풍선에 넣을 정도로 안전한 기체다. 하지만 그 잠재력을 충분히 활용하기에는 아직도 해결해야 할 과제가 남아 있다. 지구상에서 작은 별을 인공적으로 만들고 핵융합 반응로 안에 가두어 유지하는 게 쉬운 일은 아니다. 그렇게 하기 위해서는 태양보다 뜨거운 온도와 압력을 구현할 수 있는 강한 도구(자기장 혹은 관성 레이저)가 필요하다. 현재 우리는 이러한 조건을 완벽하게 제어할 수 있는 기술을 확보하지 못했다.

하지만 세계 유수의 연구자들은 핵융합을 실현할 수 있는 과학 지식과 기술을 개발하기 위해 부단히 노력하고 있다. 현재로서는 2040년대에 이르러서야 핵융합 에너지를 사용할 수 있다는데 너무 멀어 보인다. 게다가 우리나라의 초전도 핵융합 연구 장치인 KSTAR와 축구 경기장 60개를 합쳐 놓은 거대한 규모의 국제핵융합실험로(ITER, International Thermonuclear Experimental Reactor, 2025년 완공해 2040년까지 운영) 프로젝트를 통해 핵심 기술을 먼저 확보해야 한다. 더군다나 핵융합 장치 기반 기술과 핵융합로 공학 기술을 확보하고, 이를 핵융합 발전 실증로인 DEMO에 적용해 전기 생산을 실증하고 나서야, 한국형 핵융합 발전소를 건설해 전기를 생산할 수 있다고 하니 앞으로 갈 길이 너무 멀다는 생각이 드는 것은 어쩔 수 없다.

핵융합 반응에 주로 이용되는 물질

핵융합 반응에 주로 이용되는 연료는 수소 중에서도 중수소와 삼중수소다. 대부분의 수소는 원자핵이 양성자 하나로 이루어져 있다. 그러나 자연에 있는 수소 중 극히 일부는 원자핵에 양성자 하나와 중성자 하나가 있고, 어떤 수소는 양성자 하나와 중성자 두 개가 있기도 하다. 중성자 하나가 있는 수소를 중수소(deuterium), 두 개가 있는 수소를 삼중수소(tritium)라고 한다. 보통의 수소보다 무겁기 때문에 '무거울 중' 자를 붙인 이름이다.

핵융합에는 양성자가 하나만 있는 평범한 수소가 아니라 중수소와 삼중수소가 사용된다. 중수소 두 개가 결합하면 헬륨3 원자핵과 중성자 혹은 삼중수소와 양성자가 만들어진다. 그리고 중수소와 삼중수소가 결합하면 헬륨 원자핵과 중성자 하나가 생성된다. 중수소 두 개가 결합하는 반응을 D−D 반응, 중수소와 삼중수소가 결합하는 반응을 D−T 반응이라고 한다. 둘 중 D−D 반응은 방사선 오염이 적지만 높은 온도가 필요한 데 비해 D−T 반응은 비교적 낮은 온도에서도 반응이 일어나 유력한 핵융합 방식으로 주목받고 있다.

중수소와 삼중수소는 핵융합에 꼭 필요하고 쓰임새도 다양하지만 자연 상태에서는 흔치 않기 때문에 특별한 방법으로 얻어야 한다. 중수소를 얻을 수 있는 물질이 바로 중수(重水)다. 수소는 산소와 반응하면 물을 생성하는데, 중수소나 삼중수소 역시 수소와 화학적인 성질이 같아서 산소와 만나 물을 만들 수 있다. 다만 이 물은 수소에 있는 중성자만큼 무겁기 때문에 보통의 물과는 성질에서 다소 차이가 있다. 삼중수소도 물을 만들 수는 있으나 반감기가 짧은 편이라 금방 붕괴되어서 중수라고 하면 흔히 중수소를 포함한 물을 말한다. 자연 상태에서 물인 일반적인 경수에는 약 13~150ppm 정도의 농도로 중수가 포함되어 있다. 물에 강알칼리를 집어넣고 전극을 연결하면 다른 물 분자에 비해 중수의 물 분자가 무거워서 천천히 이동하므로 중수만 분리할 수 있다. 비슷한 방식으로 물을 전기분해해서 수소와 산소로 나누면 중수가 더 늦게 분해되므로 중수소만을 분리할 수 있다. 삼중수소 역시 중수를 이용해서 만들 수 있다. 다만 중수소처럼 전기분해를 이용하지 않고, 중수에 중성자를 충돌시키는 방법으로 만든다. 그러면 중수가 중성자를 흡수해 수소의 원자핵에 중성자 하나가 더 추가되어 삼중수소가 생성된다. 그러나 이렇게 만들어내는 삼중수소는 양이 매우 적어서, 리튬-6에 중성자를 쏘아 만든다. 중수소와 삼중수소를 지구상에 풍부한 물로부터 만들 수 있다고는 하지만 이렇게 만들어내면 그 양이 매우 적을 뿐 아니라 가격도 비싸다. 삼중수소를 특수한 방법으로 만들다 보니 가격은 1그램에 약 3만 달러를 지불해야 한다. 보석인 다이아몬드에 비해서는 싸지만 타파이트에 비해서는 비싸다. 그래서 과학자들은 헬륨-3라는 원소에 눈길을 돌리고 있다. 양성자 둘, 중성자 둘을 지닌 보통의 헬륨과 달리 헬륨-3는 양성자 둘, 중성자 하나를 보유한 헬륨의 동위원소다. 헬륨-3에 중성자를 충돌시키면 삼중수소와 양성자 하나로 바뀌어서 비교적 적은 비용으로 핵융합의 연료를 만들 수 있다. 다만 헬륨-3를 지구에서 구하기가 매우 어렵다는 것이 문제다. 이 문제는 우주에서 해결책을 찾을 수 있다. 오래전부터 달이나 다른 행성과 위성에 지구에서보다 훨씬 풍부한 헬륨-3가 있다는 사실이 알려져 있다. 달에는 헬륨-3가 달 표면에 쌓여 있을 정도로 많다고 한다. 전문가들은 수십억 년 동안 달 표면에 헬륨-3가 수 미터 이상 쌓였을 것으로 추정한다.

우주개발 강국들의 움직임을 살펴보자. 미국과 러시아, 중국, 일본, 인도 같은 국가는 달 표면에서 헬륨-3를 가져오려 한다. 헬륨-3가 매장된 지역에 800도 이상의 열을 쏘아 헬륨-3를 분리해 지구로 가져온다면 전 지구인이 약 500년간 쓸 수 있는 에너지를 얻을 수 있다. 러시를 이루는 우주개발이 지구 에너지 문제 해결의 중대 열쇠가 될 수도 있다. 핵심은 핵융합을 언제쯤 실용화할 수 있을 것인가의 문제다. 핵융합 연료 1그램은 석유 8톤에 해당하는 에너지를 생산할 수 있다. 욕조 반 분량의 바닷물에서 추출할 수 있는 중수소와 노트북 배터리 하나에 들어가는 리튬의 양 정도로 한 사람이 30년간 사용할 수 있는 전기를 생산할 수 있다니 사람들이 핵융합에 빠지는 이유를 알 만하다. 과학자들은 삼중수소 300그램과 중수소 200그램만으로 고리 원자력 발전소 1호기가 4일 동안 생산할 수 있는 전기를 얻을 수 있다고 말한다. 물론 사실일지 과장일지는 두고봐야 안다.

태양 속 플라스마 그리고 수소 핵융합

『유니버스 투데이』에 의하면 태양의 중심에서 핵융합으로 생성된 빛은 태양 표면으로 전달된 다음 우주 공간으로 방출된다. 앞에서 언급했듯이 태양 표면을 떠난 빛이 지구에 도달하는 데 평균적으로 8분 20초가 걸린다. 이 빛은 언제 만들어진 빛일까? 이 빛은 짧게는 수천 년 전, 길게는 1,000만 년 전에 생성된 빛이다. 태양 내부가 워낙 높은 밀도의 물질로 가득 차 있다는 것을 이즈음에서 꼭 기억하자. 빛이 태양을 탈출하는 것은 영화 쇼생크 탈출에서 죄수가 감옥에 구멍을 뚫고 나오는 것보다 어려워 보인다. 육안으로 보는 태양은 고요하기 그지없지만 대기권 밖에서 태양을 바라보면 태양의 운동은 격렬하기 그지없다. 인공위성이 망가져 통신이 두절되는 것도 태양의 운동 때문이다.

태양 중심에서 핵융합으로 만들어진 빛이 태양 표면까지 전달되는 과정은 상상할 수 없을 정도로 매우 느리게 진행된다. 태양 중심에서 만들어진 빛(광자)은 갈지자걸음으로 표면까지 올라온다. 태양 내부는 수소 가스가 전자와 양전하를 띤 이온으로 분리되어 있는 고밀도의 플라스마 상태다. 생성된 빛은 불과 1센티미터 정도 진행하고 나면 수소핵과 충돌해 흡수된 후 재방출되면서 그 방향이 바뀐다. 이런 과정은 빛이 태양을 빠져나올 때까지 수없이 되풀이된다. 마치 술 취한 사람이 제멋대로 갈지자걸음을 걷는 것에 비유할 수 있겠다. 그 빛은 인간이 지구에 출현하기도 전에 만들어져 우리를 환히 비추고 있다.

이러한 과정은 빛에는 무척이나 힘든 과정일지 모르지만 우리에게는 무척 다행한 일이다. 왜냐하면 태양 중심에서 만들어진 빛은 감마선 형태의 고에너지 복사선이다. 이 빛은 생명체에게는 치명적이다. 하지만 태양 표면까지 올라오는 동안 이 빛은 태양 속의 전자, 양성자와 상호작용을 하며 에너지를 잃어버려 우리 눈으로 볼 수 있는 가시광선과 적외선, 자외선으로 바뀌어 방출된다. 이 과정에서 잃어버린 에너지는 태양을 가열해 태양이 중심온도를 유지하면서 핵융합을 계속하도록 지켜주는 역할을 한다. 하지만 빛과 함께 생성된 중성미자는 빛과 달리 불과 2~3초 만에 태양을 빠져나온다. 중성미자는 다른 입자들과 거의 반응하지 않기 때문이다. 물질은 원자로 구성되어 있다. 원자는 음의 전하를 띤 전자와 양의 전하를 띤 원자핵으로 이루어지는데, 양과 음의 전하는 서로 잡아당기는 성질이 있어 고체, 액체, 기체 상태에서는 전자와 원자핵이 붙어 있는 상태가 된다. 그러나 앞서 설명한 것처럼 핵융합이 일어나는 1억 도의 온도가 되면 전자가 떨어져 나와 자유롭게 움직일 수 있는 상태가 되는데 이 상태가 바로 플라스마다. 태양뿐만 아니라 우주의 99.9퍼센트가 플라스마 상태이며, 일상에서도 번개, 형광등, 오로라, 네온사인 등이 플라스마 상태라고 보면 된다.

핵분열과 핵융합의 기초적인 이해는 아인슈타인의 상대성원리 공식에서 도움받은 바가 크다. 원자의 질량이 손실되어 사라지면서, 그에 상응하는 에너지가 발생한다는 원리를 따른다. 즉, 핵분열 과정에서도, 핵융합 과정에서도 일정량의 질량 손실이 발생하며, 그 물질이 사라지면서 에너지가 생긴다. 중수소와 삼중수소를 자기장이나 관성레이저 장치를 이용해 1억 도까지 올리면, 이온화된 다량의 원자핵과 전자가 고밀도로 몰려 있는 플라스마가 핵융합 반응을 일으키기 적합한 조건이 형성된다. 이러한 중수소와 삼중수소 플라스마가 서로 충돌하면서 핵융합 반응이 이루어지며, 중성자와 헬륨이 생성된다. 이때 생성된 중성자와 헬륨의 질량의 합이 충돌 전의 중수소, 삼중수소의 질량의 합보다 작은데, 이 질량의 차이가 핵에너지로 변환된다.

앞서 언급한 대로 지구는 태양처럼 중력장에 의해 핵융합 반응이 일어날 수 있는 초고온·고압 상태의 환경이 아니기 때문에, 자기장이나 레이저를 이용해 태양과 같은 환경을 인공적으로 조성하는 '핵융합로'를 만들어야 한다. 이것이 사실 핵융합 기술의 핵심이라고 할 수 있다. 핵융합 에너지를 얻기 위해서는 플라스마를 가두는 그릇 역할을 하는 핵융합 장치에 연료인 중수소와 삼중수소를 이용해서 태양보다 뜨거운 1억 도 이상의 초고온 플라스마를 만들어 핵반응을 제어하는 것이 필요하다. 수억 도의 플라스마 상태에서 수소 원자핵들이 융합해 태양 에너지와 같은 핵융합 에너지를 인공으로 만들 수 있는 것이다.

핵융합 장치는 이 같은 초고온의 플라스마를 진공 용기 속에 넣고, 레이저 혹은 자기장을 이용해 뜨거운 플라스마가 차가운 핵융합로의 벽에 닿지 않게 가두면서 핵융합 반응이 일어나도록 제어해야 한다. 이렇게 플라스마가 핵융합 장치 벽면에 직접 닿지 않는다 하더라도, 벽면 부분의 온도는 수천 도에 이른다. 핵융합 장치는 이처럼 태양에서와 같은 원리로 에너지를 만들어내기 때문에 '인공태양'이라 불리는 것이다. 눈에 보이지 않는 힘이지만 플라스마, 인공태양을 가두는 힘은 어디에서 올까? 과학자들이 발견해 주목한 방법은 자기장이었다. 원자핵과 전자가 서로 분리되어 전기적 성질을 띠는 플라스마에 자기장을 걸어주면 플라스마 입자가 자기장 주위를 무한정 회전 운동하게 되어 일정한 공간에 가둘 수 있게 된다. 즉, 플라스마는 매우 효율적인 전기 전도체이므로 자기장으로 핵융합 연료를 가둘 수 있다. 그 장치가 토카막(Tokamak, 핵융합에 필요한 중수소와 삼중수소의 고온 플라스마를 발생하게 하는 장치)이다.

KSTAR 그리고 기술적 한계

국가핵융합연구소는 핵융합 원천 기술을 확보하고, 21세기 핵융합 에너지 상용화를 선도하기 위해 가장 진보된 형태의 핵융합 장치인 차세대 초전도 핵융합 연구 장치 KSTAR(Korea Superconducting Tokamak Advanced Research)를 국내 기술로 개발 제작했다. 우리나라가 에너지 강국으로 발전할 수 있는 기반이 될 KSTAR는 2007년 9월 건설이 완공되어 종합 시운전을 거쳐 2008년 7월 최초 플라스마 발생을 선언하고 본격적인 운영 단계에 들어섰다.

KSTAR는 약 20년간의 운영을 통해 우리나라가 2040년대 상용화할 핵융합로 건설에 필요한 핵심 기술과 핵융합 발전 원천기술 주도에 기여할 것으로 판단된다. 원래 우리는 이 분야에 국제기구에 참여할 만한 자본도 기술도 없는 상태였다. 그러나 10여 년간의 연구를 통해 기술력을 확보했다. 2006년 세계 3대 핵융합로라고 불리던 미국, 유럽연합, 일본의 토카막의 수명이 다했다. 이들은 구리자석을 채용한 시스템으로 플라스마 지속시간이 5~10초에 불과했다. 반면 2007년 8월에 준공된 KSTAR는 차세대 핵융합로로서 일본, 미국 등의 기존 구형 핵융합로보다 30배 이상 성능이 뛰어나다. 세계 어느 나라에서도 시도하지 못했던 100퍼센트 초전도 자석을 장착한 토카막으로, 1억 도 이상의 플라스마가 300초 동안 지속될 수 있다.

KSTAR의 토카막 초전도 자석은 영하 268.6도의 액체 헬륨 속에서 전기 저항 없이 작동하기 때문에 중수소를 훨씬 강력한 자기장 속에 장시간 가둬놓고 가열시켜 핵융합을 일으킬 수 있다. 1988년 핵융합 발전 국제공동연구기구인 ITER 프로젝트가 시작되었으며, 2015년에는 열출력 500메가와트급 핵융합 발전을 목표로 한국, 유럽연합, 미국, 일본, 중국, 러시아, 인도 7개국이 참여했다. 막대한 자본과 최첨단 기술이 필요한 이 프로젝트에 한국은 독자적인 개발 기술을 인정받아 매우 좋은 조건으로 참여해 향후 기득권을 인정받을 토대를 마련했다. 한국핵융합 에너지연구원은 2020년 11월 KSTAR를 이용해 1억 도의 초고온 플라스마를 20초 이상 연속으로 발생시키는 데 성공했다. 1억 도 이상의 플라스마를 20초 이상 유지한 건 한국핵융합 에너지연구원이 세계에서 처음이다.

거대 핵융합로를 만들다 우수 연구원들이 사망한다면 어떻게 될까? 기술 이전에 문제가 생겨날 것이다. 그래서 누군가는 핵융합은 꿈이라는 농담을 한다. 핵융합 에너지는 30년 후, 그러고 나서 또 30년 후에나 기술이 발전할 것이라는 농담이 공공연히 들린다. 호주의 물리학자 마크 올리펀트(Mark Oliphant)가 중수소 원자들이 여러 개의 에너지를 융합하고 방출하는 것을 처음 관찰한 지 80여 년이 지난 지금, 드디어 차세대 원자력을 필두로 하는 새로운 혁신 그룹이 획기적인 기술을 개발할 시기가 왔다고 할지도 모르겠다. 사우스캘리포니아의 트라이알파에너지(TAE, Tri Alpha Energy) 테크놀로지가 핵융합로의 상용화를 위한 야심 찬 일정을 발표했다. 골드만삭스, 록펠러 가문, 구글의 전폭적인 지지로 2027년 핵융합 상용화라는 목표를 세웠다. 2015년까지 기업을 외부에 공개하지 않았으나 조용히 핵융합 관련 특허들을 등록해왔다.

  빌 게이츠와 함께 마이크로소프트의 공동창업자로 알려진 폴 앨런(Paul Allen) 역시 핵융합 에너지의 열렬한 옹호자였다. 그는 1990년 대부터 이미 인공태양에 관심을 쏟았고, 트라이알파에너지에 투자한 이력으로 화제를 모은 바 있다. 당시 그의 투자금은 총 455억 원(4,000만 달러) 규모였다. 이처럼 핵융합 연구는 엄청난 자금이 요구되는 과제 중 하나다. 자금을 유치하는 과정에서 미래 성과를 과대평가하려는 유혹 또한 그만큼 강하다.

차세대 원자력(New-wave nuclear power)

2019년 MIT가 선정한 미래가 주목할 10대 기술에서 빌 게이츠는 '차세대 원자력(New-wave nuclear power)'을 강조한다. 지난 몇 년간 탄력을 받은 새로운 핵 설계는 더 안전하고 저렴한 에너지의 미래를 약속하고 있다. 그중에는 전통적인 설계의 진화인 4세대 핵분열 원자로, 작은 모듈형 원자로, 영원히 거의 도달하지 못하는 것처럼 보이는 핵융합 원자로와 관련한 의미 있는 진전이 있었다.

우선 핵융합 분야를 보자. 지난 몇 년 동안 자금이 풍부한 스타트업, 대학 프로그램, 기업 프로젝트를 통해 많은 연구진이 핵융합 분야에서 괄목할 만한 발전을 이루었다. 그들은 근본적으로 다른 설계에 기초한 핵융합 원자로를 만들고 있다. 종전은 도넛 모양의 거대한 자기 용기인 토카막이나 엄청나게 강력한 레이저를 사용했다. 핵융합에 비판적인 이들은 전통적인 토카막과 레이저 기반의 접근 방식을 추구하는 주류 프로젝트가 수십 년 동안 진통만 거듭하고 있다고 꼬집는다. 심지어 연구를 중단하지 못한 채 수십억 달러를 계속 소비하고 있다고 평가절하한다. 미국 케임브리지에서 커먼웰스 퓨전 시스템스(CFS, Commonwealth Fusion Systems)의 MIT 소속 연구원들은 그들의 최신 원자로 설계가 2025년까지도 손익분기점을 이룰 것이라고 말한다. 영국 옥스퍼드 대학(University of Oxford)의 스핀오프 회사인 '퍼스트 라이트 퓨전(First Light Fusion)' 역시 2024년에 손익분기점에 도달할 것이라고 하니, 핵융합의 세계가 곧 다가온 느낌이다.

다음으로 4세대 원자로(Gen-IV, Generation-IV Reactor)를 살펴보자. 이는 미국 에너지부가 2030년 실용화를 목표로 제시한 차세대 원자로다. 1세대인 마그녹스 등의 원자로, 2세대인 상용로, 3세대 개량형 경수로를 잇는 개념이다. 4세대 원자로는 적은 방사성 폐기물, 핵확산 저항성, 안전성, 높은 경제성을 지닌 신개념 원자로다.

마지막으로 전기 출력 300메가와트 이하의 소형 원자로(SMR, Small Modular Reactor)다. 소형 원자로는 크기가 작아 주요 구조물, 계통, 기기를 모듈 단위로 공장에서 제작해 트럭, 기차, 배 등을 이용해 건설 현장으로 옮겨 바로 설치할 수 있다. 소형 원자로와 기존 원자력 발전소 간의 관계를 어떻게 설정하면 좋을까? 기존 대규모 전력망의 노후 화력 발전소 대체에는 소형 원자로 중에서도 출력이 큰 쪽이 유리할 수 있다. 출력이 작은 쪽은 원격지 소규모 분산 전원, 난방열, 해수담수화 등에 다양하게 활용할 수 있다.

그러나 연구 결과에 대한 기대는 번번이 좌절되었다. 하지만 현재는 고속컴퓨팅 파워, 소재 분야 재료과학, 모델 설계와 시뮬레이션 기술 발전을 계기로 종전의 기술적 난관을 타개하기 위해 엄청난 규모의 자금이 유입되고 있다는 사실에 주목하고 있다. 새로운 핵융합 프로젝트는 수소 핵이 융합되어 헬륨을 형성하는 초고온 플라스마의 원리를 제대로 이해하고 실현 가능성 차원에서 변형 모델을 설계하기 위해 최신 슈퍼컴퓨터를 사용한다. 한편에서는 수십 년 전에 보류되어 책상 서랍에 묵혀놓았던 방식을 꺼내어 재가동하거나 새로운 초전도체 개념을 적용한다.

2021년 3월 19일 발표된 핵융합 학술지(the journal Nuclear Fusion)에 실린 소형첨단토카막(CAT, The Compact Advanced Tokamak) 기사를 보자. 이 개념의 핵심은 토카막 내부의 압력을 높이는 것이다. 토카막 내부의 압력을 높여 더 많은 핵융합을 일으켜 전류를 줄일 수 있게 하고, 이는 다시 플라스마를 더 쉽게 유지시키고 안정되게 만든다. 이 원리는 플라스마를 조심스럽게 형성하고 전류를 가장자리로 이동시킴으로써, 플라스마가 스스로 유지되는 상태에 도달하도록 열 손실을 억제하고 낮은 전류에서 더 높은 압력을 지원할 수 있게 한다. 전원을 쉽게 켤 수 있는 장치를 통해 안정적인 상태에서 연속적으로 전기를 발생시키고자 하는 것이다.

울산도 초전도 고자장 자석이라는 개념으로 관련 핵심 기술 개발에 뛰어들었다. 소형 인공태양 에너지실증로 제조의 핵심 기술인 '고자장 자석' 개발을 위한 기반 구축에 나선 것이다. 고자장 자석은 소형화된 인공태양을 핵심 원천기술로 인식하고 기존의 저온 초전도가 아닌 고온 초전도 고자장 자석 개발을 추진한다. 울산시는 2020년 11월 울산과학기술원(UNIST), 현대중공업과 함께 사업 추진을 위한 업무협약을 체결하고, 고자장 자석 연구개발계획 수립과 그 타당성 조사를 시작했다. 현재 울산과학기술원을 주축으로 초전도 자석 원천기술 확보와 응용기술 활용 방안 기획이 진행되고 있다. 현대중공업은 국제핵융합실험로의 토카막 제작에 참여한 기술력과 경험을 바탕으로 인공태양 기술 조기 상용화를 위한 전문 인력을 지원하고 있다. 소형 인공태양 에너지 실증로 사업은 2050년 탄소중립에 일조할

인공태양 전기 생산 실증을 위한 예비 단계로 구상 중이다. 고온·저온 초전도 자석 제조 관련 핵심 원천기술을 울산 지역 기반의 우수한 산업계의 기술력과 결합해 초전도 기반 미래 에너지 산업 저변 확대를 위한 인프라 혁신을 도모하고, 이를 통해 초전도 소재, 부품, 장비 관련 신산업 창출을 이루려는 것이다. 여기에는 고난이도의 신개념 신기술이 요구되는데 일차적으로는 고온 초전도 자석을 대형으로 제작할 수 있는 기술이 필요하고, 고주파전원을 위한 신뢰도 높은 초전도 대전류 공급장치 개발이 필수다. 적잖은 리스크에도 불구하고 연구개발이 성공하면 고온 초전도를 활용하는 자기장은 통상적으로 사용해온 저온 초전도보다 훨씬 높은 자기장을 구현할 수 있을 뿐만 아니라, 운용 비용 측면에서도 수백 배 저렴하다.

이미 미국 MIT에서 분리된 회사인 커먼웰스 퓨전 시스템즈에서 이와 같은 고온 초전도를 활용한 소형핵융합 장치 스파크[SPARC, 1억 와트(W)급의 소형 핵융합 발전소의 이름] 개발을 진행 중인데, 2019년에 빌 게이츠도 적극적으로 투자할 만큼 그 기술적 가치를 인정받고 있다. 기존 토카막에 쓰이는 전자석보다 두 배 강한 바륨 구리 산화물 기반의 초전도 전자석을 활용해 크기를 소형화한다는 계획이다. 개발이 실현되면 기존보다 네 배나 강력한 초전도 전자석이 만들어진다. 빌 게이츠는 BEV(Breakthrough Energy Ventures)라는 에너지 관련 투자 펀드를 설립하는 방식으로 핵융합 분야에 투자해왔다. BEV는 빌 게이츠 외에 아마존 창업자인 제프 베이조스, 인도 사업가인 무케시 암바니(Mukesh Ambani), 영국 사업가 리처드 브랜슨(Richard

Branson), 전 뉴욕 시장인 마이클 블룸버그(Michael Bloomberg), 소프트뱅크 손정의(孫正義), 알리바바 창업자 마윈(馬雲) 등 세계적인 억만장자의 자금으로 운영되고 있다.

그렇다면 초전도체는 어디에 활용될까? 초전도체는 글자 그대로 전기 저항이 없는 물질로 다양한 곳에 활용된다. 초전도체를 전선으로 사용하면 전력 손실이 생기지 않아 그만큼 전송 효율을 높일 수 있다. 지금의 구리 전선을 초전도체로 대체할 경우 전선은 20배 이상 가늘어질 수 있어서 구리 전선보다 동일한 굵기에서 약 400배 이상 전류를 더 전달할 수도 있다. 이로 인해 장치의 소형화, 경량화와 저비용화가 가능해 다양한 응용에 적용할 수 있다. 초전도체로 전자석을 만들면 전기 저항이 없어 일반 자석보다 수천 배 강한 자기력을 갖는다. 차세대 교통수단으로 연구가 진행 중인 초전도 자기부상열차도 이러한 초전도체의 성질을 이용한 것으로 지상에서 약 5센티미터 정도 뜬 채 시속 500킬로미터 이상의 속력으로 달릴 수 있다. 의료 분야에서 널리 쓰이는 자기공명영상(MRI) 역시 초전도체의 특성을 이용한 결과물이다. 초전도체 사이에 부도체를 놓아도 전류가 흐르는 현상을 통해 미세한 자기장도 감지할 수 있는데, 이를 이용해 인체 대부분을 차지하고 있는 물 분자의 자기적 성질과 농도를 측정해 영상으로 보여주는 것이 바로 MRI 장치다. 이와 함께 반도체 대신 초전도체를 이용해 아주 적은 전력으로 초고속 처리가 가능한 전자회로 개발에 나서는 등 초전도체는 응용 분야를 확대하면서 기존에는 불가능했던 일을 가능한 일로 만들어가고 있다. 초전도체를 이용해 불가능을 '가능'으로 바꾼 가장 극적인 장면이 핵융합 에너지 분야에서 펼쳐지고 있다.

빌게이츠의 짝꿍이었던 폴 앨런은 어떤 선구적 혜안을 가지고 그 많은 돈을 투자했을까? 그는 2018년 혈액암으로 타계하기 전 프랑스 남부 도시 카다라슈를 찾았다. 작고 아름다운 도시 카다라슈에 터를 잡은 세계 최대의 프로젝트 인공태양 ITER를 보기 위해서였다. 죽음을 앞두고도 그는 지구상의 별이 탄생하는 준비 과정을 볼 기회라며 변함없는 핵융합 에너지에 대한 애정을 드러냈다. 비록 그는 하늘의 별이 되었지만, 그가 뿌린 투자의 씨앗은 무럭무럭 자라 핵융합 기술의 발전을 이끌고 있다.

세계 부호들은 왜 핵융합에 투자할까?

세계에서 가장 많은 재산을 보유한 억만장자 제프 베이조스는 핵융합 투자 이력이 10년을 넘는다. 그는 2011년 캐나다 밴쿠버에 있는 '제너럴 퓨전(General Fusion)'에 1,950만 달러(약 221억 원)를 처음으로 투자했다. 자신의 이름을 딴 '베이조스 익스피디션'을 통해 투자를 단행한 것이다. 제너럴 퓨전의 핵심 기술은 '자화 표적 핵융합(MTF, Magnetized Target Fusion)'이다. 토카막 없이 핵융합 에너지를 만드는 것이다. 그는 플라스마를 가둘 수 있는 거대한 도넛 형태의 전자석 용기인 토카막이 아닌 자기장에서 발생한 초고온 플라스마를 만드는 걸 택했다. 핵융합 반응이 일어나는 물질을 담기가 어려웠다는 이유에서 종전의 방식을 탈피하는 방안을 고안한 것이다. 5억 달러 수준으로 ITER보다 빠르게 목표를 달성하겠다는 포부다.

2021년 4월 19일. 인류 역사에 특이할 만한 사안이 벌어졌다. 화성 하늘에 인류 최초로 초소형 무인 헬리콥터인 인저뉴어티(Ingenuity)가 뜬 것이다. 지구촌은 화성의 환경에 대한 관심으로 무장했다. 그도 그럴 것이 일론 머스크가 오는 2050년까지 화성에 정착촌을 건설하겠다며 화성에 대한 관심에 불을 지폈다. 무게 1.8킬로그램, 높이 49센티미터 규모에 불과한 인저뉴어티는 1.2미터의 회전 날개 두 개를 초고속으로 돌렸다. 상공 3미터까지 상승한 뒤 30초가량 떠 있다가 다시 착륙했다. 1903년 12월 17일 인류 최초의 비행에 성공한 라이트 형제 이후 다른 행성에서 첫 비행 기록이 이루어졌다. 화성에서의 헬기 비행은 왜 힘들까? 지구와 비교해 중력이 37퍼센트 수준이지만 대기 밀도는 1퍼센트에 그치고, 공기 또한 희박하기 때문이다. 전체의 21퍼센트가 산소로 구성된 지구 대기와 달리 화성 대기의 산소는 1퍼센트 미만에 불과하다. 그동안 고질적인 문제는 헬기 날개 주위로 공기가 빠르게 흐르지 않는다는 점이었다. 그로 인해 물체를 띄우는 양력이 잘 발생하지 않았다. 미 항공우주국은 헬기 날개 두 개를 반대 방향으로 분당 2,500번씩 아주 빠르게 회전시켜 양력을 만들어 이 문제를 해결했다. 소재도 탄소 복합재로 튼튼하게 만들고 영하 90도의 혹한도 이겨낼 수 있도록 했다.

화성은 평균 영하 62~63도의 혹독한 날씨로 최저 영하 140~176도,

최고 20도로 일교차가 매우 크다. 평균 기온 14도인 지구와 큰 차이를 보인다. 대기 중 산소는 적은데 95퍼센트가량이 이산화탄소다. 대기의 수증기를 전부 물로 바꿔도 대지 표면을 10~20마이크로미터(1㎛는 100만 분의 1미터) 두께로 덮을 정도로 매우 적다. 현재 화성에서 생명체의 존재를 찾기 어려운 이유다.

사람들은 일론 머스크가 우주 개발기업 '스페이스X'의 CEO로 인류의 화성 진출에 대한 지속적인 관심을 표명해왔음을 알고 있다. 그는 화성에 인류를 이주시키려는 다른 유명인 아마존의 제프 베이조스와 비교되곤 한다. 많은 과학자들은 인류의 화성 진출이 인류 보전에 있어 매우 중요한 일이라 생각한다. 그들은 손자 혹은 고손자 세대에게 화성에 갈 기회가 주어지길 바라고 있다. 화성의 환경은 사람들이 살기에 많은 무리가 따른다. NASA는 일론 머스크와 제프 베이조스 중 누구를 좋아할까?

일론 머스크는 화성을 좀 더 따뜻하게 만드는 것이 화성 이주를 위한 급선무라 생각한다. 그에 의하면 화성 기온을 상승시키는 방법에는 두 가지가 있다. 그중 느린 방법은 화성에 얼어 있는 이산화탄소를 녹여 대기 중에 방출시키는 '펌프'를 대량으로 설치해 화성 내기에 두꺼운 '이산화탄소층'을 씌우는 것이다. 이 이산화탄소층이 온실효과를 발생시키면 화성의 기온이 올라가 더 많은 고체 이산화탄소가 기체로 승화하고, 이는 다시 이산화탄소층을 더 두껍게 만들어 온실효과를 강화한다. 이러한 패턴이 반복되면 화성의 기온이 점진적으로 상승한다는 주장이다. 그러나 일론 머스크는 이 방법이 오랜 시간을 요구하는 작업이라며 더 빠른 이색적인 방법이 있다고 말한다. 그는 화성의 극지방에 열핵폭탄을 투하할 수 있다고 믿고 있다. 핵폭발에서 막대한 양의 열에너지가 방출된다는 점에 착안한 것이다. 핵무기가 폭발할 때는 대규모의 열방사 현상이 일어난다. 일론 머스크가 언급한 '열핵폭탄'은 수소 핵융합 반응에서 발생하는 에너지를 사용하는 폭탄으로, 핵분열 반응을 활용하는 일반 핵무기에 비해 방사능 발생량이 훨씬 적다. 2015년 일론 머스크는 미국 맨해튼에서 열린 태양전지 관련 행사장에서 재차 그의 의견을 강조했다. NASA가 화성에 액체 상태의 물이 흐른다는 발표와 맞물려 그의 발언은 큰 주목을 받았다.

> "핵폭탄을 투하해 화성을 날려버리자는 것이 아닙니다. 핵융합 폭탄을 사용해 화성에 작은 태양을 하나 더 만들자는 것입니다. (중략) 태양이 거대한 핵융합으로 에너지를 방출한다는 사실을 많은 사람들이 인정하고 있지 않은가요? 만약 화성에 일시적인 작은 태양이 존재해 행성 대기를 빠르게 덥힌다면 얼어 있는 이산화탄소는 기화되고 대기는 두꺼워져 온실효과를 가지게 될 것입니다."

그런 일론 머스크가 2021년 우리를 놀라게 했다. 일론 머스크의 스페이스X가 아마존 창업주 겸 CEO 제프 베이조스의 블루오리진을 누르고 NASA의 달 탐사 프로젝트에 선정된 것이다. 2021년 4월 17일. NASA는 2024년을 목표로 인류를 달에 보내는 '아르테미스 프로젝트'의 민간 달 착륙선 사업자로 스페이스X를 선정했다. 인공위성 1만 2,000대로 초고속 인터넷 사업을 하겠다는 그의 야심 찬 의욕 사이로 인공위성에 달린 태양광 패널이 빛을 반사하고 있다. 그 많은 인공위성으로 밤하늘에 별 관측이 어려워지진 않을까? 인공위성으로 탄소 배출을 정확하게 산정해서 지구를 구해야겠다는 생각이 든다. 그 인공위성에서 대한민국이란 점을 바라보는데 이산화탄소의 멍에가 가득하다. 잠시 일론 머스크의 과거로 돌아가본다. 그와 함께 페이팔(PayPal)을 공동 창업한 사업가 피터 틸(Peter Thiel). 그는 실리콘밸리의 손만 대면 성공하는 미다스의 손으로 유명하다. 페이스북, 링크드인, 우버, 에어비엔비 등 공유경제와 IT 기업의 결합을 예상해 투자 성공 신화를 만들었다. 그런 그가 NASA, 미국 에너지부, 국방부와 함께 미국 핵융합 기업인 '헬리온 에너지(Helion Energy, Inc)'에 투자했다. 투자 규모는 약 1,500만 달러로 헬리온 에너지는 소형으로 설계해 핵융합 엔진 장치를 개발해 2022년부터 상용화하고자 한다.

인공태양 관련주에 쏠린 눈길

영화「백 투 더 퓨처」, 「설국열차」, 「아이언맨」에는 한 가지 공통점이 있다. 꿈의 에너지인 '핵융합 에너지'가 등장한다는 것이다. 「백 투 더 퓨처」 마지막 장면에 보면 시간여행을 한 스포츠카에 '미스터 퓨전(Mr. Fusion)'이라는 상표의 핵융합 발전기가 장착되는 장면이 나온다. 「설국열차」에서 설원을 무한 질주하던 기차의 동력과, 「아이언맨」에서 주인공의 가슴에 새겨진 아크 원자로는 핵융합 에너지의 원리로 작동한다. 영화 「다크 나이트 라이즈」에서 배트맨은 악당이 실험용 핵융합로를 수소폭탄으로 변형시키는 것을 막는다. 「오블리비언」은 우리를 2077년으로 데려간다. 해양 핵융합 발전소에서 토성의 위성들 중 가장 큰 위성인 타이탄(Titan)에 수립된 식민지에 에너지를 공급한다. 영화 최초로, 핵융합을 에너지원으로 다루고 있고, 그 주업무가 전기를 생산하는 것이다.

앞에서 본 것처럼 세계의 억만장자들이 핵융합에 투자하고 있다. 억만장자들은 투자를 하면서 세계 평화나 우주 개발 같은 목표를 제시한다. 억만장자들이 허공으로 돈을 버릴 리는 없지 않겠나. 우주 개발, 질병 치료, 에너지 모두 실현만 된다면 막대한 이익이 보장되는 분야들이다. 현재의 성공을 기반으로 미래의 블루오션을 선점하겠다는 복안이 깔려 있는 것이다. 이들이 원하는 것은 인류를 위한 혁명에 대한 투자다. 우주 혁명일 수도, 에너지 혁명일 수도, 생명공학 혁명일 수도 있다. 기술로 번 돈을 과학에 투자하고, 그 과학으로 다시 미래를 사는 이들의 혜안은 인류를 청정세계로 인도할까?

미국은 우리와 달리 국가 차원에서 보다 스타트업 중심으로 투자와 연구가 진행되고 있다. 그중 '태(TAE)테크놀로지'는 2027년까지 핵융합 에너지 상용화를 목표로 하고 있고, '헬리온에너지'는 소형 핵융합 장치를 개발하는 스타트업으로 목표로 내세운 상용화 시점이 그리 멀지 않다. 화석연료를 개발해온 거대 기업들이 새로운 사업 돌파구로서 차세대 에너지에 대한 투자를 대폭 확대하고 있다. 그 가운데 석유 대기업이라고 할 수 있는 미국 셰브런(Chevron)은 핵융합로 개발에 투자했다. 잽에너지(Zap Energy)에 대한 투자인데, 이 기업은 에너지 산업을 영원히 바꿀 수 있는 기술인 확장 가능한 핵융합로를 개발 중이다. 핵융합이 실행 가능하고 수익성이 높은 대체에너지원이 되기 위해서는 원자로가 핵융합 에너지로 공급되는 에너지보다 더 많은 에너지를 생성해야 한다. 이것이 잽에너지의 사업 계획이며, 잽에너지는 그 목표 실현에 근접했다고 주장한다.

노르웨이 국영 석유회사 에퀴노르(Equinor)와 이탈리아의 에니(ENI)도 잽에너지에 투자했다. 현시점에서 수소 에너지는 한계가 있다. 이산화탄소를 배출하거나 그렇지 않은 경우 가격이 비싸고 에너지가 많이 소모된다. 또한 태양, 풍력 같은 재생에너지는 날씨 영향에 취약하고 상당한 양을 조달하기 어렵다. 그래서 대안으로 핵융합이 떠오르고 관련 주식이 인기가 높다. 국내에서도 인공태양 관련주들에 주목이 쏠린다.

핵융합 관련주는 엘오티베큠(자회사 쏠리스가 KSTAR 사업에 참여, 쏠리스에 지분 투자), 현대중공업·모비스(ITER 사업 참여), 비츠로테크[핵융합사업에 있어서 초고온의 플라스마로부터 토카막 내부의 장치를 보호하는 PFC(Power Factor Correction, 역률조정) 제작 등 수행], 포스코(초전도 도체 조관용 튜브를 취급), 한국조선해양지주(핵융합 핵심 기업인 현대중공업의 중간 지주회사, 현대중공업은 진공용기인 토카막 사업을 담당), 고려제강(국내외

와이어로프, 경강선 등 특수선재 제품의 생산 등 영위), 다원시스(핵융합 발전 전원장치 핵융합 가속기 등 제작), 두산중공업(ITER, KSTAR 사업에 참여), 효성중공업(국제핵융합실험로 프로젝트 참가), 유진로봇(지분을 소유한 유진엠에스를 통해 핵융합 사업에 참여), 일진파워(원자력 연구개발을 주 사업으로 영위), 이엠코리아(인공태양 건설 관련 부품 제작) 등이다. 세계 주요 나라는 핵융합 에너지라는 꿈을 실현하기 위해 토카막 형태의 인공태양 ITER을 짓는 데 힘을 모으고 있다. 동시에 민간 분야에서도 꾸준한 투자가 이뤄지고 있다. 민간과 정부가 핵융합 에너지를 얻기 위한 여러 방식의 핵융합 연구를 진행하고 있어 전 지구와 인류를 위한 핵융합 기술의 진전은 먼 미래의 이야기가 아니다.

원자력 발전,
소형 원자로가 답이다

원자와 핵분열의 원리

우주에 존재하는 모든 물질은 원자핵과 전자로 구성된 원자로 이루어져 있다. 이러한 구조를 알아낸 사람은 영국의 물리학자인 어니스트 러더퍼드(Ernest Rutherford). 그는 알파(α) 입자 산란 실험을 통해 원자핵의 존재를 확인하고, '러더퍼드 원자 모형'을 제시했다. 알파 입자는 알파선이라는 방사선을 나타내는 입자로 강한 양(+)전하를 띤다. 러더퍼드는 1911년, 알파 입자를 얇은 금속판의 표면에 쏘는 실험을 했다. 대부분의 알파 입자는 금속판을 직진해서 통과했지만 일부는 방향이 크게 휘어진다는 사실을 발견했다. 재미있는 것은 겉으로는 단단하고 꽉 차 보이는 게 금속인데 그 금속을 이루는 원자 대부분이 비어 있다는 점이다. 그래서 대부분의 알파 입자가 쉽게 통과했지만, 원자 속에는 아주 단단하게 뭉친 양전하가 있어 알파 입자가 직진하지 못했던 것이다. 프랑스의 부부 과학자인 피에르 퀴리(Pierre Curie)와 마리 퀴리 (Marie Curie)는 알파 입자 실험을 하던 중 다른 중대한 사실을 발견한다. 물질에 알파 입자를 쏘면 정체불명의 입자가 나온다는 사실이다. 이 입자는 원자핵이나 전자처럼 전기적인 특성이 없었다. 수소 원자핵과 부딪히면 원자핵을 초속 수 킬로미터의 빠른 속도로 날려 보냈다. 러더퍼드의 제자인 제임스 채드윅 (James Chadwick)은 1932년 이 입자가 전기적 성질이 없으면서도 원자핵을 이루는 입자인 '중성자'임을 증명했다.

중성자는 발견되자마자 큰 주목을 받았다. 중성자는 원소를 변화시키는 실험에 안성맞춤이었다. 전기적 성질이 없기에 강한 양전하를 띤 원자핵에서 밀려나지 않고 중성자를 원자핵에 충돌시켜서 원소를 쪼개거나 바꾸는 실험이 가능했기 때문이다. 자연계에서 발견된 원소 중 원자량이 가장 큰 우라늄이 이 연구의 대상으로 많이 활용됐다. 독일의 오토 한(Otto Hahn)과 프리츠 슈트라스만(Friedrich Wilhelm, "Fritz" Straßmann)이 낸 연구 결과에 주목해보자. 이 둘은 중성자를 우라늄 원자핵에 충돌시키면 원자핵이 둘로 쪼개지면서 많은 에너지가 방출된다는 사실을 발견했다. 이러한 과정에서 우라늄 원자의 질량 중 일부는 아인슈타인이 제기한 질량-에너지 등가 법칙에 의해 순수한 에너지로 바뀐다. 초기 핵물리학자들은 아인슈타인의 공식이 보여주는 가능성에 주목했다. 작은 질량이라도 어마

어마한 양의 에너지로 변환될 수 있다는 사실에 고무되었다. 배철현의 『신의 위대한 질문』을 인용해보면, 아인슈타인의 식에 따라 질량이 5그램인 100원짜리 동전을 순수하게 에너지로 바꿀 경우 $E=5g \times (300,000,000m/s)2=45 \times 1010kJ$(킬로줄)이다. 이는 한국의 산업시설과 가정이 약 두 달 정도 사용하는 전력 에너지에 맞먹는 규모다.

한과 슈트라스만의 실험은 원자력이 강력한 에너지원으로 활용될 수 있음을 보여줬다. 이후 여러 연구를 통해 우라늄의 동위원소인 우라늄 235에 중성자를 충돌시키면 크립톤과 바륨으로 분리되면서 중성자 세 개를 생성하거나, 크세논과 스트론튬으로 분리되면서 중성자 두 개를 내놓는다는 사실이 밝혀졌다.

우라늄의 핵분열 반응 특징은 무엇일까? 분열될 우라늄이 있는 한 핵분열이 계속 이루어진다는 사실이다. 우라늄 원자 하나가 분열할 때 중성자는 두 개 이상 생성된다. 이 중성자는 각각 다른 우라늄 원자에 충돌해 핵분열을 일으켜서 또 다른 중성자 두세 개를 만든다. 이처럼 매번 핵분열을 할 때마다 평균 2.5배의 우라늄 원자핵이 추가로 핵분열 반응을 일으켜서 기하급수적으로 반응이 빨라진다. 우라늄 235를 충분히 뭉쳐놓으면 중성자 하나만 우라늄 덩어리에 쏘아주는 것만으로도 핵분열을 계속해서 일으킬 수 있다. 화석연료에 불을 한 번 붙이면 불을 계속 가하지 않더라도 타오르면서 에너지를 생성하는 것처럼, 중성자로 우라늄에 불씨를 당기면 핵분열 과정을 통해 타올라서 많은 에너지를 생성한다. 반응의 속도가 문제다. 우라늄 235가 좁은 곳에 아주 많이 다닥다닥 붙어 있다면 좁은 곳에서 한 번

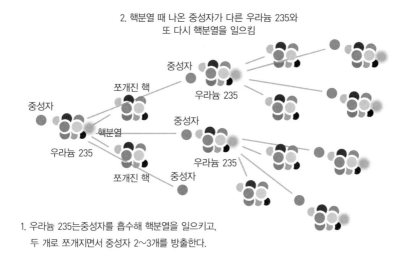

2. 핵분열 때 나온 중성자가 다른 우라늄 235와
또 다시 핵분열을 일으킴

중성자

쪼개진 핵

중성자

우라늄 235

중성자

중성자

핵분열

우라늄 235

우라늄 235

쪼개진 핵   중성자

1. 우라늄 235는 중성자를 흡수해 핵분열을 일으키고,
두 개로 쪼개지면서 중성자 2~3개를 방출한다.

에 많은 중성자가 발생해서 급속하게 핵분열 반응을 일으켜서 막대
한 에너지가 짧은 순간에 터져 나온다. 이 방식으로 갑작스럽게 에너
지를 방출하면 '폭발'이 일어난다. 핵분열로부터 에너지를 얻으려면
장작을 태우듯 너무 많지 않은 양의 에너지를 긴 시간에 걸쳐 얻어야
한다. 반응을 일으키는 중성자를 흡수하는 물질로 만든 제어봉을 활
용해 안전하게 에너지를 얻을 만큼만 반응이 일어나게 하는 것이 중
요하다.

이상의 원리를 이용한 게 바로 원자력 발전이다. 원자력 발전은
20세기 중반부터 풍부한 전력을 안정적으로 공급함으로써 세계 경
제 성장을 뒷받침해왔다. 원자로는 어찌 보면 미화된 보일러다. 핵
연료봉은 보통 산화우라늄 알갱이로 채워져 있다. 방사성 우라늄 원

자들은 자발적으로 분열해 에너지와 중성자를 방출하고 핵분열이라고 불리는 연쇄 반응으로 더 많은 우라늄 원자들을 분열시킨다. 연쇄 반응으로 인한 열은 궁극적으로 물을 끓여 증기 터빈을 구동하고 전기를 발생시킨다. 설계는 다양하지만 원자력 발전소의 대부분은 물을 순환시켜 냉각시키고 터빈을 구동하는 증기발생기로 열을 전달한다. 물은 안전 역할을 하는 데 중요하다. 묽은 연료는 중성자가 다른 원자들을 분열시킬 확률을 높이기 위해 속도를 늦출 때만 연쇄 반응을 지속한다. 냉각수 자체는 중성자를 느리게 한다. 사고로 물이 빠지면 핵분열은 흐트러져 1986년 우크라이나 체르노빌 원자력 발전소에서 흑연 감속 원자로가 폭파한 것과 같은 연쇄 반응을 방지한다. 연쇄 반응이 소멸된 후에도 핵분열에 의해 생성된 핵의 방사성 붕괴로 열은 핵을 녹일 수 있다.

원자로들은 복잡하고 관리하기도 어렵다. 원자로는 액체 나트륨이나 녹은 소금과 같은 물질로 냉각되어야 하는데 화학적으로 집약된 재활용 공정은 자체적인 유해 폐기물을 많이 배출한다. 폐쇄적인 연료 순환은 핵무기인 플루토늄의 세계 시장을 형성할 수 있다. 원자력이 안전성 문제로 청정 에너지인 재생에너지에 점점 자리를 내주고 있는 가운데 새로운 소형 원자로에 관심이 쏠리고 있다.

과거에 열성적이지 않았던 UN 연구원들조차 이제는 지구의 온도 상
승을 1.5도 이하로 유지하기 위해서는 핵에너지 증가에 의존할 것이
라고 말한다. 독일은 2022년까지 모든 원전을 폐쇄할 예정이고, 이
탈리아는 2011년 국민투표로 향후 원전 설치 계획을 저지하기로 결
정했다. 핵이 대중의 폭넓은 지지를 받고 있다고 해도 비용이 많이
들어 미국의 몇몇 원자력 발전소는 값싼 셰일 가스와 경쟁할 수 없어
문을 닫았다. 온실가스를 배출하지 않는 원자력이 폐쇄되는 상황이
지속된다면, 더 많은 원자력 발전소가 문을 닫고 주로 천연가스로 대
체되어 이산화탄소 배출량이 증가할 가능성이 높다.

　독일 정부는 모든 원전을 폐쇄한 후에 2030년까지 전체 전력 수요
의 65퍼센트를 풍력·태양광 등 재생에너지로 공급하는 에너지 전환
정책을 추진 중이다. 혹자는 독일 전력의 40퍼센트를 차지하는 재생
에너지 비중을 더 늘리는 데 한계가 있다고 지적한다. 특히 독일 곳
곳에 퍼진 풍력 발전기 건설에 반대하는 주민 목소리도 들려온다. 재
생에너지 발전으로 생산한 전력을 독일 전역으로 옮겨주는 송전선의
설치가 제대로 준비되고 있는지도 점검해야 한다. 독일이 석탄 발전
소보다 원자력 발전소를 먼저 폐쇄하면서 화석연료에 대한 의존도가
높아져 역으로 온실가스 배출이 증가하는 부작용이 나타날 수도 있
다. 전미경제연구소 조사에 의하면 독일이 탈원전 정책을 고수하면
서 화력 발전소를 추가 가동하게 될 수 있다고 주장한다.

미국과 러시아, 중국의 과학자들은 석탄과 가스 발전보다는 원자력이 나은 대안이라고 생각한다. 전미경제연구소는 독일이 급진적 원전 폐쇄를 택하면서 많은 기회를 잃었다며 가장 안전하고 기후 친화적인 기술을 활용할 능력을 상실한 셈이라고 강조한다. 미국은 원전을 포함해 현재 이용 가능한 모든 저탄소 기술을 활용하는 동시에 장기적으로는 신기술 개발을 통해 탄소중립을 달성하려고 한다. 영국은 원전을 기후변화 방지를 위한 대안으로 여기며 에너지 전환을 추진하고 있다. 후쿠시마 사고를 겪은 일본은 신재생에너지 비중을 22~24퍼센트까지 높이고, 원자력 비중도 현재 6퍼센트에서 20~22퍼센트로 상향 조정하는 에너지 전환을 추진하고 있다. 최대 에너지 소비국인 중국도 현재 5퍼센트 정도인 원전의 발전량 비율을 5~6배 확대하고 태양광과 풍력의 비중을 대폭 증가시킬 계획이다.

다큐멘터리 「인사이드 빌 게이츠」나 『기후재앙을 피하는 법』에서 빌 게이츠는 원전을 폐기하기보다는 더욱더 진화시키는 쪽으로 접근하고 있다. 그는 자신이 2006년 설립한 원전회사 '테라파워(Terra Power)'가 개발 중인 차세대 원전의 역할을 강조한다. 기존 원전이 안전 문제 등으로 대중적 수용력이 없기 때문에 차세대 원전을 개발하는 것이고, 이를 성공한다 해도 다시 대중을 설득하는 것이 과제라는 것을 인정한다.

"기술과 발을 맞추지 못하는 (에너지) 정책의 대표적인 예는 원자력 산업이다. 원자력은 거의 모든 곳에서, 매일 24시간 동안 사용할 수 있는 유일한 무탄소 에너지원이다. 새로 개발하는 원자로는 더 안전하고 저렴하다. 하지만 올바른 정책이 부재하고 적절한 시장이 형성되어 있지 않으면 이런 차세대 원자로 기술과 과학은 무용지물이다."

테라파워는 소형 원자력 발전소를 미국 전역에 건설한다. 태양광·풍력 등 재생에너지의 간헐성을 보완하기 위해 전기를 저장할 수 있는 소형 원전을 활용한다는 구상이다. 또한 협력사인 'GE히타치 뉴클리어 에너지'와 손잡고 10년 내 나트륨(Natrium)이라고 불리는 소형 원전을 상용화한다. 테라파워는 에너지 기업인 듀크 에너지, 에너지 노스웨스트, 워런 버핏의 버크셔해서웨이가 소유한 퍼시피코프 등의 투자를 받고 있다. 상용화에 성공하면 미국은 물론 전 세계에 소형 원전을 지을 예정이고, 2050년에는 소형 원전 수백여 개가 세계 곳곳에서 다양한 에너지 문제를 해결하게 될 것이라는 평가다. 테라파워가 개발 중인 소형 원전은 원자로에 액체 나트륨(소듐)을 냉각재로 쓰는 고속증식로를 적용하며, 발전용량은 345메가와트다. 원전 비용은 10억 달러(약 1조 2,000억 원)로 추정된다. 건설 비용이 약 4조 원에 달하는 기존 1,000~1,400메가와트 규모 대형 원전의 4분의 1 수준이다. 태양광이나 풍력 기반 전력이 제대로 생산되는 날에 원자로 출력을 용융염(molten salt·상온에서 고체인 염을 300~1,000도 고온에서 녹여 액체로 만든 것) 탱크에 저장해놓은 후 날씨나 계절의 영향으로 재생에너지 공급이 원활하지 않을 때 전력을 제공하는 방식이다. 간헐적으로 재생 가능한 자원이 급속히 증가하고 있는 선진국에서는

12개의 원자로가 풍차와 태양열 집열판의 적절한 출력을 보충할 수 있는 안정적인 전력을 제공할 수 있다. 그동안 용융염 전력 저장 방식은 태양열 발전소에서 사용해왔는데, 잦은 누수가 문제점으로 꼽혔다. 나트륨 소형 원전은 태양열 발전소보다 일정한 온도를 유지하는 설계를 통해 마모와 누수를 최소화할 것으로 보인다.

앞에서도 언급했듯이 원전은 온실가스를 배출하지 않는 미국의 최대 전력 공급원이지만 미국 내 수많은 원자력 발전소가 높은 비용, 재생에너지와의 경쟁 등에 밀려 문을 닫고 있다. 테라파워의 소형 원전은 전력 회사들이 전력망의 안정성을 훼손하지 않으면서 온실가스 배출량을 줄여 기후변화에 대응하는 것을 목표로 한다. 빌 게이츠는 기후변화에 대응하면서 저가에 전력을 공급할 수 있는 청정 에너지원으로 원전을 주목했고, 테라파워를 통해 보다 안전한 차세대 원자로 개발에 주력해왔다. 테라파워는 지난 2017년 중국 국영 원전 업체인 중국핵공업집단(CNNC, China National Nuclear Corporation)과 4세대 원자로 기술을 연구하기 위한 프로젝트를 진행해왔으나, 미 정부가 중국과 무역전쟁을 벌이면서 양사의 원전 협력은 사실상 중단된 상태다.

테라파워는 이동파 원자로(TWR, Traveling Wave Reactor) 개발도 선도하고 있다. TWR은 우라늄 농축이나 재처리 없이 연료를 효율적으로 사용할 수 있어 다른 원자로와 차별성을 지닌다. 미국은 카이로스파워(KairosPower) 등 스타트업이 신개념 중소형 원전을 개발 중이다. 미국 정부 차원에서도 신개념 중소형 원자로에 대해 전향적인 평가를 하고 있다. 2020년 8월 미국 원자력규제위원회(NRC)는 뉴스케일 파워(NuScale Power)가 개발한 소형 원전에 대한 기술 검토를 역사상 처음으로 완료했다. 소형 원전을 건설하고 운영하기 위해 필요한 설계 인증의 기술 검토가 모두 완료된 것이다.

경제성 측면에서의 원전과 소형 원자로

온실가스 감축 효과만 보자면 원전은 빌 게이츠의 주장처럼 매력적인 대안이 될 수 있다. 그러나 경제적 측면에서 위험이 적지 않다는 주장도 제기되고 있다. 과연 내 돈을 가지고 원자력에 투자할 수 있을까? 투자한 액수 이상의 이득을 회수할 수 있을까를 생각하는 사람이 늘고 있다. 경제성에서 원전 운영 비용이 가파르게 증가하고 있다. 사고가 나면 워낙 대형 사고가 될 수밖에 없는지라 보험 설계도 취약하다. 이미 미국이나 프랑스의 원전 업체들이 적지 않게 파산한 것은 사실이다. 투자자의 관점에서 원전은 리스크가 몹시 큰 상품이고 한국의 원전 기술력이 뛰어나다고 해도 정부가 보증하지 않는 이상 자금을 모으는 게 쉽지 않다. 그런 측면에서 우리는 소형 원자로 기술에 주목할 필요가 있다. 분산 에너지로도 충분히 역할을 할 수 있기에 빌 게이츠도 이런 점을 주목하고 있다. 빌딩 단위로도 소형 원전을 가동할 수 있다.

다만 누가 안전에 대한 보장을 할 것이냐는 근본적인 딜레마가 있다. 우리 건물에 경수로가 설치되어 있는데 만에 하나 사고가 난다면 어떻게 할 것인가? 그 재난을 대비한 보험 상품을 만들어낼 수 있을까? 그런 경제적 생각을 하지 않을 수 없다. 기술적으로야 원전을 작게 만들어서 분산 에너지로 쓸 수 있지만, 시장에서의 사업화 과정에서 보증보험을 만들지 않는 이상 상품이 보호되기 힘들다. 20~30년 동안 잘 사용하더라도 대형 사고가 한 번 터지면 건물 일대, 지역 전체가 초토화된다. 복구 비용은 어떻게 할 것이며 책임은 누가 얼마나 질 것인지가 간단하게 보이지 않는다. 하지만 자동차가 위험하다고 자동차를 타고 다니지 않을 수는 없는 법이며 기술을 더 개발해 더욱 안전하게 만드는 것이 좋다는 빌 게이츠의 말에도 수긍이 간다. 태양광이나 풍력은 태풍이 불어 사고가 나도 다 보험이 해결한다. 소형 원자로도 안정성이 확보되면 그런 보험 설계가 가능하지 않을까? 원자력은 발전 분야 외에도 비발전 분야에 널리 활용될 수 있는 에너지원이다. 비발전 분야로의 원자력 이용은 미래의 원자력 수요에 대비하고 원자력 이용을 다변화할 수 있다는 점에서 매우 중요하다.

원자력 선진국은 원자력 이용의 다변화에 관심을 갖고 많은 투자를 하고 있다. 특히 '소형모듈원자로' 혁신 사업이 속도감 있게 추진되고 있다. 소형모듈원자로는 탄소중립 달성을 위한 차세대 원전으로 각광받고 있는 원자로로 경쟁력 강화 방안 추진 작업이 국가 차원에서 논의되고 있다. 경제성, 안전성, 혁신성이 대폭 향상된 '혁신형 소형모듈원자로'을 개발 중이다. 2030년을 전후해 확대가 예상되는 세계 소형모듈원자로 시장을 선점하기 위해 이미 미국, 러시아 등 원

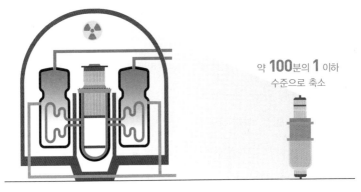

전 설계 기술을 보유한 모든 국가에서 각자의 모델을 보유하고 있거나 개발을 진행 중이다.

소형모듈원자로는 전기출력 300메가와트 이하의 전력을 생산하는 소형 원전이다. 국제원자력기구(IAEA)는 소형 원자로를 전기출력 300메가와트급 이하라고 정의하나, 일반적인 의견은 전기출력 500메가와트급 이하를 소형 원자로라고 정의한다. 소형모듈원자로는 모듈당 운전원 수, 핵연료 재장전 방식, 전출력 자연순환 운전, 격납용기 등 이전에 없던 기술이 적용된 혁신적 기술이라 할 수 있다. 공장 제작, 현장 조립이 가능한 원전으로 소형이라는 특성을 이용해 전력망과 무관한 분산형 전원, 수소 생산, 해수담수화 등 다양한 활용이 가능하다. 2021년 5월 한미 정상회담에서 소형모듈원자로가 원전 시장의 중심으로 보고 한미 양국이 협력하여 수출하는 데 합의했다.

돌이켜보면 한국원자력연구원이 1990년대 중반부터 개발하고 있는 중소형 원자로 'SMART(System-integrated Modular Advanced Reactor)'의 역사도 있다. 이는 당시 대용량의 발전용 원자로와 달리 안전성을 보장하는 원자로로 평가받았다. 해수담수화 용도로 활용할 수 있는 등 원자력 에너지의 비발전 분야에서 활용성이 다양하고 대형 냉각재 상실사고 방지 등 한 차원 높은 안전성을 제공했다. 그러나 이제 최신형 혁신형 소형모듈원자로에 몰두할 때다. 우리나라가 보유한 뛰어난 기술력을 바탕으로 산학연관이 합심해 개발하면 한국형 소형모듈원자로가 향후 소형모듈원자로 수출 시장에서 세계 최고의 경쟁력을 갖춘 상품이 될 것으로 보인다.

　세계 최고 원자로 기술 강자 두산중공업도 소형모듈원자로 사업에 발 빠르게 나서며 활로를 모색하고 있다. 두산중공업은 2020년 상반기부터 미국 아이다호주에 건설 예정인 소형모듈원자로의 핵심 기기인 주기기, 주단소재 제작에 착수했다. 발전사 UAMPS(Utah Associated Municipal Power Systems)가 진행하는 이 프로젝트는 2029년 상업운전이 목표다. 두산중공업은 2019년 미국 뉴스케일파워와 업무 협약을 체결하며 처음으로 소형모듈원자로 사업에 뛰어들었다. 뉴스케일파워는 두산중공업의 원전 모듈 제작 기술을 높이 평가해 협업을 제안했다. 두산중공업은 IBK투자증권 등 국내 투자자들과 함께 뉴스케일파워의 지분을 확보했는데, 뉴스케일파워를 통해 미국을 포함한 전 세계 시장에서 소형모듈원자로 주요 기자재를 공급한다.

이즈음에서 미국 조 바이든 대통령을 불러보자. 그는 재생에너지가 늘어나는 에너지 수요를 감당할 수 없을 거라 보고 소형모듈원자로를 2050년 탄소중립을 위한 핵심 기술로 꼽고 소형모듈원자로 건설 비용을 현재의 반으로 줄이겠다는 포부를 밝히기도 했다. 건설 원가, 안전성, 폐기물 처리까지 원자력 발전의 모든 장애 요인을 철저히 연구하겠다는 바이든의 다짐이 굳건해 보인다. '미국은 기후변화 방지를 위해 화석연료에서 친환경 에너지로 빠르게 전환하되, 동시에 미국인의 삶과 경제에 부담을 주지 않아야 한다는 숙제를 안고 있다'고 보는 바이든의 생각은 지극히 현실적이다.

미국에서 태양광과 풍력 등 신재생에너지의 발전량은 아직 미미하다. 2021년 2월 날씨가 따뜻한 미국 텍사스에 몰아친 한파는 태양광과 풍력 발전의 치명적 한계를 드러냈다. 폭설이 내리며 햇볕이 사라지고 날개와 터빈이 얼어붙자 태양광과 풍력 발전소 가동이 중단되었다. 소형모듈원자로는 원자로와 증기발생기, 냉각재 펌프, 가압기 등 주요 기기를 하나의 용기에 일체화시켰고 대형 원전의 150분의 1 크기다. 사고 발생률도 기존 원전의 1,000분의 1 수준으로 상대적으로 안전하다. 크기가 작아지면서 설치도 쉽고, 대량 생산이 가능해 건설 비용이 기존 원전보다 저렴하다. 태양광·풍력 등 일조량과 날씨의 영향을 받아 에너지 공급이 일정하지 못한 재생에너지를 보완하는 전력 공급원 역할을 할 수 있다. 수소 에너지와도 밀접한데,

소형모듈원자로를 통해 생산된 고온의 수증기를 활용한 전기분해로 수소를 생산할 수 있기 때문이다. 그래서였나? 기후 위기를 해결하기 위한 미국의 10대 과제 중 하나가 소형모듈원자로다. 이 중에서 세계 핵 평화를 유지하고자 하는 바이든의 의지를 살펴보자.

미국 국무부는 소형 모듈식 원자로 기술의 책임 있는 사용을 위한 기반 시설(FIRST, Foundation Infrastructure for Responsible Use of Small Modular Reactor Technology) 프로그램을 시작했다. 미국의 60년 이상의 원자력 기술 혁신과 전문 지식을 바탕으로, FIRST 프로젝트를 통해 파트너 국가들을 돕는다는 것이다. 원자력 안전, 보안, 비확산에 대한 최고 수준의 국제 표준을 따르게 하고 청정 에너지 개발 목표를 지원하도록 핵에너지 프로그램을 개발하는 과정에서 국가 역량을 강화하는 지원을 제공한다. 바이든 행정부는 2021년 4월 기후정상회의에서 기후 위기에 대응하기 위해 청정 기술을 확대하고, 전례 없는 글로벌 협력 구축을 위한 미국의 핵심 노력 중 하나로 FIRST 프로그램을 강조했다. 당시 미 국무부가 언급한 내용을 살펴보자.

"소형모듈원자로는 낮은 비용, 확장성, 유연성, 풍력 및 태양광과 같은 다른 청정 에너지원과 협력할 수 있는 능력 등 상당한 이점을 제공합니다. 소형모듈원자로는 신뢰할 수 있는 전기 발전 외에도 증가하는 깨끗한 물 수요를 지원하기 위해 물을 담수화하고, 에너지 집약적인 산업 공정에 동력을 공급하기 위해 석탄을 대체하며, 수송 및 기타 부문의 탄소를 제로로 만드는 데 도움을 주고, 수소를 생산하는 데 사용될 수 있습니다. FIRST는 정부, 산업, 국가 실험 기관과 학술 기관의 참여를 포함해 국제 파트너와의 관계를 강화합니다."

미국은 기후 위기 해결, 혁신 촉진, 환경 보호, 탄력성 구축, 지역 사회 성장을 위한 새로운 공약들로 세계를 선도하고 있다. 미 국무부는 FIRST 프로젝트가 바이든 행정부가 언급한 목표를 달성하기 위한 접근의 일부라고 자부한다.

2011년 후쿠시마 원전 사고로 원전을 모두 폐쇄하는 정책을 추진했던 일본도 소형모듈원자로 사업에 뛰어들었다. 일본 플랜트 업체 JGC(닛키홀딩스)는 뉴스케일파워에 투자하고, 미국 아이다호주 건설 프로젝트에 참여하기로 했다. JGC는 뉴스케일의 모회사인 플로어와 함께 설계·조달·시공(EPC, Engineering, Procurement & Construction) 부문에 참여했고, 자체적으로 소형모듈원자로를 건설하고자 한다. 소형모듈원자로 기술 개발 면에서는 러시아가 가장 빠르다. 러시아는 이미 2019년부터 소형모듈원자로를 적용한 부유식 원전을 운용 중이다. 러시아의 부유식 원전인 아카데믹 로모소노프는 송전설비 설치와 대형 발전소 건설이 어려운 극동 지역 추코트카 자치구에서 전력을 생산하고 있다. 3~5년간 연료 재장전 없이 계속 가동할 수 있어 발전 비용도 대폭 절감할 수 있다. 2035년 기존 원전 가동을 중단하기로 했던 영국도 롤스로이스 컨소시엄과 합작해 소형모듈원자로를 최대 16기까지 짓는다. 영국 원자력연구원(NNL)은 소형모듈원자로 설비 용량이 오는 2035년까지 꾸준히 확대되어 시장 규모가

2,400~4,000억 파운드에 달할 것으로 전망했다. 세계 최고 수준의 원전 모듈 제작 기술을 보유한 두산중공업의 글로벌 수주도 본격화할 전망이다. 소형 원자로 관련 주식으로 두산중공업이 돋보이는 가운데 한국전력, 한전기술(원자력 발전소의 설계, 미국 원자력규제위원회에서 한국형 원전에 대한 최종 설계 인증 취득, 미국과 신규 원전 설립 국가 원전 수출, 플랜트 기술력 보유), 한전 KPS(원자력 정비 기술), 오르비텍(원자력 플랜트 유지, 보수, 검사 기업), 우리기술(발전소 유지 보수), 일진파워(발전 경상 정비, 원자력 연구개발, 원자력 발전용 보조 기기에 집중), 한양이엔지(원전 폐수 처리), 보성파워텍, 디케이락, 광명전기, 현대엔지니어링 같은 기업이 테마로 엮여 경쟁하고 있다.

달에서는 낮과 밤이 각각 14일씩 이어진다. 달 탐사선은 낮 동안에 착륙해서 탐사 활동을 하고, 태양광 발전이 불가능한 밤중에는 대기 상태로 전환한다. 사람이 달에 오래 머무른다면 항시 전력을 생산해야 한다. 항공우주매체 『스페이스뉴스』에 따르면 NASA는 달과 화성 탐사를 위한 '핵분열 표면 출력(Fission Surface Power)' 사업을 실시하는데 달 표면에 설치될 10킬로와트급 소형 원자로를 2027년까지 개발하는 것을 목표로 한다. 또한 NASA는 미국 에너지부와 함께 2015년부터 '킬로파워(Kilopower)'라는 우주 원자력 프로젝트를 추진해왔다. 북한이 개발을 천명한 핵잠수함은 어떤가? 원자력 잠수함 또는 핵잠수함(SSN, Submersible Ship-Nuclear powered)은 핵무기 탑재 여부와 관계없이 원자로로 추진 동력을 얻는 잠수함이다. 원전이 핵연료를 쓰긴 하지만 핵무기와는 다르듯, 핵잠수함도 핵무기와 다르다. 내연기관을 사용하는 기존의 재래식 잠수함은 주기적으로 수면 위로 부상해 엔진을 돌려 축전지를 충전하는 과정이 필요하다. 잠수함은 이때 가장 위험해진다. 헬기나 수상함의 공격을 받는 경우 대책이 없다. 이동 가능한 대부분의 무기 체계가 그러하듯이 주기적인 연료 재보급도 필요하다. 핵잠수함은 이런 과정이 필요 없이 자체적으로 물과 공기를 만들어 이론적으로 수십 년 동안 잠항이 가능하며, 승조원의 피로와 식량 문제를 감안해도 몇 달 동안은 바닷속에서 계속 숨어 지낼 수 있다.

원전 이야기를 하며 대한민국과 울산의 미래를 생각해본다. 국내 최대 '원전 도시'인 울산은 시민 생명과 직결된 방사능 방재 인프라를 확충하는 데 온 힘을 기울이고 있다. 울산은 방사능 방재 인프라뿐만 아니라 혹시나 앞으로 발생할지도 모를 원전 사고에 대비한 기관과 시민 비상 대응 능력을 키우는 데도 남다른 노력을 기울이고 있다. 나아가 서울, 경기, 경남, 부산, 울산에 있는 원전 해체 전문기업인 오리온이엔씨, 빅텍스, 태원인더스트리, 스틸파트너, 나일프렌트 5개사는 울산시 울주군 에너지융합일반산업단지에 입주하고 원전 해체 산업을 육성하기 위해 서로 협력하고 있다. 울산시와 울주군은 이들 기업이 노후 원전을 해체하는 강소기업으로 성장할 수 있도록 행정 지원을 하고 에너지융합산단을 활성화하기 위해 각종 기반 시설 설치를 지원한다.

울산 신고리 원자력 발전소를 얼마 지나지 않으면 바다가 펼쳐진다. 해안도로를 달리는 멋진 코스를 지나면서 원전과 다른 에너지

도표 5-4 **대형 원전과 소형모듈원자로 비교**

대형 원전		소형모듈원자로
1,000~1,600MW	발전 용량	300MW 이하
최소 8~10조 원	건설 비용	1조 5,000억 원
18개월	핵연료 교체 주기	최대 20년
강제 순환 냉각	냉각 방식	자연 순환·강제 순환

간의 에너지 믹스를 생각해본다. 기후변화를 방지하려면 탄소중립 에너지믹스를 구축해야 한다. 현재 기술 수준에서 무탄소에너지는 태양광, 풍력 같은 재생에너지와 원자력 외에는 없다. 에너지 전환의 구체적 모습은 재생에너지와 원자력 비중을 어떻게 선택하느냐에 달려 있다.

핵융합과 핵분열 이야기를 마무리하며 고대 그리스의 철학자였던 엠페도클레스의 4원소설을 생각해본다. 그는 만물이 물, 불, 공기, 흙의 네 가지 원소로 이뤄져 있다는 가설을 제기했다. 어쩌면 그는 직관적으로 세상의 진실을 간파한 것인지 모르겠다. 흙은 고체, 물은 액체, 공기는 기체, 불은 플라스마. 태양이 바로 플라스마 상태이지 않나! 태양을 우러러본다. 그 내부의 에너지는 활활 타오르고 정열적이라 좋다. 매릴린 먼로가 출연한 영화「뜨거운 것이 좋아」가 생각난다.

제6장

그린 파이낸스 :
빅 그린이 온다

인생의 균형이 깨지면,
인간은 균형을 되찾기 위해서 온갖 세력과 맞선다.
인간이 균형을 잃었을 때 어떻게 그것을 되돌리고자 하는지가 중요하다.

_로버트 맥기(Robert McKee)

기후변화의 위험과 기회,
그리고 금융의 역할

기후재앙과 녹색 금융의 방향

기후변화는 저소득층과 고소득층, 후진국과 선진국, 기성세대와 신세대 간의 불평등을 야기하며 인류의 생존을 위협하는 새로운 위험 요인으로 부각되고 있다. 위험 요인으로서의 기후변화를 다시 살펴보자. 빌 게이츠는 자신의 저서 『기후재앙을 피하는 법』에서 이렇게 말한다.

"기후변화는 코로나19 팬데믹보다 더 파괴적일 것이다. 코로나19가 가져온 세계적인 충격이 수십 년 안에 더 센 강도로 기후재앙을 통해 나타날 것이다."

우리는 기후변화의 위험을 더 이상 견딜 수 없는 한계 상황까지 몰아가서는 안 된다. 한계 상황에 다다르게 되면 캐스케이드(Cascade, 일련의 폭포) 효과와 연결되는데, 캐스케이드는 여러 위험이 상호작용해 한 변화가 다른 변화를 강화시키고 그런 변화가 걷잡을 수 없게 되는 상황을 만든다. 기후변화와 관련해 한계 상황과 캐스케이드 효과가 맞물릴 때 우리가 처한 지구 상황을 더욱 악화시킬 수 있다는 이야기다. 그래서 빌 게이츠는 기후 위기가 아닌 재앙이란 용어를 사용해 세계 독자에게 그 위험을 경고하고 나선 것이다. 이미 살펴본 것처럼 유엔 기후변화에 관한 정부 간 협의체(IPCC)는 지구 기온이 1.5도 이상 오르면 인간이 지구의 기후를 통제할 수 없게 된다고 추정했다.

이제 인류는 슬기롭게 기후변화 대응을 하면서 경제를 성장시키고 일자리를 확보해야 한다. 기후가 모두의 문제인 '신기후 시대'에서는 '기후'라는 위기 요인을 '신산업 혹은 새로운 성장 동력'이라는 기회 요인으로 인식하고 지속가능한 발전을 이루어야 한다. 기후변화 대응에는 정부나 산업계의 노력은 물론 금융계의 역할도 중요하다. 기후재앙이라는 거대 시스템 리스크를 회피하기 위해서는 금융산업의 변화가 반드시 필요하다. 세계가 저탄소 경쟁 모드로 돌입했다고 할 만큼 이산화탄소 감축을 위한 캠페인이 확산되고 있는 가운데, 세계는 온실가스 감축을 공공재로 보고 있다. 이러한 때 금융의 역할이 매우 중요할 것으로 보이는데, 그 과정에서 그린 파이낸스(녹색 금융)의 기회와 위험, 자산 시장의 변동성과 거품 형성 우려도 제대로 살펴야 한다. 전 세계적으로 감독당국들, 중앙은행까지도 기후 위기가 금융 안정성에 미치는 영향에 주목하기 시작했다. 국민연금이 '지속가능성'을 연금 운영 5대 원칙에 포함시키고 우리 정부도 외국 환평형기금채권(환율 변동에 대비한 기금 마련을 위해 정부가 발행하고 보증하는 채권)을 그린본드(green bond)로 발행했다. 그린 파이낸스는 탄소를 줄일 수 있는 곳에 금융을 집중해 에너지 구조를 바꿔나가고 경제의 패러다임을 바꾸고 구조조정을 할 수도 있다.

코로나19 상황에서 증가한 녹색 금융의 물결은 가히 폭발적이라 하겠다. 미국 최대 투자 중계 회사인 찰스 슈밥(Charles Schwab)에 따르면 주식 시장의 다음 거품은 녹색 인프라에 묶여 있는 주식 중심으로 형성될 수 있다고 한다. 사실 미국, 유럽, 중국의 기후변화 대응과 에너지 전환 계획에 의해 녹색 분야의 성장이 과도하게 부풀려질 가능성이 있기는 하다. 버블을 논한다면 그만큼 투자가 유망하다는 반증이 아닐까? 세계 각국이 탄소 배출량을 줄이기 위해 치열한 경쟁을 하고 있으니 어느 정도 스토리는 뒷받침된다고 하겠다. 주목할 점은 한 부문과 한 국가에 집중된 버블 가능성이 아니라 그 버블이 전 세계의 많은 부문과 시장에 동시다발적으로 발생할 수 있다는 점이다. 녹색 테마 주식은 단순한 대체에너지 회사 주식을 넘어선다. 녹색 인프라 테마를 예로 들자면 여기에는 산업기계, 전기 유틸리티 차량, 반도체, 전기장비 등 전통 산업도 다수 포함되어 있다.

여기에 금융권이 가세하는 분위기다. 그린 파이낸스는 크게 두 가지 방향으로 정리할 수 있다. 하나는 경제활동 전반에 걸쳐 자원과 에너지 효율을 높이고 환경을 개선하는 상품과 서비스 생산에 자금을 제공함으로써 녹색 성장을 지원하는 활동이다. 둘째는 환경을 파괴하는 활동에 자금이 공급되는 것을 효과적으로 차단하기 위해 자율적인 심사와 감시체계를 강화하는 활동이다. 물론 녹색 금융을 '녹색 성장을 위한 금융 지원뿐만 아니라 다양한 녹색 금융 상품을 통한 환경 개선과 신금융상품 개발, 리스크 관리 기법 개선으로 금융 산업 발전까지 추구하는 새로운 금융 형태'로 정의할 수도 있다. 주목할 것은 '녹색'의 의미를 '친환경'과 동일한 의미로 해석하되, 녹색 금융을 녹색 성장을 지원하는 금융을 넘어 더 포괄적인 의미로 해석해야 한다는 점이다. 과거 금융이 고도성장을 지향하는 환경에서는 수익-위험 간의 최적 균형을 달성하는 게 주된 목표였다. 이제 녹색 성장을 지향하는 환경에서는 수익률과 위험을 추정하는 과정에 환경요인을 항상 고려해 자산을 운용해야 한다. 이와 같은 인식을 바탕으로 녹색 금융의 범위를 세부적으로 정의해보자.

우선 녹색 기술과 녹색 산업의 육성을 통해 일자리를 창출하고 관련 산업이 글로벌 경쟁력을 갖출 수 있도록 선도해야 한다. 금융 지원 없는 신기술 개발과 사업의 육성은 요원할 수밖에 없다. 자금 투입 경로는 산업화의 정도와 위험 정도에 따라 자본 시장을 통한 투입과 은행을 통한 자금 공여로 구별될 수 있다. 고위험 고수익의 투자 대상에 대해서는 자본 시장을 통한 자금 공급이 상대적으로 적합한 수단이다.

다음으로 기업과 개인의 생산 활동과 소비 활동이 친환경적으로 이루어질 수 있도록 녹색 금융 상품을 개발하고, 그 보급을 활성화해 국가 경제 전체의 에너지 효율을 개선하고 환경 훼손 방지를 유도하는 것이다. 거래 고객에게 친환경 활동의 유인을 제공하자는 의미다. 은행들이 에너지 효율 시설 투자를 통해 친환경 경영을 실천하는 기업들이나 그린 카, 그린 주택 등을 구매하는 개인 고객들에게 금리를 우대하거나 수수료를 감면해주는 게 그 예가 될 수 있다.

마지막으로 산업 환경 변화와 탄소 배출권 시장 형성 등에 대응해 금융 기업이 새로운 수익원을 적극 발굴해야 한다. 벤처투자에서부터 펀드, 프로젝트 파이낸싱, 여신까지 다양한 금융 지원 프로그램 구성이 가능하다. 과거 성숙 단계의 기업을 대상으로 한 단순한 여신 제공에서 탈피해 인큐베이션 과정에서부터 기업 상장, 해외 진출, 인수 합병까지 사업 모델을 확장해 접근할 필요가 있다. 이러한 관점에서 원천기술을 보유하고 성장 잠재력이 높은 우수 기업을 발굴하려는 노력이 필요하다.

국제 사회가 파리협정을 맺고 기후정상회의에서 약속한 내용을 이행하려는 움직임이 화두가 되자 글로벌 금융 시장도 변화하고 있다. 미국 뉴욕에 본사를 둔 세계 최대의 자산운용사인 블랙록 자산운용은 모범 사례다. 이 회사의 래리 핑크(Larry Fink) 대표는 매년 투자자들에게 서한을 보내는 것으로 유명한데 2020년 서한에서는 기후와 관련된 위험을 이렇게 강조했다.

"기후 관련 위험이 생각보다 빨리 진행되어 자본 배분을 곧 바꾸겠다.

투자 포트폴리오에서 화석연료 관련 기업들을 대폭 빼고 ESG 추종 상장지수펀드를 두 배로 늘리겠다."

그는 투자 대상 기업의 최고경영자들에게도 서한을 보내 "모든 기업이 기후변화 행동에 나서야 한다. 그러지 않으면 투자자들이 지속 불가능한 사업 활동에 분노하면서 기업의 미래 자산·수익 가치가 크게 훼손될 것이다"라고 경고했다. 그는 또한 시장이 '지속가능한 투자'를 향한 구조적 변화를 겪고 있다고 선언했다. 지속가능한 투자는 무기 제조나 담배 회사 같은 외부비경제(사회적으로 부정적인 영향)를 생산하는 기업을 배제하고 산업 전반에 걸쳐 최고의 환경과 사회, 지배구조 체제를 구축한 기업을 적극적으로 찾아 투자하는 것을 말한다.

시간을 좀 더 거슬러 올라가면 유럽계 투자자들의 움직임은 이런 추세가 이미 오래전부터 시작되었음을 알 수 있다. 세계 최대의 국부펀드인 노르웨이 정부 연기금의 움직임이 눈길을 끈다. 2015년에 이 펀드는 매출이나 전력 생산량의 30퍼센트 이상을 석탄에서 얻는 기업에는 투자하지 않겠다고 발표했다. 2020년에 추가로 130억 달러 규모의 투자 철회 기업 대상을 발표했다. 이렇게 노르웨이 정부 연기금은 매년 투자 제외 기업 리스트를 발표한다.

우리나라는 기후 위기와 관련한 금융 기능을 작동시키는 데 있어서 국내 금융 산업의 역할을 제고하는 기능이 늦고 미흡하다는 평가를 받았으나 투자가 크게 증가하고 있다. 역사적으로 금융 시장은 자금 조달자와 공급자 간에 중개와 배분 기능을 맡으며 산업 발전과 구조조정을 주도해왔다. 기후 위기 대응과 경제성장을 공존시켜야 하는 소위 신기후경제 시대에도 그런 금융의 역할은 중요하지 않을 수 없다. 정부와 산업계는 물론 금융 산업 역시 기후변화 대응에 적극적으로 나서 그런 환경을 조성해야 한다. 금융 산업의 관점에서도 기후변화 대응은 새로운 비즈니스 기회가 된다.

한편에서는 자금 수요의 패턴이 바뀌고 있는 현실을 목도해야 한다. 기업 측면에서는 저탄소 시설과 공정에 많이 투자하고 있고, 건물과 공장의 에너지 효율화에도 자금 수요가 예상된다. 재생에너지 분야도 막대한 투자가 필요하다. 자금을 공급하는 투자자의 입장에서도 같은 수익률이면 평판이 좋은 기후변화에 대응할 수 있는 자산에 투자하려고 한다. 그래서 채권·주식 시장에 관련 상품들이 쏟아져 나오는 것이다. 금융 기관 입장에서는 좌초자산 리스크를 최소화해야 한다. 좌초자산이란 저탄소 경제로 전환하면서 탄소집약도가 높은 금융 자산의 가치가 하락해 상각 대상이 되는 자산을 말한다. 금융 당국도 그린 파이낸스와 관련한 새로운 제도와 전체적인 틀(프레임워크)을 마련해야 한다. 무늬만 기후고 환경인 소위 그린워싱(green washing, 위장환경주의)에 불과한 투자나 파이낸싱이 아직도 많은데 이를 극복해나가야 한다. 글로벌 금융 기관들은 지속가능 금융의 역할과 필요성을 절감하고 그 지평을 빠르게 확대하고 있다.

앞에서 잠시 다룬 '그린 버블(Green bubble)' 우려에 대해 좀 더 살펴보기로 하자. 투자자들은 친환경 관련 투자에 막대한 현금을 쏟아부으며 오히려 기업 가치를 과도하게 높여 거품 가능성을 키우고 있다는 지적이다. 미국 시카고에 본부를 둔 투자조사기관 모닝스타(Morningstar, Inc.)의 자료를 보면 ESG와 연계된 글로벌 펀드는 2019년 1,650억 달러에서 2020년 3,500억 달러로 급증했다. 블룸버그 NEF 자료에 따르면 2020년 기업·정부·가계가 재생에너지와 전기차에 쓴 돈은 5,000억 달러 이상이다. 친환경 투자가 증가한 건 소비 수요 변화에 따른 것이라고 『파이낸셜 타임스』는 짚었다. 각국 정부와 기업들이 속속 온실가스 배출량 감축 선언에 동참하고 있는 만큼 친환경 부문에 대한 투자 수요는 더 커질 전망이다. 조 바이든 행정부는 2050년 탄소중립 실현을 위해 수조 달러를 투자할 계획이고, 시진핑 중국 국가주석도 2060년까지 탄소중립을 달성하겠다고 했으니 방향성은 옳다. 문제는 속도다. ESG 마니아들은 친환경 투자가 더욱 늘어날 것으로 기대하고 있지만 일부에서는 친환경 관련주들이 과열되기 시작했다고 우려한다.

투자 거품은 속성상 경기 침체기가 원인을 제공한다. 어쩌면 녹색 열기는 코로나19 같은 세계적인 경기 침체의 여파에서 경기 부양으로 마련된 자연스러운 정책의 부산물일 수 있다. 풍성한 유동성에서 태어나고, 스토리가 전염성 있는 테마로 엮여 투자가의 높은 신뢰에 힘입을 때 투자는 어느새 투기가 되어 과도한 성장기를 거치며 주가가 크게 뛰어오르는 것을 우리는 역사에서 찾아볼 수 있다. 종국에는 내재가치와 단절되고, 형성된 버블은 붕괴된다. 문제는 버블이 터지는 시점을 아무도 모르기 때문에 '폭탄 돌리기'가 될 수 있다는 것이다. 투자자들이 친환경적인 기업에 대한 평가를 제대로 보지 않고 이성적 판단을 저 멀리 성층권으로 보낸다면 어떻게 해야 할까? 거품에 대한 경계를 하지 않고 판단 유보 결정을 더 멀리 보내면서, 친환경적으로 보이는 모든 것에 현금을 계속해서 쏟아붓고 있다면 어떤 경고를 해야 할까?

재생에너지 업종 기업 주가 수준이 상당히 오르자 일부 전문가들은 말도 안 된다며 거품이 있다고 주장했다. 완전한 그린 버블이라고 과감히 주장하는 투자 전문가들도 있다. 그 근거는 무엇일까? 그들은 거의 모든 태양광 회사들의 실적이 나빠졌는데 주가가 몇 배 올랐다며 공매도 대상이라고 주장한다. 2020년의 경우 30개 주요 신재생에너지 기업 주가를 반영하는 S&P 글로벌 청정 에너지 지수를 보더라도 미국 증시 우량주를 대표하는 S&P500 지수 상승에 비하면 주가 상승이 과도하다. 미국 증시의 랠리를 부추긴 '스팩(SPAC, Special Purpose Acquisition Company)' 바람도 친환경 투자를 부추겼다. 스팩은 기업공개(IPO)를 통해 조달한 자금으로 다른 기업을 인수하기 위해 만든 회사로서 기업 인수합병을 목적으로 한다. 단지 IPO로 조달한 자금이 전부인 껍데기 회사(shell company)가 상당하다. 이런 이유로 비상장 기업 인수로 '묻지마 투자'를 유발해 시장 과열과 거품을

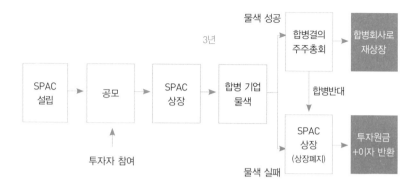

부추긴다는 우려를 자아내고 있다.

스팩인사이더(SPACinsider)에 따르면 재생에너지 부문은 스팩들이 2020년 인수한 기업 업종 가운데 4위를 차지할 만큼 인기였다. 2021년 5월 홍콩 일간지 『사우스 차이나 모닝 포스트』에 따르면, 중국에서 전기차 등 지속가능성을 투자 테마로 삼은 뮤추얼펀드로의 투자 급증세가 당분간 이어질 것이라고 펀드 정보제공 업체 모닝스타가 진단했다. 투자리서치 기업 모닝스타(Morningstar) 자료를 보면 2020년 친환경 부문으로 유입된 주식형 펀드 자금이 2,300억 달러에 달한다. ESG로 평가하면 환경, 사회, 지배구조와 연계된 글로벌 펀드는 2019년 1,650억 달러였던 것이 지난해 3,500억 달러에 육박했다. 모닝스타는 중국 정부가 발표한 탈탄소화 정책이 제품과 솔루션을 제공하는 기업에 상당한 이익을 가져다줄 것이라고 예상한다. 중국 정부가 기후변화를 막는 데 선제 조치를 하고 국가 차원의 정책을 발표하면서 탈탄소 관련 분야인 전기차와 재생에너지의 장기적 성장에 대한 투자자들의 관심은 더욱 높아질 것으로 본다. 돈의 힘으로 주가가 올랐는데 앞으로 더 간다니 투자자들 입장에서는 반신반의하는 생각이 들 수도 있다. 누군가는 아직 미래는 도달하지 않았다고 반박을 할 수도 있다. 그런 가운데 인플레이션과 금리 인상이 오면 성장주들은 할인율이 높아져 가격 하락이 불가피하니 실적이 받쳐줘야 한다며 투자 신중론을 펴기도 한다. 그래도 전문가들은 ESG 투자를 지각변동(tectonic shift)에 비유하며 시류에 편승할 것을 권하고 있다. 투자에 있어서 친환경 녹색 부문의 성장은 소비자 수요의 거대한 변화에 의해 고무된 것은 사실이다. 전 세계 기업, 정부, 가계가 지금 그리고 지난 몇 년간 재생에너지와 전기차에 쏟아부은 돈의 규모를 보면 앞으로의 미래도 그렇게 될 것이라는 확신을 가지게 하는 환상적 요인이 분명히 내재해 있다. 신기루일지 신세계일지 모르나 그게 비트코인처럼 활활 타오르고 거품 붕괴와 형성을 지난하게 겪을지는 두고 봐야 알 일이다.

2020년 풍력 발전 회사인 덴마크 '오르스테드(Orsted)'는 논란의 중심에 섰다. 이 회사의 실적은 소폭 개선되는 데 그쳤지만 주가는 2020년까지 3년간 세 배 급등했기 때문이다. 이를 보고 과거 몇 년 전 모든 펀드가 애플 주식을 무작정 담았던 시기를 생각하며, 지금 오르스테드가 당시 애플과 비슷한 상황이라고 분석하는 사람들은 거품을 물고 거품을 지적했다. 이런 회사에 투자할 때는 리스크를 분명히 인식해야 한다. 연안 풍력 발전 프로젝트가 환경 문제로 중단될 수도 있고, 더 큰 에너지 기업이 연안 풍력 발전소의 토대인 해저 사용권을 손에 넣을 수도 있다. 미국 수소연료 회사 플러그파워의 걷잡을 수 없는 주가 상승을 보며 수소연료 시장에 가장 낙관적인 시나리오를 들이밀어도 회사 내재가치를 훌쩍 넘어선 것이라는 평가를 들을 때는 가슴이 조마조마해진다. 지금의 플러그파워를 1999년의 마이크로소프트에 빗대는 것이 정당할까? 마이크로소프트는 닷컴버블이 붕괴한 뒤에도 기술업계 선두주자로 남았지만, 주가를 회복하기까지는 10년도 더 걸렸다. 2021년 요동치는 플러그파워의 주가를 보면 투자자들은 여러 감정의 소용돌이에 휩싸일 것 같다. 처음에는 성과가 좋았던 제한된 숫자의 ESG 기업 투자에 많은 이들의 관심이 쏠렸지만, 이제는 묻지마 식으로 기후변화 대응 관련 모든 기업에 폭넓은 관심을 갖는다. 이것은 경계해야 할 대목이다.

친환경 기업 투자 옹호론자의 입장에서 주식 시장을 대하는 자세는 어떨까? 장기적인 안목에서 재생에너지 기업에 대한 투자는 필요하고 가격 부담 우려에 반박할 수 있겠다는 생각이 든다. 풍력 회사에 투자하는 경우 투자자들이 단순히 기존 자산과 건설 중인 자산 가치만 평가하는 것은 아니다. 그들은 30년 후에는 오르스테드나 다른 친환경 에너지 기업들이 '비(非)화석연료'를 자본화할 수 있을 것이기에 그런 미래 성장 가치를 끌어당겨 현재화해 투자한다. 그만큼 친환경 분야에 있어서의 성장성을 높게 보고 있다.

이러한 엇갈리는 시각 속에서 투자자들은 어떤 자세를 취해야 할까? 우선 친환경과 거리가 멀지만 녹색 경영을 흉내만 내는 이른바 그린워싱 사례를 주의 깊게 살펴야 한다. 그린워싱 상품이나 서비스는 환경적 속성이나 효능에 관한 표시나 광고가 허위 또는 과장되어 친환경 이미지로 경제적 이익을 취하는 경우가 허다하다. 대표적인 게 글로벌 석유 기업들의 '넷제로' 선언이다. 2018년부터 이탈리아의 ENI, 영국 BP, 프랑스 토탈(Total), 미국 엑슨모빌(Exxon Mobil Corporation) 등이 이에 동참했다. ENI는 2018년 넷제로를 선언한 뒤 여러 차례에 걸쳐 계획을 조정했다. 홈페이지 자료를 보면 2030년까지 생산 설비와 전력 계통에서 발생하는 온실가스의 순배출량을 제로로 낮추겠다는 계획이다. BP는 2020년 2월 넷제로 선언을 했다. 2025년까지 BP 설비에서 나오는 배출량이 더는 늘지 않도록 조치하고, 2050년 이전 순배출량 제로를 달성하겠다는 내용이다. 그런데 회의감이 든다. BP는 20년 전 회사 이름을 '브리티시 페트롤리엄'에서 '비욘드 페트롤리엄(석유를 넘어서)'으로 바꿔 이미지 개선에 나섰지만 좋지 않은 선례를 남겼다. 2010년 미국 멕시코만에서 시추선이 폭발하는 '딥워터 호라이즌(Deepwater Horizon)' 사건이 벌어지면서 그 계획이 물거품이 된 것이다. 사상 최악의 해상 기름 유출로 기록된 사건을 수습하느라 투자했던 태양광과 풍력 사업을 모두 접어야 했다. BP의 동참 선언 석 달도 안 돼 토탈과 로열더치셸이 잇따라 2050 넷제로 선언을 했고, 미국의 엑슨모빌과 셰브런도 연이어 넷제로에 동참했다. 프랑스 에너지기업 토탈은 2021년 2월 앞으로 10년 내 석유제품 매출 비중을 기존 55퍼센트에서 30퍼센트로 줄이겠다고 발표했다. 세계적 저탄소 트렌드에 수요가 줄고 있는 석유보다는 재생에너지 사업을 늘리려 한다. 기업명도 '토탈에너지'로 바꾸고 사업 내역도 2030년 안에 크게 바꿀 계획이다. 재생에너지 사업 등 사업 포트폴리오를 다각화하면서 새로운 브랜드가 소비자의 눈높이에 맞을지는 두고볼 일이다.

이에 대해 비판론자들은 석유 기업의 넷제로 선언이 그린워싱인지 아닌지 알아보려면 '어느 범위까지' 탄소를 줄이겠다는 것인지 확인해야 한다고 주장한다. 이들 기업의 온실가스 배출 정도를 면밀하게 따지는 1~3단계의 '스코프(scope·범위)' 개념을 들이대면 탄소중립 선언이 허언일 수 있다는 것이다. 깐깐한 잣대를 들이대면서 이들 기업의 선언을 액면 그대로 믿지 않으려는 것이다. "악마는 디테일에 있다"면서 그들은 선언의 구체적인 내용인 '디테일'을 현미경으로 들여다본다. 이들의 주장을 하나하나 살펴보자. 석유 기업의 넷제로 선언은 기후 위기와의 전쟁에서 최강의 전투력으로 우쭐대던 적이 우리 편으로 돌아섰다는 이야기다. 한 예로 오르스테드 사장은 당초 2040년까지 에너지 생산의 85퍼센트를 재생에너지로 구상하고 해상풍력 단가를 100유로 이하로 낮추겠다고 목표를 세웠다. 두 번째 목표는 이미 달성했고 2025년이면 100퍼센트 재생에너지가 가능하다고 한다. 모두가 오르스테드 같을까?

석유에서 손을 떼지 않는 한 화석연료를 태우면 이산화탄소가 생긴다는 원리에서 벗어나긴 어렵다. 이들 기업에 넷제로 달성을 위한 숨겨진 묘책이 과연 있는지 살펴보는 게 당연한 수순이다.

스코프 1은 기업 설비에서 나오는 '직접 배출량'을 뜻한다. 스코프 2는 기업이 사용하는 전기와 관련이 있다. 전기를 만들 때 온실가스

도표 6-2 **3단계 스코프**

스코프 1	스코프 2	스코프 3
석유 회사가 보유한 시설·설비에서 직접 배출되는 온실가스	석유 회사가 사용하는 전기를 생산하는 과정에서의 배출량	석유를 사용하는 제품에서 나오는 배출량

는 발전소 굴뚝에서 나오지만, 결국 해당 기업이 전기를 사서 생산 활동을 하기에 해당 기업의 배출량으로 잡는다. 스코프 3는 범위가 훨씬 넓다. 해당 기업이 만든 기름이 사용되는 수송, 석유화학 등의 분야 배출량까지 모두 포함한다. 석유 회사에서 스코프 3는 전체 배출량의 90퍼센트를 차지한다. 따라서 이들 기업의 넷제로 선언이 정말 유의미한 것인지 알려면 스코프 3가 포함됐는지를 보면 된다.

스코프 3까지 간 석유 회사도 거의 없고, 설령 있다고 해도 '눈 가리고 아웅'인 경우가 대부분이라는 평가다. 배출량을 줄이려면 결국 화석연료에서 재생에너지로 사업 영역을 옮겨야 한다. 그런데 지금까지 석유 회사의 저탄소 사업 투자액은 총 자본지출의 1퍼센트에도 못 미친다. 넷제로 선언을 하고도 정작 배출량 정보는 제대로 공개하지 않는다거나 아직 실용화되지 않은 탄소 포집저장 기술에 지나치게 의존한다든가 하는 것도 의문을 제기하기에 충분하다. 국내 펀드 상품 중에서도 '무늬만 ESG'인 게 많다. 액티브 국내주식형 ESG 펀드 가운데 펀드 성과를 비교할 수 있는 ESG 관련 지수를 벤치마크(비교지수)로 삼는 상품은 몇 안 된다. 종목 포트폴리오도 기존 펀드와 별

차이가 없는 수준이다. 무턱대고 ESG 상품에 투자하는 건 금물이다. 업계 정보를 파고들면서 그린 버블과 그린워싱을 피하는 안목도 길러야 한다. 펀드 운용사들은 전문 인력을 확충하고 꼼꼼한 사후 관리에 나설 필요가 있다. 기업 또한 간판만 ESG로 바꾸는 식으로는 그린워싱의 경고 대상이 된다. 자칫 2000년 초 벤처 버블 같은 비극이 재연될 수도 있다. 거품은 늘 위험하다.

그린의 참 향기, 그럼에도 불구하고 녹색 금융으로 돈은 몰린다

2021년 한국에서도 그린 협력의 향기가 물씬 풍긴다. 투자금이 넘치고 채권 발행이 증가하고 기업 간 협력 사례도 늘고 있다. 샴푸의 요정은 버블의 향기 속에서도 옥석을 가릴 것을 주문한다. 현대차그룹과 포스코그룹이 수소 사업 분야에서 협력하는 업무 협약을 체결했다. LG화학이 국내 기업 중 최대인 8,200억 원 규모의 ESG 채권을 발행하고, LG전자는 전기·가스식을 결합한 '하이브리드 시스템 에어컨'을 출시했다. 이제 난소중립은 지구상 모든 정부, 기업, 소비자의 현실과 생존, 그리고 성장의 기회가 된 분야라는 기분이 든다. 탄소중립은 기술·실용 관점에서 보면 부풀려진 면이 있지만, 앞서 살펴본 것처럼 '돈의 흐름'의 관점에서 보면 이야기가 전혀 달라진다. 기업과 산업을 키우려면 자금력이 절대적으로 필요하므로 돈 되는 이야기와 사건이 절대적으로 필요하다.

금융정보 회사 레피니티브(Refinitiv)에 따르면 2020년 ESG 채권과 투자·융자액은 7,400억 달러로 2019년보다 60퍼센트나 증가했다. 국가와 기업 모두 탄소중립을 향해 움직이면서 필요 자금 조달을 서두르고 있는 중이다. 한편 글로벌지속가능투자연맹(GSIA, Global Sustainable Investment Alliance)에 따르면 탄소중립 관련 글로벌 투자금 규모는 무려 3경 원에 달한다. 채권 시장에서도 큰 변화가 진행되고 있다.

대표적인 게 그린본드 시장이다. 그린본드는 기후 문제 해결에 기여할 만한 녹색 프로젝트 추진에 필요한 자금을 조달하려고 발행하는 채권이다. 조달 자금의 용도가 그린 프로젝트로만 한정되고, 자금의 사용 관리와 보고가 의무화된 채권이다. 글로벌 그린본드 시장의 발행 규모는 매년 어마어마하게 커지고 있다. 그린본드 외에도 사회적 프로젝트의 자금 조달을 위한 소셜본드, 그린본드와 소셜본드를 결합한 지속가능성 채권, 발행사의 환경 성과와 발행 금리를 연동시킨 지속가능성 연계 채권 등 기후 위기에 대응하는 새로운 형태의 채권 상품이 계속 나오고 있다. 그린본드 발행 상위 3개국은 미국, 중국, 프랑스다. 이러한 상황에서 우리는 우선 다음 사실에 주목해서 그린 파이낸싱을 이해해보면 어떨까. 먼저 인식할 사항은 녹색 금융이 드디어 꽃을 피우고 있다는 점이다. 탄소중립이 비즈니스 참여의 최저 조건으로 요구되고 있는 현실을 자각하자는 말이다. 다음으로 글로벌 기업들은 자사뿐 아니라 공급망(밸류체인) 과정에서 서플라이어·거래처에도 탈탄소 로드맵을 요구하기 시작했다는 점이다. 국내 제조 업체들도 LCA(전 과정 평가), 즉 자사 제품의 조달·생산·물류·판매 등 라이프사이클 전체를 재검토함으로써 이산화탄소 배출량을 줄이기 위한 계획을 짜기 시작했다.

　결국 국가적 재생에너지 비중에서 나오는 전략적 차이도 생각해보아야 하는데, 그 이유는 이게 국가 간 견해 차이를 몰고 올 요인이기 때문이다. 유럽·미국 등 선진국을 중심으로 경기활성화 차원에서 코로나 이후 저성장 국면을 극복하기 위해서 거액의 탄소중립 자금을 투입하는 것은 하나의 전략일 수도 있다. 앞서 살펴본 것처럼 유럽은 2020년에 재생에너지 사용 비율이 38퍼센트에 달해 화석연료 비율(37퍼센트)을 처음으로 넘어섰고, 얼마 있지 않아 50퍼센트를 눈앞에 둘 것으로 보인다. 재생에너지 사용률이 높은 유럽은 한·중·일 등 동북아 산업 강국에 비해 탄소중립 전략을 구사했을 때 훨씬 유리한 위치를 차지할 수 있다. 유럽이 탄소중립 관련 투자와 지원금을 무기로 한국 제조업의 유럽 현지 투자를 유도하고 있다. 우리 정부가 탄소중립 관련 자금 지원에서 밀리면, 국내 기업의 신규 투자와 고용이 유럽 등 해외에서 더 많이 일어날 우려도 있다. 글로벌 투자의 흐름이 이미 탈탄소에 집중되고 있는 상황에서 우리만 우는 소리 해봐야 씨알도 안 먹힐 게 분명하다. 구조적으로 불리하다고 수세적 자세를 취하기보다는, 우리 기업들도 탄소중립 분야에서 적극적인 전략을 잘 세워 홍보를 강화해 세계적으로 넘쳐나는 관련 투자금을 최대한 유치해 활용하는 전략이 절실히 필요하다. 국가적인 차원에서도 중앙은행이 녹색 투자의 우선순위를 정하기도 한다. 우리의 현주소를 보자. 주요 20개국(G20)에서 한국의 녹색 금융 전환 점수는 하위권이다. 글로벌 싱크탱크 포지티브 머니(Positive Money)에 따르면 한국은 130점 만점 중 11점을 차지해 미국과 같은 순위인 13위를 기록했다. 놀랍게도 1위는 50점을 기록한 중국이 차지했다. 중국은 금융 정책에서도 두각을 드러냈다. 한국이 50점 만점에 1점을 기록한 반면, 중국은 24점을 받으며 금융 위험에 기후 등 환경 요소를 선제적으로 도입한 것으로 드러났다. 금융 정책에서 가장 중요한 요소는 금융 위험을 관리하는 것이다. 녹색 금융으로의 전환에서 가장 기본이 되는 기후 스트레스 테스트를 이행하고 있는지, 중앙은행이 기후 공시를 요구하고 있는지를 핵심 이슈로 다뤘다. 이미 세계 각국의 시중은행들은 화석으로 된 소유물을 매각하기 시작했다. 기후변화가 가져올 경제적 결과를 분석하고 관리할 필요가 있다면서 지속가능성 측면을 고려해 기후 사업을 평가하고 온실가스 감축에 기여하려는 속도에 박차를 가하고 있다. 모든 사람들에게 지속가능하고 탄력적인 미래로의 전환을 뒷받침하기 위해 공공과 민간 금융이 이용되도록 하는 방안을 지속적으로 모색해야 한다.

눈여겨봐야 할 사례와 교훈

우리는 유럽과 같은 재생에너지 선진국이 내세우는 탄소중립 정책의 겉으로 드러난 표어와 속내를 잘 구별할 수 있어야 한다. 표면적으로는 지구환경 보호와 미래 세대를 위한 환경 부담을 주장하면서도, 속으로는 녹색 투자를 활성화해 자국 경제를 성장시켜보겠다는 강력한 의지가 담겨 있음을 알아야 한다. 결국 자국의 경제성장과 일자리 확보가 탄소중립의 핵심에 있다. 전염병 대유행 이후 세계적으로 붐이 되고 있는 탄소중립의 방아쇠는 당겨졌다. 녹색 경제 패권 전쟁의 서막은 이미 시작되었다. 각국 정부나 대형 투자자들이 자국의 국제 경쟁력을 높이기 위해 거액의 자금을 아낌없이 투입하고 있다. 글로벌 지속가능투자연맹은 관련 투자금 규모를 3경 원으로 추정하는데, 이 규모가 전례 없는 액수라서 입이 다물어지지 않는다. 이를 기업 관점에서 보면 가히 산업 패러다임의 전환이라 할 만하다. 태양광과 풍력을 필두로 하는 재생에너지 기반 전기 생산, 에너지 효율 개선을 위한 투자는 화석연료 기반 전기 생산보다 더 노동집약적이다. 게다가 이러한 분야에 대한 투자는 높은 승수효과로 경제성장에 기여하는 바도 커서 일자리에 긍정적인 영향을 미친다.

아시아 기업 입장에서 부담이 큰 것은 왜일까? 지금까지 '비용' 관점에서만 봤던 탄소중립이 국가 보증을 기반으로 한 거대 비즈니스로 재탄생되는 시점에서, 과연 아시아 국가들은 얼마나 준비하고 있으며 또 기업은 현실을 자각하고 있는지에 대한 문제 때문이다. 기후변화 문제는 정부의 지원과 의지가 뒷받침되어야 한다. 녹색 영역에서 수익 창출을 장담하기 어려운 경우 민간기관이 적극적으로 뛰어드는 데는 한계가 있다. 물론 정부가 지나친 의욕을 보여 녹색버블 형성의 원인을 제공해서는 안 된다는 지적도 적지 않지만, 우리가 가야 할 미래라면 정부는 시장 실패를 방치할 수는 없다. 금융회사와 정부, 국책기관 간에 유기적인 녹색 금융 정보 채널을 구축해 녹색 금융의 역량을 확충하는 노력이 중요하다. 몇 가지 눈여겨봐야 할 사례가 있다.

첫째, 사람이든 사업이든 운이 터야 하며 시대에 맞는 전략을 구사할 줄 알아야 한다. 일론 머스크가 잠시라도 세계 부호 1위를 차지한 것은 녹색의 거대한 파고 속에서 전 지구가 그를 향해 달려갔기 때문이다. 테슬라는 그간 그린 패러다임으로의 전환의 과실을 마음껏 누린 대표 기업이었다. 테슬라가 장기적으로는 자동차의 소프트웨어화에 따른 데이터플랫폼 비즈니스로 돈을 벌 가능성이 크지만, 당장에 투자금이 쇄도한 것은 역시 탄소중립 슬로건 때문이다. '세계에서 가장 큰 제조 비즈니스인 자동차 산업에서 누가 탄소중립 1등인가'라는 질문에 대한 가장 단순한 대답은 바로 '테슬라'였다. 기업의 입장에서 테슬라 차의 흠결만 보고 기술력을 폄하할 게 아니다. 테슬라 시가총액을 보며 거품이라 비판할 게 아니다. 테슬라가 어떻게 그렇게 빨리 거대한 자금을 끌어들였느냐에 주목해야 한다. 테슬라는 토요타가 오랜 기간 쌓아온 내부유보금을 불과 몇 년 만에 자금시장에서 조달했다. 국내 기업은 그런 테슬라의 저력을 사야 한다. 업종을 떠나 테슬라처럼 넘쳐나는 탄소중립 관련 글로벌 투자금을 어떻게 사업자금으로 유치해 활용할지에 사활을 걸어야 한다. 돈이 생명이고 누구도 넘볼 수 없는 친환경 기술을 보유했을 때 돈줄이 생긴다.

둘째, 녹색 금융은 이전에도 있었으나 이를 대하는 사람의 수용성이나 기술의 수용성이 지금과 같지는 않았다. 수용성이 확연히 달라졌음을 인지해야 한다. 혹자는 녹색 금융은 오래전 시작되었다고 주장한다. 사실이다. 그린본드의 예를 보자. 이는 기후변화와 재생에너지 같은 친환경 프로젝트, 인프라 사업 자금 조달을 위해 발행하는 특수목적 채권이다. 지난 2007년 유럽투자은행이 처음으로 발행한 뒤 전 세계적으로 발행 규모가 크게 늘어나는 추세다. 우리나라는 2013년 수출입은행이 최초로 발행했다. 그다음 타자로 나선 게 현대캐피탈이다. 2016년 3월 5억 달러(6,000억 원)의 그린본드를 발행했다. 자동차 분야에서는 세계 최초라는 기록을 얻게 되었다.

그런데 지금의 상황은 그때와 판이하게 다르다. 거대한 빅 그린의 물결로 다가오고 있음을 인지해야 한다. 국가·기업 모두 탈탄소를 향해 움직이면서 필요 자금 조달을 서두르는 중이다. ESG 자금 급증 배경엔 각국 정부의 탄소중립 실현 전략이 뒷받침되고 있다. 이 때문에 기업들은 일련의 정책에 대응하는 자금 조달을 위해 채권 발행을 늘리고 있다. 2018년 환경부가 2030년까지 전기차 300만대를 보급하겠다고 발표했다. 현대차그룹도 2025년까지 친환경차 모델을 확대하겠다는 계획을 세웠다. 현대캐피탈은 현대·기아자동차를 위해 그린본드를 발행해서 친환경차 보급을 위한 재원으로 활용했다. 전기차와 수소차, 하이브리드차 같은 친환경차 판매를 위한 금융 서비스에 투입하는 방식이다.

대형 조달이나 새로운 구조의 금융 조달도 잇따르고 있다. 2020년

8월 구글의 모회사 알파벳은 당시 사상 최대 규모인 57억 달러 규모의 지속가능 채권을 발행했다. 에너지 절약이나 인종 격차 시정 등 8개 항목에 투자할 목적이었다. 종래에는 보유 화석연료 매장량을 담보로 대출 한도를 정해 차입했지만, 재생에너지의 도입 여부 같은 탈탄소 목표치 달성 상황에 따라 금리가 변동하는 구조를 채택했다. 이제 기업인들은 시장이 기업의 이산화탄소 배출을 지속적으로 개선하는 것을 인센티브로 삼는다는 것을 인정해야 한다.

국채에서도 ESG로 용도를 한정한 발행이 확산 중이다. EU는 2020년 10월 170억 유로의 소셜본드를 발행했고, 2021년에는 그린본드를 발행한다. 2020년 9월 독일이 처음으로 환경 대책에 충당하는 국채 65억 유로를 발행했다. 게다가 이미 탄소 배출량이 많은 기업으로부터의 투자 철회를 표명한 투자회사는 세계적으로 넘쳐난다. 2020년 프랑스 악사인베스트먼트매니저스(AXA Investment Managers) 등 세계 자산운용 대기업 30개 사는 2050년까지 자산운용 대상 기업의 온실가스 배출량을 실질적으로 제로로 하는 것을 목표로 한다고 발표했다. '탄소 배출 제로 자산 관리 이니셔티브'하에 투자자 그룹을 설립해서 투자처 기업에 대해 탈탄소 촉구를 강화하려는 것이다. 이들 30개사의 운용자산 합계는 9조 달러에 달한다. 운용회사가 개별적으로 대화나 의결권 행사로 기업에 탈탄소를 요구할 것이다.

앞에서 언급한 블랙록 래리 핑크 회장의 연례 서한을 보자. 세상이 격변하고 있음을 알고 이에 따른 투자 전략을 생각하게 된다.

"고객 여러분, 작년에는 블랙록이 지속가능성을 투자의 새로운 표준으로 세우겠다고 전해드린 바 있습니다. 여러분을 위해 투자 성과를 향상할 수 있도록 리스크 관리, 알파 창출, 포트폴리오 구성, 투자 스튜어드십 방식에 지속가능성을 반영하고자 어떤 노력을 경주하고 있는지 말씀드렸습니다. 이러한 약속의 배경에는 매우 확고한 투자 신념이 있었습니다. 지속가능성 요인을 통합해 반영하는 것은, 투자자 포트폴리오의 탄력성을 높이고, 장기적으로 더욱 개선된 위험조정 수익률을 달성하는 데 도움이 된다는 것입니다. 2020년, 모든 액티브 포트폴리오와 자문 포트폴리오에 ESG 요소를 반영한다는 목표를 완수했습니다. (중략) 100개에 가까운 지속가능성 펀드를 새로 출시해, 접근성을 높이고 투자자에게 더 많은 선택권을 제공했습니다. (후략)"

셋째, 이종 업종을 아우르는 기업 간의 협력이 주는 메시지에도 주목할 필요가 있다. 앞서 우리는 현대차와 포스코가 수소 에너지 활용 기술 개발, 포스코 제철소 운영 차량 무공해 수소차로 전환, 수소 사업 공동 협력 등에 합의했다는 점을 살펴보았다. 앞으로 기업 간 협력에 있어서 탄소중립은 의사결정의 핵심이 된다. 중요 의사결정 과정에서 종전과 달리 주요 업종 간 친환경 전략, 환경 전 과정 평가(LCA) 관점이 우선순위가 되어 장기적 협업 그림을 그려야 한다. 왜냐하면 세계는 우리 기업들이 탄소중립에 다가서고 이를 홍보해 탄소중립 관련 글로벌 투자금을 끌어들이는 데 있어서 업종을 아우르는 친환경 전략, LCA 관점의 장기 전략을 구사하는지를 눈여겨볼 것이기 때문이다. 제조업이 중심인 국가에서 탈탄소 투자금을 끌어들이는 데는 많은 불리한 요소가 잠재되어 있다. 철강과 자동차 업종을 친환경으로 바꾸는 데 막대한 자금이 필요하고, 비용 대비 효과 측면에서 많은 난관에 봉착할 수 있다. 이런 난관을 혼자 힘으로 극복하기 어렵다면 기업 간 시너지를 낼 수 있는 협업 전략을 구사해 투자자들에게 홍보해야 한다. 글로벌 탄소중립 관련 투자금이 넘쳐나도 그린워싱 기업에는 기회가 주어지지 않고 기업 간 협력도 쉽지 않다. 친환경을 위한 진정한 실천 의지가 요구될 때 파트너 기업도 금융 기관도 빅 그린 협력의 텐트를 치게 된다.

넷째, 행여 자금 조달에 성공한다 하더라도 그린워싱으로 ESG 채권 발행자가 금리나 세제 혜택만 받고 계획한 투자를 이행하지 않으면 시장에서 도태될 수 있다는 점을 알아야 한다. 그린본드는 발행 전 심사가 까다로워 사후 검증을 별도로 거치지 않는 경우가 많은데 실제 친환경 투자로 이어지는지 확인해야 한다. 친환경 행보가 자금 조달로 이어진 사례는 LG그룹에서 찾을 수 있다. LG가 달라졌다고 시장이 평가한 것은 LG그룹이 전기차, 자동차의 전장화, 탄소중립 등에서 기회를 만들 가능성을 높였기 때문이다. LG화학이 국내 기업 중 최대 규모인 8,200억 원의 ESG 채권을 발행한 것도 그런 맥락이다. 자금 조달에 성공한 LG화학은 이산화탄소 배출 감축 관련 설비와 양극재 증설에 자금을 집행한다. LG전자는 전기와 가스 방식을 결합한 '하이브리드 시스템 에어컨'을 출시했다. 이는 LCA 관점에서의 탄소중립과 연결된 전략이다. 건물에 사용되는 에어컨 효율을 높여 전기료를 아껴준다는 전략으로 그만큼 전력 사용량을 줄여 탄소 배출을 감소하는 데 도움을 줄 수 있다.

갑자기 떠오르는 기사가 있다. 테슬라가 가정용 냉난방기 사업에 진출한다는 기사다. 테슬라는 '모델 Y'에 기존 제품보다 더 작고 효율이 높은 히트펌프식 냉난방기를 탑재했다. 이 기술을 가정용으로 전용(轉用)하겠다니 환경친화적 기술의 활용과 대중의 수용성을 적절히 조합한 전략이란 생각이 든다. 테슬라가 전기차를 폐차할 때 나오는 폐배터리를 태양광 패널을 설치한 가정의 에너지저장시스템으로 활용하는 사업에 더해 냉난방기 사업에까지 진출하는 것을 보고 고개를 끄덕이게 되는 것은 당연하다. ESS, 태양광 패널, 전기차에다 고효율 냉난방기까지 일론 머스크는 환상의 조합을 구사하며 에너지 효율을 극대화해나가고 있다. 어쩌면 테슬라는 조만간 마주할 새로운 환경 규제인 LCA를 염두에 두고 그런 전략을 구사하고 있는 것인지도 모른다.

자동차의 생산과 에너지 생성, 주행, 폐기, 재활용에 이르기까지 전 주기에 있어서 이산화탄소 배출량 평가는 먼 미래의 일이 아닐 수도 있다. 중국도 2025년 이후의 규제 도입을 염두에 두고 자동차 분야의 LCA 도입을 숙고하고 있다. 테슬라 차량의 폐배터리가 태양광 패널 가정에 사용되고, 가정에서 가장 많은 전력을 잡아먹는 냉난방기의 효율을 높인다면, LCA에서 테슬라 차량의 전체 이산화탄소 배출량을 줄일 수 있다. 많은 기업이 테슬라를 따라 할 수 있지만 LG그룹의 행보에 눈이 가는 것은 어쩔 수 없다. LG는 세계 톱클래스의 전기차에 배터리 협력을 하고 있다. 테슬라처럼 폐배터리를 ESS로 활용하고 건물과 가정 내 에너지 효율을 극대화하는 전략을 구사하고 있다. 친환경을 전주기적으로 활용하는 기업으로 시장에 인식이 된다면 더 많은 글로벌 그린 투자금을 유치할 수 있다. 무려 3경 원에 달하는 글로벌 그린 자금의 일부라도 우리 기업이 끌어오도록 적극 나서야 한다.

녹색 금융은 더 나은 환경적 결과를 보장하기 위해 만들어진 구조화된 금융 활동이다. 국내 금융 기관도 잘 짜여진 그린 파이낸싱을 통해 공공, 민간, 비영리 부문에서 지속가능한 개발을 우선순위로 해 소액 신용, 기업 대출, 보험, 투자 같은 금융 자금 지원 수준을 절대적으로 높여야 한다. 환경과 사회적 위험을 더 잘 관리하고, 적절한 수익률과 자연이 주는 혜택을 모두에게 제대로 제공하는 기회를 잘 포착하는 것이 지속가능한 금융의 사회적 책임이라 하겠다. UN의 그린 파이낸싱은 지속가능한 개발 목표의 일부를 이행하는 데 중요한 역할을 한다. IMF, 세계은행과 지역 국제금융 기관도 공공과 민간기관과 협력해 국제 금융 시스템을 지속가능한 개발 의제에 맞추려고 노력하고 있다.

한국은행이 2021년 6월 의결한 상반기 금융안정 보고서는 기후변화에 대응하기 위한 저탄소 경제 정책으로 국내총생산(GDP)이 자칫 쪼그라들 수도 있다고 전망했다. 향후 30년 동안 GDP가 최대 7.4퍼센트 감소할 가능성이 제기됐다. 고탄소 기업의 재무건전성 악화에 따라 부채 부실화가 진행될 가능성도 제기됐다. 은행 시스템의 안정성 훼손 방지를 위해 은행들은 기후변화를 고려한 리스크 관리 체계를 하루빨리 구축해나가야 한다. ESG 투자 활성화를 통해 기후변화 이행 리스크에 선제적으로 대응해나가야 한다. 온실가스 저감 기술 개발 노력을 강화하고 고탄소 산업 의존도를 축소해야 할 것이다. 위험을 방지하고 성장을 견인해야 하는 혜안이 필요하다.

착한 투자의 시대에
떠오르는 화두, 임팩트 투자

임팩트 커뮤니케이션의 의미와 절대적 중요성

2021년 1월 말, 다보스 포럼의 주요 어젠다는 '이해관계자 자본주의(Stakeholder Capitalism)'였다. 주주뿐만 아니라 다양한 이해관계자들과 함께 사회 전체의 이익과 미래 세대를 위한 장기적인 계획을 추진할 때 지속가능한 자본주의가 완성된다는 것이다. '4차 산업혁명'을 처음으로 주창한 다보스포럼 설립자 클라우스 슈밥(Klaus Schwab) 회장을 비롯해 수많은 세계 지도자들이 미래를 향한 기업의 새로운 시각을 조명했다. 기업을 둘러싼 수많은 이해관계자들의 관심과 요구가 커지면서 국내 산업계 전반에는 ESG가 봇물 넘치듯 화두가 되고 있다. 국내 주요 기업들은 ESG 전담 부서를 신설하거나 통합하고,

ESG 전문가를 사외이사나 임원으로 영입하기 시작했다. 재무정보에서 더 나아가 ESG 같은 비재무정보까지 이해관계자들에게 투명하게 공개하고 소통해야 하는 숙제가 기업 경영에 더해졌다. 우리는 기업이 지역사회와 이해관계자들과 공생할 수 있도록 의사결정을 해야 한다는 윤리적 책임의식인 기업의 사회적 책임(CSR, Corporate Social Responsibility), 기업 활동 자체가 사회적 가치를 창출하면서 동시에 경제적 수익을 추구할 수 있는 방향으로 이루어지는 행위를 의미하는 공유된 가치 창조(CSV, Creating Shared Value), 지속가능 경영, 기업시민, ESG 등 다양한 개념이 혼재된 세계에서 살고 있다.

그러한 가치가 어제오늘 논의된 것이 아니지만 이제 기업들은 새롭게 재정의된 '임팩트(영향)'에 주목해야 한다. 임팩트는 경제·사회·환경에 미치는 긍정적이고 부정적인 영향력의 총합을 말한다. 기업이 내리는 수많은 결정과 행동들은 우리의 경제, 사회, 환경 전반에 커다란 영향을 미친다. 지금까지 대부분의 기업들은 기부 행위, 소외계층 돕기 같은 사회공헌활동의 긍정적 영향을 높이는 활동에 집중해왔다. 솔직히 많은 우리 기업은 지속가능 경영, ESG를 위험 요인이나 부담으로 인식하고 기업이 미치는 부정적 영향력을 최소화하는 수준으로 대응해왔다. 그러나 이제는 지속가능 경영과 ESG에 대한 글로벌 기준과 표준을 바탕으로 우리 기업이 미치는 긍정적(+) 영향력과 부정적(−) 영향력을 세분화해 면밀하게 모니터링하고, 총합이 0을 넘어 +(플러스)가 될 수 있도록 노력해야 한다. 임팩트는 긍정적 영향력과 부정적 영향력의 '균형'에서 출발하지만 플러스알파를 극대화하는 것이다. 착한 소비에 이어 착한 투자의 시대다. 사회와 환경 문제에 긍정적 영향력을 발휘할 수 있는 사업을 찾아 키우는 '임팩트 투자'는 떠오르는 화두다.

그럼에도 불구하고 기후변화와 관련한 기업의 양면성은 유명하다. 세계 최대 석유 기업 엑슨모빌은 오래전부터 기후변화의 위험성을 적극적으로 부정했다. 그러면서도 기후변화가 현실의 규제가 될 때를 대비해 기술 개발 확산과 이미지 개선에 매진하는 이중성을 보였다. 호주 퀸즐랜드에서는 세계 최대 규모의 석탄 채굴 항만 시설에 추가 투자를 추진한 삼성증권을 향한 비판이 삼성전자 불매운동으로 이어졌다. 당시 삼성전자는 환경보호를 위한 노력의 일환으로 친환경 가전 개발과 출시를 적극적으로 홍보했다. 국제적으로 소비자 당국이 과도한 친환경 홍보마케팅의 자제를 당부하기도 한다. 노르웨이 소비자 당국은 의류 회사 H&M이 다른 옷보다 오염이 더 적은 이유에 대해 적절한 세부 정보를 제공하지 않고 소비자를 오도하는 마케팅을 한다며 비판했다. 제품의 '지속가능성에 대한 명확한 데이터 없이 환경친화적으로 '지속가능하다'는 주장은 오해를 불러일으킨다는 것이다. H&M은 2030년까지 재활용이나 지속가능한 방식으로 만들어진 소재만을 사용하는 방침을 발표하면서 친환경 패션 기업이자 환경친화적 기업이라는 이미지를 지속적으로 내세웠다. 세계적으로 'CSR 워싱', 'ESG 워싱', '임팩트 워싱' 키워드가 떠오르고 있다. 그린 워싱으로 소비자들의 신뢰를 완전히 잃어버리고 관련 생태계 자체가 위태로워질 수 있는 것처럼 속임수는 급증하고 사람들은

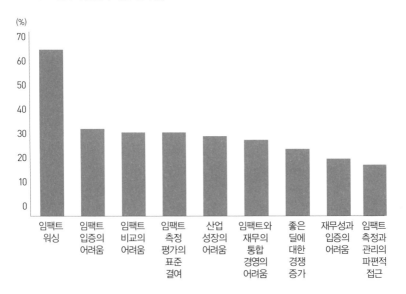

출처: GIIN, 2020년 연례 임팩트 투자자 서베이

신뢰의 적자 시대에 살고 있는지도 모르겠다. 관련 논문과 저널에 워싱 관련 게시글이 급증했고 언론보도 횟수도 크게 증가했다. 이해관계자 자본주의 시대에 기업의 긍정적·부정적 영향에 대한 수많은 정보들이 쏟아지면서, 기업의 이야기를 회의적으로 바라보는 시선이 함께 증가하고 있는 것은 사실이다. 실제로 글로벌의 임팩트 투자자 동향을 알려주는 글로벌 임팩트 투자 네트워크(GIIN, Global Impact Investing Network)는 2020년 투자자들에게 "향후 5년간 가장 큰 위협은 무엇일까?"라는 질문을 던졌고 그 결과는 [도표 6-3]과 같다.

　놀랍게도 1위는 임팩트 워싱(Impact washing)이다. 향후 5년 내 닥칠 가장 큰 걱정거리가 임팩트를 그럴듯하게 표현해 기업이 사람들을 속이는 행태를 꼽았다. 기업이 사회공헌이란 긍정적 활동 소식을 전할 때 포장하거나 부정적 이슈를 덮기 위한 행위로 세탁하는 게 아닌지 의심하게 된다. 실제로 2020년 미국 뉴욕에 소재한 홍보 관련 회사 포터노벨리(Porter Novelli)가 진행한 설문조사에서 미국인의 75퍼센트가 "현재 기업의 행태가 미래에 어떤 영향을 미칠지 지켜보겠다"고 했고, 73퍼센트는 "코로나19 대유행 기간 중에 기업의 나쁜 의사결정을 기억하겠다"고 답했다.

앞으로 기업은 자사의 임팩트를 다양한 이해관계자와 어떻게 소통해야 할까. 임팩트 커뮤니케이션이란 기업이 부정적·긍정적인 영향력을 측정하고 평가해 이러한 데이터를 투명하게 공개하는 것을 말한다. 제품을 만들어 판매하기까지 물·공기·토양 등 환경에 미치는 부정적 영향력을 측정하고 이를 화폐 가치로 계산한 후 해당 금액 이상으로 긍정적 영향을 사회와 환경에 돌려주기 위해 연구개발 투자나 사회공헌을 지속한다는 점을 부각시켜 소비자에게 어필할 수 있다. 기업에서 사건이나 사고가 터지면 매년 피해 상황과 복구 현황을 과학자 혹은 전문가 집단과 분석해서 공개한다. 이렇게 긍정적·부정적 영향력을 측정하고 평가하려면 기업은 주목해야 할 사회문제를 발굴하고 관찰하는 전략을 선행해야 한다. 모든 임팩트는 우리를 둘러싼 수많은 사회 이슈에서 출발한다. 현재보다 미래 임팩트가 커지는 사회문제에는 어떤 게 있을까?

'노인 빈곤 심화와 불안정한 노후생활', '미세먼지 증가', '소득 양극화 심화'를 주로 꼽는다. 환경 문제가 임팩트가 커지는 사회문제로

부상하고 있다. 기업은 이러한 사회적 이슈에 대해 부정적 영향을 낮추고 긍정적 영향을 높이기 위한 조치를 행동으로 보여주어야 한다. 임팩트 커뮤니케이션의 핵심은 목적과 균형에 있다. 기업과 조직이 존재하는 이유인 '목적'의 명확한 설정을 통해 주목해야 하는 사회문제를 찾고 이러한 이슈와 연계되는 자사의 긍정적·부정적 영향력을 지속적으로 측정하고 관리해 이해관계자와 균형 있고 투명하게 소통하려는 노력이 필요하다. 신뢰와 진정성에 기초한 임팩트 커뮤니케이션 전략이 시급한 시점이고 그런 착한 투자를 투자가들도 점점 원하고 있다.

지역주민이 결합된 재생에너지 비즈니스 모델은 가능한가?

신재생에너지로 전환한 가운데서 여러 쟁점 사항들을 떠올려본다. 지역 수산업과 공존할 수 있는 상생형 해상 풍력, 농어촌·산단·도심 내 유휴 공간에 설치한 태양광에 대한 융자 지원, 지자체 중심으로 기획하고 운영하는 재생에너지 집적화단지 등 이런 종류의 사업을 바라보며 금융과 지역주민의 결합이라는 비즈니스 모델이 과연 성공할 수 있을까를 생각한다. 사실 우리나라의 경우 독일, 덴마크 등 신재생에너지를 확산하는 대표적인 국가들에 비해 국민 참여가 상대적으로 낮다. 재생에너지 공급 확대를 위해 주민 참여형 발전 사업 확대는 불가피하다. 국민이 직접 발전소 건설에 참여하는 '직접투자'

형태도 생각할 수 있고, 협동조합에 가입한 후 지분을 투자하고 발생하는 수익을 나눠 갖는 '지분투자' 형태도 생각할 수 있다. 독일에는 지역주민이 자발적으로 참여하는 '신재생에너지 협동조합'이 많다. 누구나 적은 출자금으로도 쉽게 가입할 수 있다. 협동조합에 참여한 주민은 발생한 수익에 대해 자신이 투자한 금액에 따라 배당금을 지급받는다. 덴마크도 총 재생에너지 보급량의 70퍼센트를 협동조합이 담당하고 있다. 주민이 에너지와 발전소에 대한 주인의식을 갖기 때문에 정부는 보다 장기적으로 일관된 에너지 정책을 추진할 수 있다.

신재생에너지에 대한 일반 국민과 지역주민의 수용성을 높이고 보급 저변을 확대하기 위해서는 지역주민, 시민이 직접 참여하는 '국민 참여형 신재생에너지 사업 모델'의 활성화가 필요하다. 우리나라도 국민 참여형 신재생에너지 사업이 늘어나는 추세다. 국민 참여형 신재생에너지 사업을 더욱 활성화하기 위해서는 정부, 지자체와 공공기관, 금융 기관 등의 긴밀한 협력으로 사업 발굴 단계부터 컨설팅, 자금 지원에 이르기까지 전 주기적 지원 체계 구축이 필요하다. 특히 일반 국민이 쉽게 신재생에너지 투자 재원을 확보할 수 있도록 금융권의 저리 신재생에너지 금융상품 개발과 재생에너지 펀드 상품 개발이 필수적으로 동반돼야 한다. 높은 초기 소요자금에 대한 부담을 장기, 저리의 금융으로 지원하면 주민 부담을 덜 수 있을 것이다. 다양한 국민 참여형 모델 발굴과 소규모 발전 사업자의 수익성 확보와 참여 확대를 위해 필요한 정책 지원과 관련 사항에 대한 컨설팅 제공도 적극 추진해나가야 한다. 발전 수익을 지역주민과 공유함으로써 재생에너지 발전소 건립에 대해 지역주민이 보다 긍정적으로 받아들일 수 있다. 우리나라에서 주민참여 자금은 주로 대규모 풍력과 태양광 발전에 참여하는 주민을 대상으로 지원된다. 농촌·산단 태양광과는 달리 20년 거치 일시상환으로 융자된다. 풍력과 태양광 등 신재생 발전 수명이 일반적으로 20년인 것을 감안하면 수중에 돈 없이도 발전 수익을 획득할 수 있다. 그러나 이 과정에서 우리는 그린워싱을 철저히 가려야 한다. 풍력, 태양광 사업으로 농지를 오염시키고 생태계를 파괴하고 마을 공동체를 훼손하는 경우는 철저히 배제해야 한다. 임팩트 투자에 일반 국민이 참여하도록 조성하는 것은 매우 중요하다.

시민을 위한 제언: 당신이 채식주의자가 되려면

기후 위기나 에너지, 환경 등 거대 담론의 경우 정작 일반 시민은 일상에서 자신의 역할이 도대체 무엇인지 몰라 낙담하는 경우가 흔하다. 대상은 재생에너지 전환을 넘어서 전방위적인 탄소중립으로까지 이루어져야 한다. 시장이 대기업과 공기업 중심으로 많이 왜곡되어 있다면, 정책의 일관성이 없다면, 정권에 따라서 방향이 많이 바뀐다면 건강한 에너지 시장 생태계가 만들어질 수 없다. 예측 불가능성이 증폭되면 에너지 스타트업들은 살아남기 힘들어지고, 자본으로 버텨낼 수 있는 대기업만 살아남을 수 있다는 것을 명심해야 한다. 탄소 배출이 적은 채식주의자를 위한 비건 상품이 더 저렴해져야 하고, 탄소 배출이 적은 자동차가 더 싸져야 하고, 탄소 배출을 줄인 옷과 신발이 더 잘 팔리게 정부가 정책으로, 금융 기관이 금융 지원으로, 기업이 대규모 투자로 유도해주어야 한다. 정책과 기업 투자 그린 파이낸스가 그렇게 설계되어야 소비자들의 인식과 선택도 바뀌게 되고, 친환경 비즈니스에 대한 임팩트 투자도 더 활발하게 이루어진다. 그런 선순환의 고리가 산업 생태계에서 조성되어야 한다. 물론 소비자가 친환경 제품에 대한 선호의 시그널을 보내는 것도 중요하다. 수요만 확인되면 기업들은 저탄소 친환경 제품에 많은 시간과 큰돈을 투자할 수 있다. 제품 가격이 하락해 대규모 소비가 더 일어날 수도 있다. 현재의 탄소 소비 기술이 아닌 그린 기술을 사용했을 때의 추가 비용을 그린 프리미엄이라 했다. 그 그린 프리미엄은 인간이 저지른 대가인 기후 위기를 막기 위해 인류가 대처할 비용이다. 기술 발전과 정부 지원으로 그린 프리미엄이 낮아지고 그린 비즈니스의 경쟁력이 향상될 때 그린 투자 프리미엄이 발생한다. 공존의 선순환 과정에서 그린 파이낸스의 역할은 그만큼 더 중요해지고 있다. 균형을 잃고 헤매는 지구의 자정 능력을 씁쓸히 바라보며 혼잣말을 해본다. 로버트 맥기처럼 시나리오도 쓰고 교수도 하고 싶은가 보다. 글을 끝맺는 순간이 가까워지자 인생을 논하고 싶어진다.

"인생의 균형이 깨지면, 인간은 균형을 되찾기 위해서 온갖 세력과 맞선다. 인간이 균형을 잃었을 때 어떻게 그것을 되돌리고자 하는지가 중요하다."

빅 그린이 오고 있는 상황에서 작은 것들을 연결하는 긍정의 힘을 믿어본다. 지붕 위의 남자가 되어 '울산시민가상발전소 구축 사업'을 바라본다. 참여자들의 출자금으로 울산 지역 내 유휴 옥상을 임대해 옥상 태양광 발전 시설을 구축하고 생산된 전력을 동서발전이 전력 중개 시장에 판매해 수익을 시민 조합원에게 배분한다. 일반 시민들이 울산스마트에너지협동조합에 조합원으로 참여해, 옥상태양광 발전 시설들을 소유하고 그 수익을 배당받는다. 주민들에게 이 사업이 좋은 투자처로 평가되어야 한다. 난개발, 환경 파괴가 없는 지역 유휴 옥상 자원을 활용해 안정적으로 시민들이 전력 시장에 참여해 수익을 얻도록 해야 한다. 빌 게이츠의 기후재앙의 경고가 위험할지도 모르나 이 기회를 잘 활용해 신사업을 일으키고 고용을 창출하면 그린 비즈니스에 투자해 얻는 혜택도 충분하리라. 그린 투자 프리미엄은 그 유인으로써 매우 중요하다. 이 장을 끝으로 탄소, 수소, 모빌리티, 전기, 핵에너지 이야기를 마쳤다. 석유화학, 자동차, 비철금속, 조선으로 우리나라 산업을 이끄는 울산이 친환경 도시로 거듭나기를 바라며 본문의 이야기를 마칠까 한다. 울산의 명물 언양 불고기를 먹고 싶은 충동을 애써 참으며 비건 상품을 생각해본다. 인조고기로 만든 햄버거가 생각난다. 생활 속 실천이 탄소중립을 위해 매우 중요한 때다. 국제에너지기구는 앞으로 전 세계 그린 일자리가 1,400만 개가 생긴다고 2021년 5월 발간된 '2050 넷제로 로드맵'에서 밝혔다. 전기차, 수소차로 부품 수가 줄어들어 일자리가 줄어들 것이라고 생각만 하지 말고 투자와 성장이 담보된 그린 혁명에 울산과 대한민국이 나서야 할 때다.

빅 그린 테크놀로지 10

사육 없는 지속가능한 고기와 햄버거
(No-kill, sustainable meat and burgers)

비거니즘(Veganism)을 신봉하는 이들은 동물을 착취해서 생산되는 제품과 서비스를 거부해야 한다는 강한 믿음을 지닌다. 이 중에서 환경적 비거니즘이 확산되고 있다. 환경적 비거니즘은 인간의 과도한 육식으로 인해 자원이 낭비되고 있다는 데 주목한다. 이와 관련된 기업들을 살펴보자.

업계 선두주자인 비욘드 미트(Beyond Meat)와 임파서블 푸드(Impossible Foods)는 육즙이 풍부한 식물성 햄버거를 대중화하고 있다. 멤피스 미트(Memphis Meats) 같은 회사들은 동물 세포에서 자란 인조고기를 개발하고 있다. 이들은 동물 살육에는 전혀 관여하지 않는다. 빌 게이츠는 이들 세 회사의 열렬한 투자자다. 비욘드 미트 버거가 소고기 산업에 어떤 영향을 미치고 있을까? 2019년 『MIT 테크놀로지 리뷰』는 "서구의 산업화 된 방법으로 1파운드의 육류 단백질을 생산하는 데는 1파운드의 식물 단백질을 생산하는 것보다 4~25배의 물이, 6~17배의 시간이, 6~20배의 화석연료가 필요하다"고 했다. 나아가 "미국 온실가스 배출량의 3퍼센트는 소에서 배출되는 메탄에서 나온다"고 밝히며 육류 소비를 줄이는 게 탄소중립을 실현하는 길임을 제시했다. 아직은 비싼 이들 상품이 적절한 가격 수준으로 내려오고, 실제 육류보다 더 맛있게 되는 날이 오기를 손꼽아 기다려본다.

인조고기 개념이 등장한 것은 1890년대다. 공상과학 소설과 같은 이야기였지만, 이제 현실화되었다. 패트릭 브라운(Patrick O. Brown) 스탠포드 대학교 교수는 식물 단백질만으로 대체 고기를 만드는 스타트업 '임파서블 푸드(Impossible Foods)'의 운영에 관여해왔다. 브라운 교수는 "선사 시대서부터 인류는 거의 1만 년에 걸쳐 동물을 식품으로 만들 수 있는 기술을 개발해왔다. 하지만 이는 많은 자연을 훼손했다"고 강조한다. 그는 종전 기술들이 과학기술적인 측면에서도 여러 부작용을 양산해왔다고 지적했다. 브라운 교수는 분자생물학 덕분에 식물성단백질을 원료로 하는 맛있는 인조고기를 생산할 수 있는 시대가 열렸다고 주장한다. 식물성 인조고기가 환경보호는 물론 동물의 안전과 복지, 인류 건강을 위해 큰 역할을 할 수 있을 것으로 기대한다. 브라운 박사의 주장은 현재 비건(채식주의자)으로부터 큰 지지를 받고 있다. 이산화탄소를 내뿜는 소의 트림과 방귀, 넓은 경작지와 많은 비료 사용 등 탄소중립을 해치는 사안들을 고려해보면 고개가 끄덕여진다.

탈탄소 시대를
살아가는 지혜

산소 같은 여자의 불꽃

이제는 중년이 된 배우 이영애는 렌탈정수기의 대명사 웅진코웨이의 이미지광고에서 이렇게 말한다. "우리 몸의 70퍼센트는 물. 깨끗하게 마셔야 건강해요. (중략) 지금 제 몸이 깨끗해지고 있어요. 내 몸도 깐깐하게." '산소 같은 여자'란 수식어가 붙었던 여배우 이영애의 이미지는 뭇 여성들의 이상이었다. 정수기 회사는 이런 이영애를 내세워 깐깐하게 관리한 깨끗한 물이라는 이미지를 소비자들에게 어필했다. 그런 이영애는 연기를 하며 불을 뿜기도 한다. 그녀는 언어의 마술사라고 칭하는 김수현 작가의 「불꽃」이란 드라마에 출연하기도 했다. 대단히 한국적인 표현이나 우리는 이제 물불을 가리지 않고 효율적인 방법이라면 다 동원해 거주 불가능한 지구를 지키기 위해 나서야 한다.

　살아가는 데 있어 물과 불만큼 중요한 것도 없을 것이다. 우리는 여전히 깨끗한 물과 환경에 해롭지 않은 불을 구하려 애쓰고 있다. 물과 불이 둘 다 산소에 의존하고 있다는 사실이 의미 있게 다가온다. 이 원리를 생각하며 이 책에서 무엇을 말하고자 했는지 다시 정리해보기로 한다. 물과 상극인 불 이야기를 좀 더 해보자. 지구는 태양계를 이루는 행성 중 상당히 특이하다. 하늘 위에서 으르렁거리는 번개나 땅 아래에서 솟구치는 용암이 불일까? 그렇지 않다. 불길을 만드는 연소 과정은 아주 특이한 화학 과정이라 하겠다.

　광활한 우주에서 연소할 수 있는 물질을 찾는데 존재하지 않는다니 신기하지 않은가? 불은 그런 측면에서 지구적인 현상이라고 정의할 수 있다. 광합성 작용으로 풀과 나무가 바이오매스를 많이 생산하고, 대기 중에 산소를 풍족하게 공급한다는 사실을 생각해보자. 이제 실마리가 풀렸을 것이다. 탄소와 수소를 구성하는 원자가 산소 원자와 결합해 발생하는 화학 반응이 연소이고 불이다. 결국 지구는 불이 붙거나 불길이 활활 타오르는 아주 예외적인 행성이다. 불과 상극인 물은 산소와 수소로 이루어져 있다. 극단적인 것들이 통하는 느낌이다. 만물의 근원인 물과 불은 그렇게 같은 원소를 내포하고 있다. 그 자연의 불길은 오랫동안 우리에게 경외와 숭배의 대상으로 존재했다. 다른 동물은 그 뜨거운 기운을 못 이겨 지레 피해서 멀리 도망쳤다. 오로지 유인원만이 활활 타오르는 그 붉은 꽃에 매료되어 눈이 뚫어지게 관찰했다. 불의 용도가 그만큼 이롭다고 생각했기 때문이다. 여름철 모기나 다른 성가신 존재를 불로 쫓아낼 수 있었고, 불 덕분에 언제 덮칠지 모를 위험한 야생동물로부터 스스로를 보호할 수도 있었다. 그러던 어느 날, 무심코 부싯돌을 바위에 내려치자 불꽃이 일어났다. 다른 실험으로 나무 꼬챙이를 사용해보았다. 꼬챙이를 다른 나무토막 위에 올려놓고 빠르게 돌리자 서서히 열이 나기 시작하더니 끝에 가서는 빛도 났다. 드디어 인위적으로 불을 피우게 된다. 불을 관리하고 지배할 수 있는 최초의 생물이 등장한 것은 역사적으로 큰 의미를 가진다. 지구를 넘어 태양계에서 불을 인위적으로 만들어낼 수 있는 유일한 종이 드디어 탄생한 것은 축복이었다. 유기물에 축적된 태양 에너지를 요긴하게 사용할 수 있게 되자 인간의 지배력은 가히 폭발적으로 증가했다. 완력으로 굴복시킬 수 없는 덩치 큰 동물도 불로 제압하고 잡아먹을 수도 있게 되자 인간은 스스로 자부심도 느끼게 되었다. 불은 삶의 터전인 동굴을 훤히 밝혀주었다. 밤이 새도록 따뜻하고 아늑한 공간에서 가족들과 살게 되니 마음이 푸근해졌다. 이 대목에서 불과 태양을 연결해본다. 불을 손에 쥐는 것은 내 손 안에 작은 태양을 부여잡는 것과 같다. 계몽이란 영어 단어(enlightenment)는 빛(light)을 포함하고 있다. 불을 사용한 최초의 계몽과 함께 인간은 지혜로운 존재, 즉 호모 사피엔스가 되었다. 모든 제단에 켜둔 촛불 앞에서 성스러운 존재가 되었다.

의미 있는 중요한 행사에 가보면 요즘도 성화를 밝히고 불꽃놀이를 한다. 해질 무렵 석양을 물들이는 노을을 보고 난 후 정처 없이 걷다가 어디론가 가본다. 한밤중에도 호모 사피엔스가 무리 지어 살아가는 이 도시를 한마디로 표현한다면, 그건 번쩍거리는 불야성(不夜城)이다. 저 광활한 태양계 세상 어디에도 없는 사람이 만든 열과 사람이 만든 빛으로 지구 행성을 가득 채우고 인류가 슬기롭게 살아가고 있다. 진화의 마지막 끝자락에 나타나 존재감이 미미했던 인간이 드디어 거대한 불의 힘을 장착해 지구의 미래를 만들어가기 시작했다. 낮과 밤을 구분하지 않고 불을 밝히는 근대에 들어서 증기기관을 제작하고 내연기관도 만들었다.

이러한 발명의 산물은 인간이 스스로의 근육과 근력에 의존하지 않고도 더 많은 일을 처리할 수 있게 했다. 생산에 더 요구되는 것은 보다 많은 원료의 투입이었다. 인간의 욕심 때문이었을까, 무한 발전을 믿었기 때문일까? 지상의 자원만으로는 인간이 만족하기에 충분하지 못했다. 땅 밑에는 지하자원이 무한히 있고, 이를 이용하게 되어 드디어 화석연료 시대로 진입했다. 인류의 역사를 바꿔놓은 석탄을 발굴하고 석유를 채굴하면서 생산성은 혁명적으로 증가했다. 드디어 산업혁명의 시대가 도래했다. 산업혁명이 야기한 열기는 태양과 무관하지 않았다. 오히려 태고 이후로 무수한 시간 동안 지구를 달군 태양 에너지가 화석 에너지에 농축되어 있었다. 생명체는 까마득한 옛날부터 지구상에 생존해왔다. 연년세세로 세월이 가고, 수십 억 년을 지나서, 셀 수 없는 세대에 걸쳐 살다가 죽은 동식물이 사체라는 흔적을 남겼다. 일부는 그냥 땅속에 묻혔고, 그중 극히 일부는 일정한 조건에서 화석연료로 바뀌었다. 석탄은 키가 30미터나 되는 양치식물이 비바람에 쓰러져 땅속에 묻힌 상태에서 수억 년이 지난 결과로 만들어졌다. 석유는 어떤가? 바다에 살던 작은 생명체인 식물성 플랑크톤이 죽어 침전되고, 이후 지하 깊은 곳 산소가 없는 상태에서 높은 열과 압력으로 검은 액체로 변했다. 그 지하에서 장구한 시간을 보낸 압축의 열기가 셌던가 보다. 석탄과 석유는 지상으로 나와 활활 타오르기 시작했다.

돌이켜보니 20세기를 불태운 산업 문명의 열과 빛은 그 옛날 공룡이 놀던 시기 훨씬 전부터 조짐을 보였던 지질학적 축복의 산물이라해도 과언이 아니다. 결국 우리는 지질학적 시간과 생물학적 시간이 합쳐져 인류가 번성했던 20세기를 이루었음을 깨닫게 된다. 인류는 유례없는 경제성장을 몸소 느꼈고, 전례 없는 도시화를 경험하게 되었다. 해가 진 뒤에도 쇼는 계속되어야 했다. 삶은 집과 공장에만 있는 것이 아니었다. 카페나 선술집에 모여 먹고 마시며 세상일에 대해 담소하는 공론장이 만들어졌다. 이제 전기의 시대가 도래해 헤어짐에 아파하는 소녀는 가로등에서 울고 있고 공붓벌레는 전등을 벗 삼게 되었다. 사람들은 인공조명이 밝힌 세상에서 밤낮의 구분 없이 그동안 자연이 준 리듬의 익숙함을 버리고 제 나름의 시간 사이클대로 살아가기 시작했다. 문학가들은 디킨스나 톨스토이가 위대한 문학 작품을 한밤중에도 썼다고 말한다. 두툼한 세계문학전집이 그렇게 만들어졌다. 독자들은 밤새 불을 밝히며 사색의 시간 속에서 여러 책을 읽게 되었다. 자동차는 20세기를 규정하는 가장 강력한 영향력의 발명품이 되었다. 밤낮의 제약이 등으로 풀렸다면 이동의 큰 구속을 자동차가 풀어줬다. 농촌에서 도시로 대거 사람들이 이동했다. 이제 수만 마리의 말은 그저 관광지에서 손님을 태우는 상품이 되었고 인간은 우마가 쏟아내는 대소변을 처리하지 않고도 대도시를 형성하며 살아갈 수 있게 되었다.

거대한 거미줄 같은 도로망이 유럽 각국이나 세계를 하나로 묶기 시작했다. 도로를 오고 가는 그 많은 자동차는 어떻게 달릴까? 자동차 연료 보급을 위해 남극 대륙 이외의 세계 도처 유전에서 석유를 캐고 해저유전 시추도 하게 되었다. 그 결과 세계는 지하자원을 획득하기 위한 치열한 경쟁의 도가니 속에 휘말렸으며 세계대전이라는 전대미문의 폭거도 경험하게 되었다. 불행하게도 급속한 산업화의 결과로 이례적인 환경오염과 기후변화를 맞이하게 되었다.

새로운 환경친화적 '게임체인저'의 시대를 살며

인류의 역사를 생각하며 울산 대공원에 갔다. 여기저기 피어 있는 꽃들과 녹음이 어우러진 곳에서 잠시 걸음을 멈추고 사람들을 관찰했다. 인간은 자연이 전해주는 저 신비의 세계를 물질문명의 발전과 함께 앞으로도 영원히 누릴 수 있을까?

인류세라는 말이 있다. 인류가 지구 환경에 미치는 영향이 커진 시기를 구분하는 말이다. 우리가 지구과학 시간에 배운 충적세, 홍적세와는 다른 의미다. 그 이전의 지질학적 시대와는 달리 인류는 기후 재앙에 의해 단명하게 될지도 모르는 운명에 처했다.

22세기, 23세기에도 우리는 지구에서 살아갈 것이라고 자신 있게 장담할 수 있을까? 메타세쿼이아 나무 길에 서서 오래전 미국 국립 공원에서 보았던 우람해서 안을 수 없었던 넓이의 세쿼이아 나무의 장엄함을 생각해본다.

이제 인간은 자연 앞에 고개를 숙여야 한다. 지속가능성이란 화두의 절박함과 절실함으로 인류가 재차 빛을 발하기 시작한 것은 다행이다. 그래도 살아남고자 전력을 다해 전속력으로 문명의 변화를, 의식의 진화를 꾀하고 있는 것은 한숨을 멈추게 한다. 산업혁명 시대의 '잘 살아보세'의 파고를 넘어 이제 우리가 마주하고 있는 명제는 거주 불가능할 지구를 '잘 살려보세'로 바뀌었다. 그 한가운데 에너지 혁명이 있다. 유례없는 수준으로 빅 그린이 오고 있다. 에너지의 생산과 유통과 소비는 문명의 기초다. 환경친화적인 삶을 위해 파격적인 실험과 획기적인 혁신을 도모해야 할 시간이다. 세상을 돌아보라. 이미 전기차가 휘발유와 경유 자동차를 대체하기 시작했다. 탄소세, 배출권 거래제, LSA라는 일련의 정책이 기업 활동의 대전환을 빠르게 재촉하기 시작했다. 세쿼이아 나무가 만든 그늘 아래서 시원함을 느끼는데 기후 위기를 호소하며 학교에 가지 않는 북유럽의 10대 소녀의 울림이 생각난다. 그녀는 시대의 아이콘이 되었다. 그녀는 세계 지도자들에게 이렇게 꾸짖고 있다.

"내가 하는 일을 존중해준다고 들었다. 그렇다면 (행동으로) 증명해달라. 행동이 말보다 훨씬 의미 있다."

'기후 위기 운동의 얼굴'이자 '미래 세대의 대변인'으로 불리는 스웨덴의 환경운동가 그레타 툰베리(Greta Thunberg). 도널드 트럼프를 비롯해 기후 위기 대응에 소극적인 각국 지도자들을 통렬하게 꾸짖어온 10대 환경운동가다. 그녀의 이야기 요점은 이렇다.

"많은 사람들이 그들의 행동을 정당화하기 위해 '그린'(이라는 단어)을 사용하고 있다. 많은 정부가 그린 이야기를 하는데 그 장밋빛 미래를 비판적 시각에서 짚어봐야 한다."

　어쨌든 정치인들과 언론인들, 지식인들은 온통 지속가능개발목표(SDGs)를 2030년까지 실천하려고 애쓴다. 생존의 몸부림처럼 말이다. 그만큼이나 20세기 내내 중독되었던 석탄과 석유, 가스로부터의 해독 과정이 급속도로 진행될지도 모른다. 관건은 대안이다. 근원으로의 귀환, 지상자원과 지하자원 시대를 지나 다시금 만물의 에너지의 근원인 천상자원, 태양을 주목하고 있는 까닭이다.

　길을 내려오는데 길가에 돌이 보인다. 무척 작은 돌이다. 인류가 돌을 다 써버렸기에 석기 시대가 종식된 것이 아니지 않은가. 더 나은 기술인 청동기가 등장해 석기 시대를 몰아낸 것이다. 그래도 울산 큰 바위는 여전히 사라지지 않았다. 다만 다른 큰 쓰임새의 도구가 나타나 소용이 다소 줄었을 뿐이다. 마차 시대의 종언이 말의 종언을 의미한 것은 아니다. 경마를 즐기는 시대, 말은 관광용과 스포츠용으로 용도가 달라졌다. 문명이 발달하지 않은 곳에서 말은 여전히 중요한 이동 수단이다. 여기서 우리는 희망을 발견한다. 지하자원의 고갈이 인류의 삶에 비극적 종언을 고하지 않을 수도 있지 않을까? 기술은 그렇게 우리를 전진하게 한다. 새로운 과학과 기술이 만든 제품, 비즈니스 모델이 촉발하는 파괴적 혁신으로 기존의 에너지 산업에 일대 혁명이 일어날 수 있다. 울산 지붕 위 태양광 발전과 부유식 해양 풍력 발전을 다시 생각해본다. 신재생에너지 산업이 전기차, 자율주행과 융복합이 된다면 문명 대전환의 게임체인저가 될 수도 있다는 생각에 이 산업 메카의 미래가 환하게 밝아옴을 몸소 느낀다. 신문에서 읽었던 기억이 난다.

남태평양의 섬나라 토켈라우는 전력 수요의 100퍼센트를 태양광으로 공급하는 나라다. 세 개의 산호초로 이루어진 토켈라우에서는 야간에 전기를 사용하기 위해 배터리 은행을 만들었다. 100퍼센트 디젤 발전에서 100퍼센트 태양광 발전으로 바뀌는 데 소요된 시간은 단 1년이었다. 문제는 시간이 아니라 의지다.

가이아 이론과 지구 온난화

기후변화 재앙을 막기 위한 자정 노력은 결국 우리를 이롭게 하는 그린 투자 프리미엄으로 돌아올 것이다. 이 대목은 그린 파이낸스 편에서 중요하게 다루었다. 이즈음에서 '기후재앙'을 경고하는 하나의 이론을 살펴보며 그러한 노력의 중요성을 마무리하는 차원에서 새겨보기로 한다. 지구를 스스로 조절되는 하나의 생명체로 소개한 가이아 이론에 따르면 지구는 환경과 생물로 구성된 하나의 유기체다.

가이아란 그리스 신화에 나오는 '대지의 여신'을 가리키는 말로서 지구를 뜻한다. 1978년 영국의 과학자 제임스 러브록(James Lovelock)은『지구상의 생명을 보는 새로운 관점』이라는 저서에서 자신의 이론을 소개했는데, 지구를 생물과 무생물이 서로에게 영향을 미치는 생명체로 바라보는 점이 특이하다. 둘은 어떤 자정 작용을 할까 궁금해진다. 가이아는 스스로 모든 생물에게 적합한 환경 조건을 만들어준다. 따라서 인간이 가이아의 역할에 심한 간섭을 하지 않는다면 가이아는 그 속성을 그대로 유지해 평화가 보존된다.

그렇다면 그 평화를 깨는 지구 온난화는 어떤 시각으로 보아야 할까? 가이아가 지구 자신을 지키려는 방어 본능에 의한 것으로 인간에게 경고의 메시지를 주는 것이 아닐까? 우리가 세대를 단절시킬 불행한 주인공이 된다는 것은 슬픈 이야기다. 예부터 우리 선조들은 자연과 인류를 조화된 시각으로 바라보았다. 인류가 자연을 파괴한다면 자연은 인류에게 참혹하게 공격할지도 모른다. 가이아 이론을 생각하며 미처 이 책에 충분히 소개되지 않은 제5의 에너지를 생각해본다.

2009년『뉴욕타임스』신년호에서는 에너지 절약을 제1의 에너지 '불', 제2의 에너지 '석유', 제3의 에너지 '원자력', 제4의 에너지 '신재생'에 이어 '제5의 에너지'로 규정했다. 그리고 이 중에서 가장 중요한 것은 제5의 에너지라고 보도했다. 에너지 절약이 새로운 에너지의 개발이나 확보보다 더욱 빠르고 강력한 효과와 잠재성을 간직한 것으로 평가되기에 에너지 절약을 새로운 에너지로 간주한 것이다. 소비자는 합리적인 에너지 소비를 해야 하고 기업은 에너지 효율이 높은 제품을 생산하며 정부는 에너지 효율을 가속화하는 정책을 만들어야 한다.

미국 에너지경제효율위원회(ACEEE, American Council for an Energy-Efficient Economy)는 에너지 효율에 의한 전기 절약은 2030년 에너지 구성의 33퍼센트를 차지하는 제1의 에너지원이 될 것이라고 전망한다. 이제 인간의 욕심을 조절하고 지속가능한 지구를 유지하기 위한 노력에 지구촌이 협력할 시기가 왔다. 인간의 욕심 때문에 지구는 몸살에 걸렸고, 그 몸살을 만든 세균은 바로 인간이다. 우리는 우리가 저지른 악습을 버리고 새로운 용기로 우리 자신을 무장해야 한다. 무엇보다도 필요한 기후변화 대응은 생활 속 실천이다. 기후변화 대응은 바로 'Me first' 정신에 입각해서 실천해야 한다. 그럼에도 불구하고 가장 중요한 것은 상용화할 수 있는 기술 개발이다.

다시 니콜라 테슬라를 생각하며

프롤로그에서도 언급했지만 이 책에서 살펴본 지구 온난화를 위해 싸우는 이들은 모두 니콜라 테슬라의 후예라고 말하고 싶다. 그의 말대로 과거에 위대했던 모든 것은 조롱당하고 비난받고 싸우고 억압당했지만, 투쟁을 통해서 더욱 강력하게, 더 의기양양하게 나타났다. 산전수전 겪고 더 강해지는 인생은 그래서 멋져 보이지 않나. 갈릴레오 갈릴레이(Galileo Galilei)나 코페르니쿠스(Nicolaus Copernicus)와 같은 과학자들의 생생한 경험담을 직접 전해주고 싶다. 그들의 연구와 발견은 훌륭했지만, 동료들은 그들을 비난하고 억압했다. 오늘날 그들의 발견은 세상을 이해하는 필수적인 도구가 되었다. 니콜라 테슬라의 정신은 다음 어록을 통해서도 새겨볼 만하다.

> "만약 내가 나의 이상 중 몇 가지를 성취할 만큼 운이 좋았다면, 그것은 인류의 이름 안에 있을 것이다(If I have the luck to realize at least some of my ideas, it will be a benefaction for the whole mankind)."

이제 니콜라 테슬라의 후예들이 이 글을 읽고 가슴 깊이 새기며 행동에 나설 때다. 혹시 우리는 돈이나 물질에 눈이 멀어 우리가 살아가는 지구라는 유기체의 고마움을 잊어버린 것은 아닐까? 많은 사람이 바깥세상의 사색에 열중하고 있어서 자기 안에서 무슨 일이 일어나고 있는지는 전혀 의식하지 못하고 있다.

니콜라 테슬라는 많은 사람이 그들 주변에서 무슨 일이 일어나고 있는지 보려고 대부분의 시간을 보내지만 정작 그들 자신, 나아가 일

심동체인 지구에 대한 기본적인 이해는 부족하다고 우리에게 경고하고 있다. 이제 우리 내면을 들여다보면서 자신이 누구인지, 그리고 주변 사람들과 어떻게 연관되어야 하는지에 더 관심을 기울이는 인간으로 거듭 태어나야 할 시간이다. 아이러니하게도 니콜라 테슬라의 이름을 딴 수소차 회사 니콜라가 사기 논란에 휩싸였다. 태양이 수소로 가득 차 있고 지구에서 물이 차지하는 비중만큼 수소는 생명의 근원이다. 거짓됨이 기업의 터부이듯 깨끗함의 다른 이름 수소의 명성을 더럽히는 일은 없어야 할 것이다. 지구상의 만물은 태양으로부터 에너지를 얻어 살아간다. 태양 에너지는 바로 수소의 핵융합 반응으로 생기는 에너지다. 물에서 수소와 산소를 분리하기 위해 태양 에너지를 이용한다.

그 수소가 미래 신에너지원으로 다가올 날을 생각하며 니콜라 테슬라를 닮은 수소를 생각해본다. 수소 같은 남자이고 싶어서다. 산소 같은 여자를 생각하며 마스크팩 하나를 찾아 살포시 얼굴에 올려본다. 세포 속에 쌓인 유해물질과 피부 각질을 배출하고 분해시켜주며 리프팅 효과까지 있어 피부의 탱탱함을 느낄 수 있는 수소 마스크팩이다. 수소가 기후변화 재앙을 막는 그날을 기원하며 나는 '수소 같은 남자이고 싶어'를 되뇌고 있다. 갑자기 울산 동구 대왕암 공원에 가서 한참을 걸어 슬도로 가본다. 천혜의 자연을 보며 이 땅을, 이 하늘을, 이 물을 지키자는 각오를 하는데 조선소가 멀리 보인다. 친환경 LNG 선박으로 조선 산업 위기를 이겨낸 울산이 수소 선박, 암모니아 선박을 생산하고 석유가 아닌 수소를 트레이딩하는 꿈을 그려본다.

참고문헌

- 빌 게이츠, 『기후재앙을 피하는 법』, 김영사, 2021
- 존 란체스터, 『더 월』, 서울문화사, 2019
- 타일러 라쉬, 『두 번째 지구는 없다』, 알에이치코리아, 2020
- 배철현, 『신의 위대한 질문』, 21세기북스, 2015
- 조원경, 『명작의 경제』, 책밭, 2013
- 조원경, 『한 권으로 읽는 디지털 혁명 4.0』, 로크미디어, 2018
- 제러미 리프킨, 『수소 혁명』, 민음사, 2003
- 레이첼 카슨, 『침묵의 봄』, 에코리브르, 2011
- 스티븐 호킹, 『호킹의 빅 퀘스천에 대한 간결한 대답』, 까치, 2019
- 송은영, 『페르미가 들려주는 핵분열, 핵융합 이야기』, 2010
- 배진영·도정국·김필수, 『미래를 달리는 전기차 혁명』, 청춘미디어, 2019
- 최원석, 『테슬라 쇼크』, 더 퀘스트, 2021
- 데이비드 월러스 웰즈, 『2050 거주불능 지구』, 추수밭, 2020
- 발렌티나 카메리니, 『그레타 툰베리』, 주니어김영사, 2019
- 호프 자런, 『나는 풍요로웠고 지구는 달라졌다』, 김영사, 2020
- 「10 Breakthrough Technologies」, 《MIT 테크놀로지 리뷰》, 2016-2020

NEXT GREEN REVOLUTION

넥스트 그린 레볼루션

초판 1쇄 발행 2021년 7월 14일
초판 5쇄 발행 2021년 12월 10일

지은이 조원경
펴낸이 김동환, 김선준

편집팀장 한보라   **편집팀** 최한솔, 최구영, 오시정
마케팅 권두리, 권 희   **디자인** 김혜림
외주 편집 이성현 **본문디자인** 두리반

펴낸곳 페이지2북스 **출판등록** 2019년 4월 25일 제 2019-000129호
주소 서울시 영등포구 여의대로 108 파크원타워1. 28층
전화 070) 7730-5880 **팩스** 070) 4170-4865
이메일 page2books@naver.com
종이 (주)월드페이퍼 **인쇄·제본** 한영문화사

ISBN 979-11-90977-30-2